講話選集1

十八史略（上）

激動に生きる　強さの活学

安岡正篤

PHP文庫

○本表紙図柄＝ロゼッタ・ストーン（大英博物館蔵）
○本表紙デザイン＋紋章＝上田晃郷

文庫版のまえがき

本書は、昭和四十四年から約十年間、父・安岡正篤が経済界有志の方々の勉強会に招かれて講述したものの一つである。その後、父の生誕百年記念事業の一環として、㈱MOKU出版から上・下巻に編纂して出版され好評を博していた。今回、㈱PHP研究所からあたらしく文庫版シリーズで刊行されることになった。文庫版の特徴を活かして、より多くの方々に味読していただきたいと思う。

父は、古典の学び方として経書とともに史書を読むべきと常に強調していた。それは学生時代を振りかえって、「学問について、一つの目的から資料を集め、これ等を比較検討して、何等かの結論を出してゆくやうな客観的・科学的なことよりも、自分の内心に強く響く、自分の生命・情熱・霊魂を揺り動かすやうな文献を探求し、遍参《へんさん》した。—略—特に、歴史的社会的に脊骨ができたやうに思へたのは、『史記』と『資治通鑑《しじつがん》』を読破したことであつた」と語っていることからもわかる。

たしかに父は、東洋古典を語る時、中国三千年の歴史の中でさまざまに活躍した人物を取り上げ、現代の様相に反映させながら説き続けていた。父の学問が人間学史書といえる。

私達が日常何気なく引用している言句、格言、四字熟語などの原点が豊富に収められており、中国の歴史、王朝史を知るための基礎的入門書として、まことに恰好な『十八史略』は、古代三皇五帝から南宋滅亡までの人間ドラマが描かれている。今、司馬遷の『史記』をはじめとして数多くの史書が今日まで読みつがれているが、といわれる由縁であろう。

『十八史略』の編著者は、南宋末から元の初頭にかけて生きた曾先之《そうせんし》である。父は本書の序章で、曾先之の事蹟はよくわからないとしながらも、親友文天祥《ぶんてんしょう》との関係について触れている。

文天祥は、南宋が元に侵攻され滅亡に瀕した時、武運つたなく捕われの身となったが、節を屈せず獄中で有名な「正気歌《せいきうた》」『天地正気あり、雑然として流刑に賦《ふ》す―略―』と詠んで宋に殉じた気概ある忠臣であったが、曾先之は彼と同郷同学の親友で知己の間柄であった。

その二人の男性的交わりについて父は、文天祥が曾先之に送った書簡を紹介している。

「『ただ願わくは足下斂《おさ》むるに静鈍を以てし、守るに廉朴《れんぼく》を以てし、一に平日の如《ごと》くなれば、則《すなわ》ち天下の奇材、青雲の遠業なり』と書いておる。いやしくも『十八史略』とその著者を論ずるには、少なくともこの点を逸してはならないのですが、巷間の解説書はとかくこの事によく触れておりません」と残念がっている。

曾先之は文天祥と生き様は異るが、右往左往する世間に超然と構え、在野にあって歴代王朝の覇権争いとそこに活躍した人間像を描きつづけ、宋人としての襟度を誇って漢人の伝統文化を守ろうとした奇材であったのだろう。

さらに序章では、中国の歴史的背景や東洋思想の基本概念を予備知識として解説し読者の参考にしてある。これは単に登場する人物論だけでなく他の類書と異るものであり、味の深い人間学のテキストであるといえよう。

今私は、父の遺した硯箱《すずりばこ》を愛用しているが、その表には梨子地《なしじ》仕上げの金泥の文字で、「刮目相待《かつもくあいまつ》」と刻まれてある。父はよく中国の歴史の妙味は春秋時代から漢、三国までで、本当の人間、本当の文明・文化というものがつかめると語っていた。

本書の下巻・第六章に、「『三国志』の主役たち」として劉備《りゅうび》、曹操《そうそう》、孫権《そんけん》、孔明《こうめい》、呂蒙《りょもう》などが紹介されているが、この「刮目相待」は呉の雄将呂蒙の語であり、よく父が好んで揮毫《きごう》していた。

「権《けん》の将《しょう》、呂蒙《りょもう》初《はじ》め学《まな》ばず。権《けん》、蒙《もう》に勧《すす》めて書《しょ》を読《よ》ましむ。魯粛《ろしゅく》、後《のち》に蒙と論議す。大《おお》いに驚《おどろ》きて曰《いわ》く、『卿《きみ》は復《ま》た呉下《ごか》の阿蒙《あもう》に非《あら》ず』と、蒙曰《いわ》く、『士《し》別《わか》れて三日《さんじつ》ならば、即《すなわ》ち当《まさ》に刮目《かつもく》して相待《あいま》つべし』と」というやりとりがあるが、父の脚註は、こうした武一辺倒の人物が発奮して学問に励み活学を修めていく男の姿、男の魅力をいかんなく随所で活写している。

本書は、専門的史論や訓古の学とは異って乱世を生きたあらゆる人物像を取り上げ、人間とは何か、歴史の真実とは何かを探求しながら、栄枯盛衰の歴史の原理を説いている。したがって父の講述は時として主題から離れ、おおらかな人間論について游学游講する内容になっており、まことに興味津々《しんしん》たるものがある。そこに活学者としての父の大きな魅力があるのだろう。是非座右の書として、多くの方々に活読していただきたいと思う。

平成十七年一月

（財）郷学研修所・安岡正篤記念館

理事長　安岡正泰

十八史略（上）

目次

文庫版のまえがき

序章 中国古賢・先哲の智慧

第一章

三皇五帝・三代の治

第二章　中国思想の淵源

序章

中国古賢・先哲の智慧

◆学ぶに如かざるなり――古典・諺への誤解

「子曰く、吾れ嘗て終日食らわず、終日寝《い》ねず、以て思う。益なし。学ぶに如《し》かざるなり」とは『論語』（衛霊公篇）の中の有名な言葉ですが、我々は何はさて措き先《ま》ず常に学ばなければいけないと思います。世間ではほとんど常識になっておるような言葉でも間違ったことが多い。

二、三の例を申し上げますと、これもやはり『論語』（公治長篇）に出てくる「その愚、及ぶべからず」も、随分誤り解されております。「彼奴《あいつ》の馬鹿さ加減は話にならん」という意味に使う人がありますが、本当の意味は「その愚かぶりはとてもまねができない」ということであって、その真意を全然知らない人が案外少なくありません。

よく聞かされることですが、例えば「民は之を由らしむべし、之を知らしむべからず」。これは東洋専制政治の型のごとき思想だ。これからは、民は之を知らしむべしでなければならぬ。知らしむべからずはいけない――こういうことを言うたり書いたりする例がたくさんあります。これは大間違いです。これは『論語』（泰伯篇）の中にある周知の言葉ですが、孔子の為政者に与えられた教訓でありまして、民衆というものは、知らせてはいかん、智恵をつけてはいかん、ただ服従させておけばいいのだというような俗解とは全然違います。正反対であります。これは静かに考えたら誰でもわかることで、孔子ともあろう人、いやしくも哲人とか聖人とかいわれる人が、そんなことを言うはずはない。しかしそれをどういうものかすっかり間違えて解してしまって、そういう解釈をするのですが、これはそうではなくて、政治家・為政者に向かって教えられたことで、民衆というものは知らしむべからずというのは、なかなか理解させることは難しいものだという意味です。「べからず」にはいろいろ解釈がありますが、この「べからず」は理解させることが難しいという意味です。これは本当にそうです。民衆というものはなかなか本当のことがわかるものではない。わからせるのは非常に難しい。今日の時局を見てもそうでありまして、これはいつの時代でも同様であります。だから民衆というものは本当のことを理解させることはなかなか難しい。とにもかくにも信頼せしめよという意味であります

これを民衆から言うならば、おれはわからんけれども、おれの信頼する、尊敬するあの人の言われることだから、されることだから賛成だ、ついてゆくんだとい

う。これが大事なことであって、民衆に理解させるというよりも、為政者というものは先ず以て民衆から信頼される人間になれ、こういうことです。これは世のありがちなことです。

それを民は之を由らしむべし、知らしむべからずという時代ではない。これは封建時代の専制思想であって、今は民主主義になって、民は之を知らしむべし、由らしむべからずでなければならんなどという。民衆は由らしむべからずで、信頼させてはならぬ、民衆には智恵をつけて、宣伝して理解させればそれでいいんだというのでは、とんでもない誤りになります。

ちょっと考えてもわかることでありますが、こういうことが往々にして誤って解釈されております。

◈君子の交は淡、水の如し――茶の三煎

或いはそういう意味を知らないで、聞いて初めてそうかなと感心させられるようなもう一つ別の例を申しますと、「君子の交は淡きこと水の如し」という言葉ですが、ご承知のように海軍（戦前）は水交社というものを作っております。また淡交

社というような団体もあります。

昔からよく使われることであって、この淡きこと水のごとしという意味、これはまたおかしいほど理解されておらぬ、或いは誤解されております。

私自身、なるほどと感心したことがあるのですが、ある会で一人の人に「君子の交は淡、水の如し」というような言葉がよく使われる。これを、水くさいという言葉に解して、君子の交りというのは何だか不徹底、水くさい、当たらず触らずで、そんなことなら君子の交りなんてつまらんものではありませんかと、こういう質問を受けたことが幾度もあります。なるほどと思いましたが、これも全く意味を違えて解したものです。

それに似て、例えば「茶飲み友達」などという言葉も同じことなのです。世間では茶飲み友達なんて、夫婦が年をとって色気も何もなくなり、それこそ淡々として茶でも飲んで語り合うというような、ほんのあっさりした交誼という、極めて消極的な意味に解釈するのですが、本来の意味はそうではありません。茶飲み友達というものは言うに言えぬ味のある友達交際のことであります。

従って茶話という言葉もありますが、ほとんどの人が茶話という言葉をあっさりした、大して意味のない気楽な話というくらいにしか考えておらない。けれども本当の茶話というのはそんな意味ではありませんで、大変深いこくのあるといいますか、意義の深いもので、さればこそ君子の交りは淡として水のごとしとか、老夫婦の茶話と言いますが、これは茶の真義から生まれた言葉であります。

お茶という物はいわゆる煎茶からだんだんと発達して参りましたが、ご承知のように煎茶の三煎と申しますように、煎茶では湯加減を大事にして、三度点《た》てます。

第一煎は湯加減をよくして、まず茶の中に含まれておる甘味を舌の先で味わう。茶の甘味を楽しむ、これが第一煎。

その次にまた湯加減を吟味して、茶の中に含まっておる苦味を味わう。これは主としてタンニン。第一煎の糖分に対する第二煎の苦味。これを楽しむのです。これは甘味と苦味と全然別の物のように普通人は考えるのですけれども、そうではなくて、甘味の発達したものが苦味でありまして、苦味の中には言うに言えない甘味、普通の甘味の持たない苦味がある。これを味わえなければ茶人とはいえない。

ところが真理というものは実に面白いものでありまして、最近科学者がこのタンニンを分析しまして、タンニンの中からカテキンという成分を抽出しました。このカテキンという物は甘いものです。その甘いカテキンがタンニンの中に含まれておる、そこが面白いと思うのです。

哲学と科学は截然《せつぜん》として分かれておるなんていうのはうそである。それではいけないので、科学と哲学とは一致しなければ、双方共に未熟なのです。今のはその一例でありまして、タンニンを分析してカテキンを抽出した。すると苦いタンニンの中から出たカテキンが甘いというのは、まさに茶道、本当に茶道の妙味に対する好解説ということができると思います。

だから人間もあの人はなかなか苦味があるなんていうのは、その中に微妙な甘味を持った苦味でなければ本当の苦味ではないわけです。苦言というものは甘言より一段と好い。甘言というのは大体悪く使いますね。ところがこれはあらゆる学問でもそうでありまして、まあ味覚という点からいいますと、甘味、甘い味覚というのは、女子供というと女性に悪いですけれども、女子供皆喜びますね。

ところが苦味になってくると、子供は大体好きません。女も好かぬ者が多い。未開人になりますと苦味というものは欲しません。皆甘味を好く。

だから彼奴は甘い奴だというのは、これは未熟ということです。未発達の段階を言う。だんだん甘いのが甘くなくなって、苦味が出てくるという風にならぬと、どうも発達したものではないということがこれでもわかる。茶の第二煎はこれです。

ところが更に第三煎で、今度は何を楽しむかというと、茶の渋味を楽しむ。甘味から苦味、苦味から渋味になる、この渋味というのは茶の最後の醍醐《だいご》味をいう。第一煎で甘味を味わう、第二煎で苦味を、第三煎で渋味を味わう。この渋味というのは味覚の中の非常に発達したものです。だから人間も甘い奴から苦い奴になり、更に渋い奴になってくる。人間の趣味でも思想でも何でもそうですね。そうなってゆく。

その極致、そういう甘味とか苦味とか渋味とかいうものを通り越した極致を「淡」という。だから『論語』とか『老子』とかを読みますと、そういうことはちゃんと解説されております。つまりもう甘いとか苦いとか渋いとか、何ともいいようのない味、その至れる味を淡というのです。で、それは他のどんな味にもないものですから、同時に「無」の味というわけです。だから淡と無は一連の味であります。無味というてもいいわけだが、それでは人がわからないから、それを淡という字で表します。

しからば現実にそういう「至れる味」を持った物は何かというと、それは水だというので淡、水のごとし。淡いというのは味がないということではなくて、無の味である。至れる味ということである。

なるほど、人間は味で何を欲するかというと、結局は水で、また生命というものは水がなければ保つことはできない。人体も大方《おおかた》水から成り立っておる。人体がある程度の水分を失えば保《も》たないほど、水と生命というものは一つのものである。だから味も至れるものは水であることは、なるほど言われてみればよくわかることであります。

　そこで「淡、水の如し」。広瀬淡窓の淡窓という雅号などはそこから出ておる言葉です。

　従って淡交、淡き交りというのは味のない交りではなくて、言うに言えない至れる味を持った交りということです。茶というものはそういう物ですから、茶をすすってしみじみと人生の醍醐味について話のできる仲、これが茶飲み友達、茶飲み話ということの真義です。生意気盛りの娘や息子ではとてもわからない。人間あるところまで苦労を積んで渋いところも出て、人生の醍醐味、人間の至れる境地に達して初めて茶が飲める、茶話ができる。茶飲み友達になれるというわけで、非常に味のある言葉です。

　世間の人はさようなことは夢想もしないで、俗用しております。これはもったいないことですね。また世俗というものは時々そういうことがあるものであります。

◆〝馬鹿殿〟〝糠味噌女房〟〝女房と畳〟

世間で例えば「馬鹿殿」という、この馬鹿殿というそもそもは非常な礼讃の言葉で、たくさんの家来を抱えて、上には意地の悪い幕府というものを戴いて、何か落度があれば取り潰してやろうという、まことに油断も隙もあってはならない藩政時代の藩君というものは、下手に小利口であったりしたらとてもだめで、部下を統御してゆくこともできない。他の大名との交際、幕府の監視の下に藩を維持してゆく苦労、「その愚、及ぶべからざるなり」という、その馬鹿になれなければ、殿様は真に勤まらない。これを面白く馬鹿殿でなければならんという、日本人らしい発想の味のある言葉であります。

第二が「糠味噌《ぬかみそ》女房」ということであります。糠味噌というものは食品の中でも至れる物の一つです。濃厚なご馳走を食べれば食べるほど、最後に欲しくなるのは漬物、香の物です。この香の物を漬ける糠味噌というのは実に冷たいもので、それをしょっちゅう引っかき廻して初めてうまい新香、香の物ができる。そこで、うまい香の物で茶漬を食べさせてくれるというのは世話女房の至れる者という意味なので、糠味噌女房というのは大変に味のある礼讃の言葉であります。ところがいつの間にか古くさい、うま味も何もなくなってしまった女房というような、逆な意味に使われ、馬鹿殿様が本当の馬鹿殿に使われるのと同じようなことになってしまいました。

それよりももっと面白いのは「女房と畳は新しいほど好い」という俗語で、これは私一度ある結婚式の祝辞でこれを述べて多勢をびっくりさせたことがあるのですが、これを世間では全然正反対に考えておりますね。

女房と畳は新しいほどいいというのはその通りで、畳が汚《よご》れておるくらい貧乏くさい、不愉快なことはありません。それに反して、新しい畳というものは非常に魅力がある。外国人でさえ洒落《しゃれ》た人が――これはフランスの有名な世界的な写真家ですが――日本に来て、長く日本に遊んで、帰りがけに、私は日本を離れるに当たって三つの実に忘れられない未練を持つものがある。一つは青畳の上に素足で坐ること、浴衣《ゆかた》を着て畳の上にひっくり返ることである。これくらい清潔で爽快《そうかい》なものはない。もう一つは鰻丼である。もう一つは日本人の義理人情というものであるということを申しておりました。本当に畳の新しいというのは好いもので、これは生活の新鮮、生活の清潔な爽《さわ》やかな妙味というものであります。

女房、これはまあ「亭主と畳」でも好いのでありますが、それでは文学になりませんので、女房と畳というたものです。女房は新しい畳のごとくいつでも新鮮でありたい。生活に汚れない、生活にくたびれない。これは女房ばかりではない、亭主もそうでありまして、世間では結婚してしばらくすると、いつの間にか新婚の趣きは薄らいでしまって、亭主は仕事にくたびれるし、女房は家政にくたびれてしまって、だんだん薄汚れてしまう。これがそもそも夫婦生活の魅力を失わせる。誰もがよく経験することですが、そうではなくて、幾年たっても、年をとればとるほど、夫婦は新婚当時のように新鮮であれということであります。つまり生活に汚れるな、くたびれるなということで、実に味のある言葉です。

そういうことはみな誤解されておる。そういう誤解は数限りなくあります。まあそういう本当のことがしみじみわかるのが学というものであります。またそれが実践的にいえば道というものであります。こういうことはやはり学ばないとわかりません。学ぶに如《し》かざるなり。本当にその通りであります。

◆君子豹変・大人虎変

そこで今の日本でも少し視野を換えて申しますと、あまりにいわゆる学がないために、大きくいえば国政というようなものまでが、いかにもうまくない、振わない。もう少し人々が学べば政治ももっとよくなるのだがと思われる。そんなことは数限りありません。政界なんか見ましても、今のような誤解だらけであります。『衣裳哲学』の中でカーライル（イギリスの評論家・歴史家）が言っております。「人間はすべて誤解し合うほど理解し合えればどんなに幸福だろう」。名言だと思いますね。せめて人間同士が互いに誤解し合っておるほど理解し合えば、どんなに無事だろう、幸福だろうと言いたいほど、人間というものは互いに誤解し合っておるものだ、本当に理解しておるということは少ないものだということを嘆じております。

今の政治などを見ますと、よくこれを思い出すのですが、人々はよくやることで、誤解の衝突ですね。それを進んで曲解、野党はできるだけ曲解する。これに対して与党ははなはだ振わない。不明で、そのために話にならない低級なやりとりをしておるということがじれったいほどの現実だと思います。

中国などになると、ソ連もそうですけれども、当局者は特に曲解したり詭弁《きべん》を弄《ろう》したりしておる。それをもう少し政治家に学があれば、キビキビと応酬できると思うのですが、まあ端的に、率直に言えば、やっぱり学がないのでしょうね。
これは生々しい話ですけれども、総理（当時の佐藤栄作首相）がこの間伊勢にお参りして、記者会見をし、後継問題に及んで、「君子の争いなら結構だが、小人の争いになっては困る」なんてえらく時代めいた話をしましたが、早速新聞にそれが話題になりまして、田中（角栄）さんは「わしは野人上がりで、君子なんていうものはどうも苦手だ」。福田（赳夫）さんは「君子豹変《ひょうへん》というようなこともあるからなあ」というようなことを言って、どうも少したじろいでござったようですが、それを読みながら苦笑いした。

君子ということを大抵の人が何か上品にとり澄ました、普通の人間、俗人、大衆から取っつきにくい、形式ばった人間のことのように誤解しておる。しかし君子という言葉の本来の意味は、民衆に対する為政者・指導者の意味が一つ。それともう一つの意味は、いわゆる大衆というものに対して教養があり、キャラクターの、品性のできた人間のことであります。

その君子豹変という意味は、これは易の六十四卦《か》の中にある「革《かく》」の卦、時局が行詰まった時にどういう風にそれを革新するかという原理を説いた、現実を捉えて原理を説いた易の革の卦の言です。その革の卦䷰の一番中心、代表とする責任者の地位、下から数えて五番目、五爻《こう》でありますが、その五爻についておりますす言葉が「大人虎変」という、大人は虎のごとく変ずるという大人虎変。その次の六番目、一番上の一本、上爻《こう》といいますが、それについております言葉が「君子豹変」という言葉です。君子豹変、大人虎変、一対《いっつい》の言葉です。

これは革命というものは突如としてやってはいかんもので、徐々に行わなければならないということが大体根本原理なのですが、そして下の一本からだんだんに革新、革命的な機運を醸成していって、五爻に及んで思い切って勇断果決、革新を断行する。それを虎変というておる。大人虎変す、責任当局が思い切って識見・信念を発揮する。この虎というものは、動物学者に聞きましたが、夏から秋にかけて虎は毛が生え変わる。その時に実に精彩を発揮するそうです。非常に体毛が鮮やかになるそうです。つまり古ぼけたような毛が、一変して新鮮な光沢のある目を瞠《みは》るようなものになるそうです。それに比べると豹は虎ほどではない。しかしとにかくやっぱり夏、秋の頃になると目につくくらいに毛の光沢が良くなるそうであります。そのことを言うのであります。在来目につかなかったのが、いよいよ革命断行の時期に到って光彩煥発《かんぱつ》することを虎変、豹変というのであります。

決して看板を塗り替えるという意味ではない。看板を塗り替えるのは、「革面」、面を革《あらた》むといってちゃんと別に革の卦（小人革面）にあります。君子――本当の指導者というものは、いよいよという時に来ると、光彩煥発する。そうするとそれに順《したが》ってゆく小人、すなわち庶民・民衆というものも自然に面を変える。民衆とはそういうものでありまして、例えばフランス革命でルイ王室を倒し、君主をギロチンにかけた、その民衆が今度はナポレオン皇帝万歳と叫ぶのですから……。これは指導者によって民衆というものはどうにも変わるもので、いわゆる革面というものである。

虎変とか豹変というのはそうではなくて、本来の面目を煥発することをいうのです。だから君子豹変というのは、大人虎変と共に大変好い言葉です。

近来の自民党政治などは何だかぱっとしない。だらだらと歯がゆい。時局がここまで来れば、政府当局者も本当に君子豹変しなければいけない。もっとはっきりして、信念・識見を堂々と発揮すべき時であります。君子豹変するのは今だ、と言うのならわかるんですけれども、君子豹変というようなことがあるから困るというような意味に用いることは、いわゆる学ばざる誤りであります。

そういうことが世間には枚挙に遑《いとま》ありません。新聞や雑誌を見ておりますと、まだかと思うほど間違った使い方、間違った解説がざらにあるので、苦笑いすることも始終あります。しかし、あんまりそれが多いと、麻痺《まひ》してしまって、そんなことを一々取り上げる興味もなくなってしまう。機会がありますと、そういうことを時々指摘するのですが、まあそういうことで、正しく学問をいたしますと、本当に書を読みますと、学ぶに如《し》かざるなりで、人間・人生というもののそれこそ醍醐味を味わうことができます。そうして時局というものをしみじみ考察いたしますと、自然に時局の真実にも到達することができるわけであります。

戦後『十八史略』がドイツの大学で流行《はや》りました。日本では明治の初期に非常に流行りました。それが大正まで続きましたが、戦後はあまり読まれなくなりました。しかるにドイツでえらい流行りました。

この『十八史略』の中には二千七百十五人の人物が登場して、それがそれぞれ性格が違っており、さまざまな個性を発揮して活躍し、実に興味津々である。そこで『十八史略』の中の最もドラマティックな、そして最も意味の深い、それこそ味のあるところを拾って読んでみますと、或いは今日の日中問題にも大いなる示唆を与えるえられ、そもそもまた我々の人間学にそれこそ滋味溢《あふ》るるものがあると思います。

◆天下の奇材、青雲の遠業――『十八史略』の編著者・曾先之

昨今いろいろな意味において西洋もいろいろ行詰《ゆきづ》まりを生じまして、そのためもあって東洋に対する関心が高まると共に、漢学というものも著しく復活してきました。それに在来のいわゆる漢文・漢学の先生がまだ現代人の要求に応じきれないという問題もあり、『十八史略』のような書物の解説も、今日の日本のように主として西洋系統の思想学問で育った人々が読むと、しっくりしない点が多いと思います。在来の漢学系統の学者は、文字とか章句、文法、史実、故実といったようなものには非常に詳しいのですが、とかく融通性を欠き、考え方がともすれば古い、固いという欠点がまだ癒やされておりません。

そこでできるだけ現代人に向くようにお話を進めたい。そこで、しばしば出てくる重要かつ根本的なテクニカル・タームと言いますか、専門用語の一般的なものを一通り紹介しておきます。

『十八史略』の編者は元の曾先之《そうせんし》といわれています。曾先之は字《あざな》を従野《じゆうや》といい、廬《ろ》陵《りよう》、今の江西《こうせい》省の人でありますが、その他の事蹟《じせき》はよくわかりません。

これは残念なことでありますが、この『十八史略』が戦後のドイツの大学で非常に流行しまして、ドイツの学者が調べたところによりますと、『十八史略』に登場する人物は二千七百十五人、外国人はこういう計算をすることが上手であります。我々は面倒くさくてこんな計算はできませんが、ちゃんと計算しております。それぞれの性格が躍動する一大史劇というべきものだというので大変流行《はや》ったそうであります。

この『十八史略』の編著者・曾先之は文天祥《ぶんてんしょう》と同郷の学友であります。これだけでもドラマティックな興味がある。文天祥は国家に殉じた哲人・志士であることはいうまでもありませんが、この人は文天祥とは逆に、宋が亡んだため世に出でず、退いて学問に隠れた人で、文天祥とは同郷の親友であり知己であります。

その文天祥が彼に送った手紙に「ただ願わくは足下斂《おさ》むるに静鈍を以てし、(利口に立ち廻る世間の人間に対して、いかにもおっとりとスローモーで)守るに廉朴《れんぼく》を以てし、一に平日の如《ごと》くなれば、則《すなわ》ち天下の奇材、青雲の遠業なり」と書いておる。圧倒的な勢いで、元が江北《こうほく》から江南《こうなん》に殺到してきたのでありますから、今日の中国を見ても十分察せられることでありますが、周章狼狽《しゅうしょうろうばい》して元に走る者あり、妥協を講ずる者あり、いろいろ混乱したのは十二分に察せられます。人々が右往左往する中にあって、君がおっとりと構えて世人のようにうまくやろう、利巧に立ち廻ろうというのと反対で、「廉朴を以てし」、そして「一に平日の如くなれば」、一向《いっこう》平生に変わらぬという態度を持してゆけるならば、これは実に君は「天下の奇材」である。またそうして著述に没頭して、中国の歴史的人物とその業蹟《ぎょうせき》を治乱興亡の理法に照らして描いたものですから、その著書の影響するところは実に大きいであろう。そういうことをやるとは天下の奇材、めったに世の中にない奇材であるし、またこれこそ実に「青雲の遠業」、永遠の著作だと、こういって褒めておる。

いやしくも『十八史略』とその著者を論ずるには、少なくともこの点を逸してはならないのですが、巷間の解説書はとかくこの事によく触れておりませんので、ちょっと紹介しておきます。

この『十八史略』は日本では足利末期に伝来しましたが、徳川初期にはまだ滅多に見られなかった本であります。藤原惺窩《ふじわらせいか》（永禄四年―元和五年、一五六一―一六一九）を以てしてこの本が読みたいけれども手に入らんというので、友人に懇望して写しております。その後だんだん人々の注目を引いて参りまして、図らずも明治初期に大流行いたしました。それがまた大正から昭和になって下火になりました。ところが河岸《かし》を変えて戦後ドイツにこれが大変流行ったという。この書物にしてはまことに興味深い運命、何にでも運命があるように、書物にもやっぱり運命があるようであります。

◈東洋の道徳について――東洋思想の基本概念

そこで『十八史略』を読む上での予備知識として、先ず必要な基本概念について、簡単な解説をしておきたい。

先《ま》ず第一に、東洋の道徳は西洋の道徳宗教と面目が違う。特に〝東洋の道徳〟という概念について、時々苦になるのですが、よくこういうことをいう人がある。相当の知識人、いわゆる教養人を以て任ずる人が、道徳はもとより結構だが、結局はやはり宗教でないとだめだ、道徳だけではいかんということをよくいわれる。

これは近代西洋哲学や、社会科学の概念の浅解でありまして、全然東洋の道徳というものを了解しないものであります。東洋人の道徳という言葉は、西洋の通俗的概念とは全然違い、もっと根本的・普遍的なものであります。

そういう意味では、人間の存在及び生活活動というものに四つの根本範疇《はんちゅう》があります。それを「道」「徳」「功」「力」といいます。

道――化――自然――聖――皇
徳――教――譲――賢――帝 ｝王
功――勧――政――才――王
力――率――争――術――伯（＝覇）

道というのは、これあるによって宇宙・人生が存在しておるものであって、これがなければ宇宙・人生は成り立たないという宇宙・人生の本質的なものをいう。その道が人間に現れて徳というものになる。従って徳というものは、これあるによって人間である。これがなければ形は人であっても人でないという人間存在の本質的・根本的なものをいう。徳はすなわち道から出たわけです。

この頃そういうことをはっきり認識し、これを提唱して世界の識者に反響を呼んだ最も有名な一人がタイヤール・ド・シャルダンです。この人はアインシュタインを円の半円としますと、それに応ずる別の半円であるといわれる。丁度アインシュタインとシャルダンとを合わせると全円、全き円になるといわれておる人であります。

この人はなぜ自然科学の権威であったアインシュタインの反対の半円といわれるのかといいますと、西洋ではご承知のように、自然と人間というものを対立的・相対的に考えがちで、そしてその果ては人間が自然を出でて、自然を征服したいというように、まるで人間が自然の征服者であるという風に理解する。山に登っても、ヒマラヤを征服したとかアルプスを征服したとかいう。

ところが、シャルダンの意見はそうではない。自然が何万年、何億年かかって、次第に無機物から有機物を生み出し、有機物から生命というものへ発展してそこから動物の世界、それもやがて脊椎《せきつい》動物から哺乳《ほにゅう》類、高等猿類というものになって、最後の、最後ではないかも知れん、まだこれからも無限でありますが、何億年、或いは何十億年前に心というものを創造し、この心が人間に至って非常に発達してきて、道徳とか信仰とか芸術とかいろいろな貴いものを生むようになってきた。従って人間生活、人間の形・精神・霊魂というものは、自然のアトム（原子）から一貫して発達してきたものだ。決して別個のものでないということを、科学者として明確に説いた人であります。

こうした考え方は東洋では基本的なものであります。シャルダンなどを俟《ま》つまでもなく、思想学問の始まりから、すでに東洋ではそのように考えてきたのであります。

終戦の詔勅の「万世の為に太平を開く」という言葉がありますが、これは宋《そう》の碩《せき》学《がく》・張載の名言で、その最初の言葉は「天地の為に心を立つ」という句であります。これは「天地、心を立つと為《な》す」と読んでも良いのでありまして、明らかに天地から人間の心というものが開けてきたのだということを、はっきりいっておる。つまり道というものは造化である。創造進化の働きである。その道が人間を通じて徳というものになっていった。だから、これあるによって人間である。これがなければ人間ではないという、本質的なものが徳というものでありまして、それに対して、才能・技能・智能というようなものは、大事なものですけれども、これは附属的要素でありまして、人間であれば多少の智能や才能・技能は皆持っておる。しかし多少これに乏しくたって、人間たることに差し支えない。場合によっては、むしろない方がより多く人間であり得ることさえある。

ところが徳がないというと、これはもう全然人間ではない。例えば明るいとか清潔であるとか、或いは愛するとか、扶《たす》けるとか、報いるとか、努めるとかいう、こういう心がなければ、それは人間ではないわけでありまして、宇宙の道に対していうならば、人間は徳であります。この人間を通じて発達してきた徳というものが、今度は人間の社会生活というものに発達してくるに及んで、政治とか経済とか教育とか、いろいろの仕事になる。これが功であります。これは人間を動かす力である。だから自然と人間と、特に人間の世界というものは、道・徳・功・力という、この四つの範疇に納《おさ》めることができるわけです。

しからば道というものの作用はどういう言葉で表すのが一番良いかというと、化するということ、道化、或いは創るというてもよろしい。いわゆるクリエイトであります。それで造化という言葉ができておるわけであります。そのお蔭《かげ》で不思議な世界、無機物・有機物から生命、精神、いろいろの千変万化が行われてきたわけでありまして、その化するという道の作用の特徴は何か、どういう姿で表れるかというと、自然という姿で表れる。道は化する。その化の行われるや自然である。

これに対して徳というものはどういう作用を成すかというと、教える。教という字は効能書の効という字と同じことでありまして、手本になるという意味で、従って人がこれに学ぶ、則《のっと》る、手本にするという意味を持っております。教或いは効という音ですが、だから教ということは、教師が人の子の手本となって、人の子がそれに則る、学ぶ。学ぶは「まねぶ」であります。そういう風になってゆく。その姿は非常に謙譲である。これが徳の特徴であります。

それによって人間生活のいろいろの働きが行われて、それは人間生活をいろいろの形でいわゆるプロモートしてゆく。これが勧であります。或いは利してゆく。利という字は「するどい」、或いは「きく」。そういう働きは人間を動かす力である。これが人間を率いてゆく、率というと、そこに争とかいろいろできてくるわけですが、場合によっては乱れるということもできてくる。これに対して人間精神・人間生活を進めてゆくと人間が治まる。これが政治というものの、治政とか政治というものの本来の意味であります。

教というものが行われ、お手本・模範になる、人がそれに学ぶということになれば、その姿はどういう姿になるかというと、謙譲という姿になる。天地の造化の働きは、すなわち自ら自然である。こういう道は化し、化は自然である。徳は教、或いはならう、そして謙であり譲である。功は人間生活をプロモートする、進めてゆく、そして人間生活・社会生活というものが治まる。正しくなってゆく。それは人間を率いる力であるが、力だけになると、どうしても動あれば反動があって、争い乱れるということになる。道を以て化す、天下を自然に化してゆくというような支配者が現れたら、これを皇という。徳を以て人を教え、人のお手本になって人間を謙譲に導く者があれば、これを帝という。いろいろの仕事をして人間生活を開発し、進歩させて、人間社会というものをよく秩序を保って治めてゆく者を王という。力で引っぱってゆく。従ってどうしても争乱を免れんというのは覇者、覇道という。皇道・帝道・王道合わせて、大きく王で一括いたしまして、皇、帝、王、覇では煩わしい、複雑であるから、これを王覇という二元に帰する。これが東洋の王道・覇道の由って来《きた》る所以《ゆえん》であります。

先ずこれだけのことを心得ておきませんと、『十八史略』に入りますと、よく皇、帝、王、覇という言葉が出て参ります。特に王覇の論というのは東洋政治を考える上における根本的な思想概念で、先ずこれだけ理解しておきますと、「道徳ではだめだ、宗教でなければいかん」というような一知半解の議論に惑うことはないわけです。

◆宗教と道徳――敬と恥について

そこで宗教と道徳の関係を少し解説いたします。そもそも自然というものから人間というものが出てきた。いわゆる創造・造化された。その人間は物質界・植物界・動物界というものの最後の段階に現れた高等な存在である。

人間と動物とを区別するぎりぎり決着のボーダーラインは何かと申しますと、これは先哲が解明しておるのでありますが、「敬する」という心です。「愛する」ということをよくいう。愛が根本であるとか、愛が本義であるとかいいますが、愛はどの程度かにおいて動物もみな持っておる。もっと原始的にいうと、植物でさえ、例えば日に向かう、太陽の方に向くということは、これは造化の自然の働きでありす。それと相通ずるもので、愛というものは基本的なものであるには相違ないが、これはどの程度かにおいて植物にも、特に動物にあるわけです。愛も更に突っ込んで深遠に解釈すれば別でありますが、一般的には愛というのはまだ人の人たる所以の究極的なものとはいえない。

それでは他にあるのかというと、それがいわゆる敬、敬う、敬するということであります。敬するという心はつまり、これからますます人間の生というものが開けてゆく、進歩向上してゆく、その高きもの、尊きもの、大いなるものの感覚、知覚です。そういうものを我々が悟る時、我々の心に敬う、敬するという心が出てくる。だから人の人たる所以の一番大事なものは敬するということです。敬するということがありますと、これは相待的な、相待つ、レシプロカル reciprocal なものですから、必ず今度は内に省みてそこに恥ずるという心が生ずる。だから敬する、敬う心と、恥ずるという心とが、人の人たる所以のぎりぎり決着の問題です。だから敬することを知らず、恥ずることを知らない者は人間ではない。

敬、敬うということがわかりますと、つまり、より大いなるもの、偉大なるもの、尊いものに対する認識ですから、そこで人間はそういうものを敬うと同時に、我々の心は自ら省みて恥ずると、その心は「参る」という気持になる。参るという言葉は中国でも、日本でも、そもそもから会得し、使っておる大切な言葉であります。我々は心より参らなければいけない。よく大切なものに参る人でなければいけない。

その点日本は他民族にない道徳性を持っております。日本人は参るということを始終使います。「おれはあいつに参った」ということは、「あいつは偉い」ということです。大変好い言葉です。男女関係でいうても、西洋ではラブとかリーベンといったような、愛するという言葉がありますが、日本人は男が女に対して参ったという。これは実に立派な言葉です。それは、あれは偉い・貴いという尊敬・讃嘆の言葉です。日本人の軽々しく言うラブとかリーベンとかいう言葉よりずっと精神的内容のある、人間味豊かな言葉であります。

ところが、それよりももっと感心なのは、勝負をして負けた時に「参った」と言う。これは「貴様は偉い」と言う、勝負をして負けて相手を認識し、相手を讃美する言葉で、これは非常に優れた言葉です。これは前述のような根元から出ている貴い言葉です。

我々が敬い、そして参るというと、少しでもそれへ近づこうとする。参るから「さむらう」「はべる」というような考え方になってゆく。そういう感激を以て結び合ったものが「さむらい」「さむらう」「さぶらう」、自分の敬するもの、参ったものに近づいて、それに仕えて共に生きようという、非常に精神的・道徳的な言葉であり、道徳的な精神であります。そうすると何も要らなくなる。何でもすべて捧げたくなる。これを「祭る」「まつらう」という。「祭」という字がそうでありまして、これは左上の月は肉という字の略字です。右の又は手です。示は神でありまして、神に大事な肉を捧げるという字で、自分の敬慕するものに、自分の大事な物を捧げる、というのが祭る、祭ろう。昔の日本人は皆「たてまつる」とか「さむらう」「候」とか、皆そういう精神が豊かだったことがわかる。これは非常に人間味豊かな、西洋流にいうと、宗教味に溢れた言葉です。

こういう日本語の妙味をほとんど今日の日本人がよく解さなくなった。問題はその敬すると恥ずるとでありまして、その敬するという言葉が主体になりますと、それは宗教というものになる。そういう心が発達してきますと、次には偉大なるもの、敬するものに対して、省みて恥ずるという心が生ずる。恥を知る。恥ずるから戒める。慎しむ。恐れる。或いは已往《いおう》を考えて悔いる。そういう一連の心理が発達してくる。これが建前になったものが道徳です。

強いて西洋流に分けて申しますならば、宗教というのはいわゆる信仰でありまして、より大なるもの、尊いものに対して没我的に打ちこんでゆく、それが建前になると宗教。それによって自ら省み、恥じ、畏《おそ》れ、慎み戒めるということが建前になって、道徳が発達した。だから宗教といえば道徳がその中にある。道徳なき宗教はなく、宗教なき道徳はないのです。宗教と道徳とを截然《せつぜん》と分けて、道徳ではだめだ、宗教でなければならんというのは、一知半解、半分わかったようで、実はわかっておらぬことです。これは実は無学の致すところであります。

だから人間は真に学問をすると、だんだん怖くなりまして、あまり偉そうなことは言えなくなる。自然と謙譲になるわけです。まあ折角の縁で『十八史略』を勉強するとなれば、先ず根本的なこういうことをよく理解しておいていただきたい。

◆東洋の学問と陰陽相対性理論——易の思想

東洋の思想学問のもう一つ根本的なものに「易」という思想学問がある。これもある程度知っておりませんと、本当の意味で東洋学というものが理解できない。これまた専門的にいいますと限りない蘊蓄《うんちく》のある問題でありますが、しかしこの易の言葉が始終出てきますので、極めて根本的な意味での易の基本概念を理解しておくと、東洋の古典を読む上において役に立つ。

易というのは一言で申しますと、相対性理論というてよろしい。何の相対性かといいますと、陰陽相対性理論、この「対」は対するということ、この対と同時に「待」という字、むしろ待の方が表でありまして、対はその反面であります。

相対性理論は相待性と書いた方がより多く妥当です。その創造的根拠、或いは究極というものを「太極」と申します。その太極の中に「陰陽」という相待的な作用——力——従って理論があるわけです。これが統一されて、自然な創造・進化、これを「中」と申します。中するということは、相対する二点の中をとるという意味、大抵そのくらいの意味に普通取るのですが、それは大変初歩的な意味でありまして、本来は創造的発展ということですから、無限の真意・深意があるわけです。東洋の学問は中論であるといってよろしい。特に儒教も、老荘もそうであります。仏教もその意味においては中論といってもよろしい。

日本人は非常によくできた国民で、日本人の用語を調べてみますと、実に感服することが多い。熊さん、八っあんでも驚くべき学問的用語を平気で使っておる。「中」などもその一つでありまして、「心中」というような言葉、これは世間的・通俗的には、この世で、いろいろの矛盾・悩みがあって、一つになれない男女があの世へ行って一緒になるというので、心中と書く。これは実に名言といいますか、情ある表現といいますか、「情死」なんて書いたって、これはつまらない。一向に学問的内容はない。しかし「心中」と書いてあるのは哲学的意味が豊かな言葉です。

「中立」という言葉もそうです。中立というのはどっちつかずの真ん中に居るということではない。こうもり的な立場ではない。中立という真義は、相対するものの是非善悪をはっきりさせて、一段進歩向上した境地に立つことをいう。だから、例えばスイスで中立といえば国民皆兵、いかなる国の侵略も許さぬ。これが本当の中立です。相対立するものの真ん中に居る、どっちにも倚《よ》らずに居るなんていうのは中立の最低の段階である。そうではなくて、あらゆる場合に相対的・矛盾的境地に立たないで、もっと創造的な立場に立つ努力をするというのが中立であり、「中行」であり、或いは「時中」。『中庸』に「君子時中」とある。これは「時に中す」と読んではいけません。「時中」、或いは「時《これ》中す」と読まなければ本当の意味にならない。ところが世間ではそういう風に進歩する段階においていろいろ矛盾が現れてくる。そこで中という字は「すすむ」という意味と同時に「あたる」という意味を持っておる。中毒という。そういう点、実に文字・哲理というものは深いものがあります。

この頃の西洋の医学者や科学者・哲学者が一所懸命に漢字研究を進めているのはよくわかるわけで、「中毒」というのは進歩する段階に生ずる毒のこと、人間の細胞は元来インモータル immortal（不死・不滅）で、単細胞は死なない。ところがどうして動物は死ぬのかというと、生命が進化する。単細胞から多細胞になる。そうすると、ある種の細胞は増長する癖を持っておる。ある種の細胞は萎縮《いしゅく》する傾向を持っておる。そういうアンバランスが起こる。そこで萎縮する細胞を激励し、のさばる細胞を制圧してバランスを取ってゆかなければならない。これが神経系統とか、或いはホルモン系統、内分泌系統というものの働きです。ホルモンなんていうのは特にその働きですが、これがつまり中の道、中道である。――ところがそうなってくると、いろいろの矛盾が複雑になってくるから、ホルモンというのは非常に大事なものだけれども、非常に傷《いた》みやすいものです。そこで中という字を「あたる」と読む。例えば酒にあたる、悪酔いをするということを「中酒」といいます。人間が進歩する段階で毒される。いろいろの副作用を生ずる。それで中毒「毒にあたる」と読む。的に当たるのは的中。これは良い意味の中です。悪い意味においては中毒。

　中という字に矛盾を解消して進む、進歩向上するという意味と、中毒、あたるという意味と、両方の意味を含めたということは大切な観察力であり、思索力だと思うのですが、その中のうちにある統一含蓄する力を「陰」といいます。その陰に対して、分化発展する力を「陽」といいます。これは陰陽、つまり相対立しながら相対応する、相待つ力であります。その太極の中に陰陽という相待的な、言い換えれば統一含蓄の力と、分化発展の力とが相待って、中、すなわち無限の進歩向上が行われる。一本の木で申しますと、種子から発芽します、そして幹が伸び、枝が分かれ小枝、葉（端）という風に分化発展する作用、これは陽性の働きです。けれどもこれに任せておけば、分散――支離滅裂になって破滅してしまいます。従ってこれを統一して、また元の根に含蓄する「結び」の働きが、陰の働き。この二つが相待ってはじめてクリエーションが健《すこ》やかに行われる。

つまり中がある。すべて陰陽相待性からできておる。これが易学の根本原理であり、これが東洋のあらゆる学問・文化の根本原理になっております。

精神で言いますと、我々の智能というものは、どちらかというと陽性の働き、分化発展に伴う働きです。だから理知のことを「ことわり」といいます。これは「事を分かつ」ことです、陽性のことです。だから知識することは「わかる」「分」という字を書く。分かったということは物の区別がついたということです。

ところがあんまり分かるというと分からなくなる。それは木だって幹から大枝、小枝、それからだんだん枝葉になってくると、しまいに分からなくなる。分かれ分かれてゆくと分からなくなる。そうすると今度はそれを結んで、内に蓄えなければならなくなる。

知というものを「分かる」という日本語は非常に学問的です。そこで分かれば分かるほど、結ぶということが必要で、分かるのに対して結ぶ働きは日本ではむしろ「情」であります。そこで知と情というものが渾然《こんぜん》として一つにならんと中になりません。あんまり理知的になりますと、物を分かちますから、しまいに分からなくなる。物分かりというものはよほど注意しないと、分からなくなる。だから論理というものは危いものでありまして、そこで「情理」或いは「実理」というものにならないと真理にならない。いわんや「道理」にならない。

そこでこの道・徳・功・力という根本範疇からいいますと、我々の智能というものは、論理から次第に情理・実理に入っていって真理・道理になるのです。論理というものは一番危い。

近代西洋の学問、近代思想の注意すべきことであって、非常に面白い話がある。これはアメリカに実際あった話でありまして、ペンシルバニア州である一人のインテリ紳士が自殺しました。それを検死の役人が調べたら、遺書が出てきた。その遺書を見ると、その紳士が後妻を貰った。その後妻が一人の娘を連れ子してきた。ところがその主人公には父親があって一緒に暮らして居った。その紳士は妻親子と父との間がうまくゆくかどうかということを、どこの国の人情も同じことですが、心配しながら結婚した。ところが大変うまくいった。それはよかったのですが、うまくゆき過ぎて、後妻が連れ子してきた娘を親父さんが可愛がって後妻に直した。それでわからなくなったという。

恐らくその紳士は哲学や何か齧《かじ》って懐疑的になっておって、まあ病的だったのでしょう。それで自殺してしまった。何となれば、わが父はわが娘の配偶であるから、わが子である。わが娘はわが父の妻であるから、わが母である。すると、わが妻はわが娘という母の母なるがゆえに、わが祖母である。我はわが父という子の子なるが故に、わが孫である。わが父はわが子にして、わが娘はわが母なり。わが妻はわが祖母にして、我はわが孫なりということで、とうとうわからなくなって自殺した。

面白い話ですけれども、これは実に意味するところ切実で、今日の社会思想家の評論などをこの範疇に当てはめると、悪いところがよくわかる。私どもが大学生の頃、森戸辰男さんが東大の経済学の助教授をして居って、助教授の椅子を棒に振った。これは無政府主義者クロポトキンの「相互扶助論」を翻訳《ほんやく》して大学の経済学の機関誌に出して、それが問題になったのですが、その一番根本はどこにあるかというと、コロンブスの新大陸発見というものが近代世界の発展の一契機である。ところがコロンブスの新大陸発見よりももっと大きな発見がある。それは近代の学者が今まで国家のほかに改めて社会というものを発見したことだ。筆禍の端緒はこういうことに始まる。

そもそも国家というものに三つの要素がある。曰く土地、曰く人民、曰く主権者、これが国家の三要素である。

ところがクロポトキンによれば、ここに社会というものが発見された。これは土地と人民との自由なる組織である。一方は土地と人民と主権者との組織である。そうなると国家と社会との区別はどこにあるかというと、結局主権者の有無、言い換えれば権力服従関係を本質とするか否かということになる。すなわち国家というものは、人民の自由を束縛する手枷《てかせ》足枷のごとき存在である。この手枷足枷を打破しなければ、すなわち国民を国家から解放して、自由なる社会民衆、人民というものにしなければ人民は救われない。要約すればこれが結論です。

これは今のインテリ紳士と同じことです。国家というものには複雑無限な要素があるので、長い歴史の間に共同生活してきたものが、その中にある共同感情を生じ、いろいろ複雑な利害、慣習、興味、歴史、文化、いろいろなものを生んで国家というものが発達してきた。これは自然な存在である。それを国家の三要素、土地と人民と権力服従関係というようなことに分解して、それからだんだん論理を展開してきた。これは符号に直せば、A＝C、B＝C、故にA＝Bといった三段論法です。内容のない符号なら間違いないのですが、これを一たび具体化したら大変なことになる。「人は動物なり。犬は動物なり。故に人は犬なり」なんていうことになる。ところが社会思想とか社会理論とかいうものを要約すると、しばしばこういうのがある。そういう点は陰陽相待性理論というもの、すなわち易学をやりますと非常に明白になる。

戦後有名になりましたトインビーが、前大戦の頃、洛陽《らくよう》の紙価を高からしめたシュペングラーの名著『西洋の没落』に衝撃を受けた。シュペングラーによれば、要するに西洋文明というものはだめだと、大変な悲観論です。それでトインビー先生救われない。何とかシュペングラーの結論から一条の活路を開きたいということで煩悶《はんもん》しているうちに、彼が非常な示唆を受けたのが易の原理でありました。この陰陽相待性理論が東洋の古典には始終出て参ります。

◆陰陽五行説

ところがシナの戦国以降になりますと、この陰陽説に基づいて、五行《ごぎよう》説というものが出て参りました。木火土金《ごん》水、木とか火というのはシンボルです。具体的な存在そのものよりは、それで万有を象徴する概念です。この戦国時代から発達してきた五行が陰陽と結びついて、陰陽五行説というものになりました。これは存在そすべてのものの相生《そうしょう》・相剋《そうこく》の関係を説いたもので、これが普遍化いたしまして、今日に至るまで、中国人も日本人も皆この陰陽の考え方の影響を非常に受けているわけです。

浅薄な科学万能的考え方をしておった時は、陰陽五行説なんていうのは笑うべき未開の僻論《へきろん》であるという風にいわれておりましたが、この頃学問、ことに科学が発達して参りますと共に、改めてこの陰陽五行説というものが検討されるようになってきております。これも易と同じように大変面白い。あらゆる存在そのものを陰陽と五行に配当する。中には少し無理なのもあります。しかし驚くべき妥当なものもありまして、一般の新しがり屋が考えておるようなものよりは遥《はる》かに深い真理性を持ったものであります。特に漢方医学・漢方医療はこれと関係が深い。

土は金を生じ、金から水を生じ、水は木を生長させ、木を焼けば火を生じ、火は灰・土を生ずというわけで、これを相生といいます。木生火、火生土、土生金、金生水、水生木と循環します。ところが同時に相待的ですから剋する働きがある。それは木でいいますと、木は土を搾取して生長するから、木剋土とゆく。同様にして土剋水、水剋火、火剋金、金剋木と循環する。それが相生、相剋であります。

行		徳	臓	腑	方	時	色	音	臭	味
木		仁	肝	胆	東	春	青	角	羶	酸
火		礼	心	小腸	南	夏	赤	徴《ち》	焦	苦
土		信	脾	胃	中	土用	黄	宮	香	甘
金		義	肺	大腸	西	秋	白	商	腥	辛
水		智	腎	膀胱	北	冬	黒	羽	朽	鹹

そこで我々の例えば内臓、臓腑《ぞうふ》でいいますと蔵というのは「くら」「おさめる」ですから、これは陰である。その陽性の働きを「府」と申します。それに〝にくづき〟(月)をつけますと臓腑という言葉になる。肝臓というのはこれは胆です。肝臓・心臓・脾臓《ひぞう》・肺臓・腎臓《じんぞう》これを五臓という。それから胆・小腸・胃・大腸・膀胱《ぼうこう》、これが五腑であります。肝・心・脾・肺・腎。従って肝臓がよくなると木生火ですから心臓がよくなる。心臓がよくなると脾臓がよくなる。脾がよくなると肺がよくなる。肺がよくなると腎臓がよくなる。腎臓がよくなると肝臓がよくなる。その中

で一番大切なのは肝臓と腎臓だというので肝腎要《かんじんかなめ》という。これは肝臓と腎臓とかなめではありません。要という字はこし（腰）という文字であります。後になって〝にくづき〟（月）をつけて今使っている腰という字ができましたけれども、本当は整形的・外科的には腰、内臓的には肝臓・腎臓が一番大事で、まさにその通りだと今日の医学でも異論がない。

これに対して肝臓が悪くなると木剋土ですから脾臓が悪くなる。脾臓が悪くなると土剋水で腎臓が悪くなる。腎臓が悪くなると水剋火で心臓が悪くなる。心臓が悪くなると火剋金で肺が悪くなる。肺が悪くなると金剋木で肝臓が悪くなる。その腑が胆・小腸・胃・大腸・膀胱。だから例えば肺病患者が大腸を悪くすると、危険である。腎臓患者が膀胱を悪くするようになるといけない。脾臓患者が胃をこわすとだめ、心臓病患者が小腸を痛めるとだめ、肝臓病人が胆を悪くするとだめという、循環関係です。

色でいうと青が木、赤が火、黄が土、白が金、黒が水となる。だから肝臓を悪くすると青くなる。心臓を悪くすると赤くなる。たしかに心臓の悪い人は顴骨《かんこつ》の下、或いは眉間《みけん》のような所に病的な赤味を生ずる。これは心臓の反映です。脾臓が悪くなると黄色くなる。いわゆる黄疸《おうだん》。肝・胆は青くなる。肺・大腸を悪くすると白くなる。腎・膀胱を悪くすると黒くなる。腎が悪くなるとたしかに皮膚が黒ずんできます。肺を悪くすると白茶けてくる。心臓を悪くするとちょっと赤味が出る。脾・胃を悪くすると黄色っぽくなる。これはその通りですね。人間、胆力がなくなると青くなる。

味で申しますと、酸、すっぱいというのは肝、胆に当たる。心、小腸は苦い、脾・胃、黄色は甘い。肺・大腸は辛い、ピリピリする。鹹《かん》は腎臓です。相待は相待つですから、人間は酸がなければいけないが、あまり酸化すると肝胆を悪くする。苦味は必要だけれども苦過ぎてはいかん。甘過ぎても脾・胃にいかん。人間は食わなければならない。胃の方が大事です。だから甘い物は皆好きですが、これは脾、胃を痛める。そうしてこれは腎、膀胱にきますから、糖尿になる。鹹、塩気というのは、これがなければ人間は塩水の中から出てきたのですから、これは一番大事です。だから腎臓というのはつまり肝腎、健康の一番根本的なものです。人は塩気がなければならんが、同時に過ぎると腎、膀胱を痛める。そこで昔から、昆布とかぜんまいとか、黒豆とかいうような黒い物を食うといいというのは、まさに当たっておる。青い野菜は肝胆にいいし、赤い人蔘は心臓・小腸にいい。黄色い物は脾・胃、白い物は肺・大腸にいい。葱《ねぎ》の白根などは最も大腸にいいということを漢方は申しております。その肝胆は怒りと関係がある。心・小腸は笑いと関係がある。脾・胃は思い、いろいろな事をくよくよ思いますと脾、胃を悪くする。心配すると食欲がなくなるというのはこれです。あんまり憂えると肺・大腸を痛める。恐れると腎・膀胱を痛める。

こういう風に、これは一例を挙げただけですけれども、これが人間と存在、人間生活の百般の物がみなこの陰陽五行に分類され配置されておる、非常に面白い。これは科学的に調べてもその中には多大の真理があります。これも現在科学者の、特に医学者、栄養学者、生理学者などの大変興味のある一つの問題になっております。これが東洋では大変発達しておる。こういう原理的な知識、少なくともこういうものが根本にあるということをわきまえて、古典を読むと有益です。いきなり古典を雑然と読んでみても徹し難い。比較的には西洋の物は陽性で、従ってどちらかといえば、理智的・理論的。東洋の学問は含蓄的、従って直観的・情操的ですからなかなか解しにくい。或いは徹しにくい。独学では東洋の学問はやりにくい。下手にやると頑固な偏見や、或いは誤信をやります。まあこういうことを頭の中に置いて読みますと、興味一入《ひとしお》深いものがあります。

第一章

三皇五帝・三代の治

◈三皇五帝

シナの歴史には、三皇五帝という術語があります。その三皇の第一は太昊伏義《たいこうふつき》氏。伏義は一名庖犧《ほうぎ》とも申します。庖犧という方がよく本質を表しておりまして、庖厨《ほうちゅう》、くりや、台所仕事を教えたという。つまりそれまで自然の動物と余り変わりない飲食をしておった人間に、初めて料理して食うということを教えた。これによって人間が中毒・毒に中《あ》てられたり、いろんな病気から救われたわけです。そういう意味では命の親で、これが三皇の始まり。

その次が炎《えん》帝神農《じんのう》氏。これは炎帝という名前から想像されますように、陰陽五行思想によって火徳の王とされ、火を活用することを民に教えたという意味で、炎という字が名前についておる。それと同時に農耕を教え、農耕によってできた産物、すなわち農作物の交易から更に医薬をも教えたというので、伏義氏より一段と進んで炎帝神農氏というものが重要視されております。

第三にシナの民族と歴史の基準になった、日本でいえば神武天皇に該当する者は黄《こう》帝であります。これは伏義、神農に対して軒轅《けんえん》といいます。黄帝軒轅氏、この黄帝がいわば武力統一をやって、統一政権を樹立した。その次に家来の倉頡《そうきつ》（倉は蒼とも書く）に命じて文字を創らせた。つまり文字の元祖である。武力統一政権を作ったばかりでなく、そもそも文化の創始者であるという意味で非常に尊敬されておる。ことに統一政権の創始者でありますから、神武天皇と同じような意味でシナの歴史は黄帝紀元といいます。

この黄帝紀元を堂々と取り上げたのは、面白いことに中華民国の孫文政権であります。一九一一年、日本で申しますと、明治四十四年・辛亥《しんがい》の年、清朝を打倒した革命軍が、年末に政権を樹立いたしますと、彼らは黄帝紀元四六〇九年と堂々と宣言しました。日本は紀元二千五百年、彼の方は黄帝紀元四六〇九年、黄帝というのはシナ歴史の伝説の域を脱せぬ人物でありますけれども、中国の歴史はまあ黄帝から始まると一般に説かれておる。

従来中国では、黄色は帝王の色、帝王を代表する色としております。宮城の瓦《かわら》も壁も黄色、皇帝の衣服も、正式の場合には黄色を用いる。それで日本にもそれが移ってきまして、ご即位の時などに用いられる黄櫨袍《こうろほう》というお召物なども、名の通り黄色であります。ところが近年、科学の実験が光線についてもいろいろと行われ、シナ民族が昔から特に皇帝を表す色として黄色を用いたということは、科学的にも正しく意味がある。太陽の七色の光線、一番波長の大きいのは赤ですが、それから橙《だいだい》、その次が黄色、それから緑・青・藍《あい》・紫となるわけです。その七色の光線の中で、黄色光というものが一番よく生命を育《はぐく》むということが実証された。この黄色光を植物の種子にかけますと、非常に早く逞《たくま》しく発芽する。その芽に黄色光をかけますと、またぐんぐん成長する。ほかの六色の光線とは違って、ずっと黄色光の方がきく。つまり黄色というものは太陽光線の中で、一番生命を助長する力を持っておる。万物を生育する代表的な光色であるということが証明されました。

恐らく古代人は、知性的・理論的・概念的な頭脳はまだ開けませんが、その代わりに直覚力、直観力、或いは身で体得するという能力は非常に発達しておりますから、部分的には動物の本能や感覚は人間より優れておりますように、人間としては古代人の方が直覚、或いは体験能力というようなものが優れております。そういう本能が衰えるに従って、知性・論理・概念、そういうものが発達する。だから皮肉な科学者や哲学者は、人間が理窟——論理だの概念だの理論だの何だのと言い出すのは、人間の直覚力という本能の衰退を補う作用である。理窟をいわなければわからんようなことではだめで、人間は偉くなれば直覚力が発達しなければならんという結論も出しております。

まあそういう意味で黄帝と申しますのは、シナの歴史を語る上において逸することのできない人物であります。

人間に料理を教えた伏羲。農業、農作物の交易、そういうようなことを教えた神農。次いで黄帝。この三皇から始めて五帝というのが、シナの歴史を論ずる場合には逸することができない。その五帝の中でも、堯舜《ぎょうしゅん》という言葉が日本人で誰知らぬ者はない常識的な用語になっておりますが、その堯と舜の前に少昊《しょうこう》・顓頊《せんぎょく》・帝嚳《こく》と、三人の伝説人物がおります。この名称は、堯舜もそうですが、いかにもその意味が面白い。〝昊〟という文字は空《そら》です。空でも特に夏の空を昊《こう》という。これに対して秋の空を旻《びん》という。昊が空の代表的名字になっております。三皇の第一が太昊（伏羲）でありますから、そこで五帝の筆頭が太昊に対する少昊、すなわち空、天を表すのですが、ここまでは、天人合一の象徴段階ですが、その次の顓頊になりますと、これはまた大いに意味がある。〝顓〟という文字は愚かなこと、愚蒙《ぐまい》という意味がある。〝頊〟という字もぼんやりとしている、自失する、要するに愚か、自覚しないというような意味があります。また顓という字は謹《つつ》しむ姿という意味もありまして、自分で自分の権威とか能力を自覚しない。いわゆる無意識で、そして謹厳、謹直な姿といいますか、それが顓頊です。自分に優れた徳・内容を持っておりながら、それをそう自覚しないで、いかにも愚のごとくであるという意味を持っておる。これを漢民族は最も尊重する。自分が優れた内容を持ちながら、それを自覚しないでいかにも謙譲である、といえばすでにそこに自覚があるのですが、要するにつつましやかである、こういうのが最も尊いとされておる。

ところが第三代の帝嚳になりますと、〝嚳〟は厳しく布告する、号令する意味があります。緊急命令、宣言という意味を持っていまして、つまり顓頊から下ると、ぼつぼつ権力支配、民衆に対する権力、号令が出てくることを表しておる。

それからその次が堯ですが、〝堯〟という字は日本で訳すると、「たかし」という。堯という名前の人もありますが、大体たかしと読んでいます。これは高遠を意味する。つまり顓頊というような混沌《こんとん》というか、茫漠《ぼうばく》というか、或いは敦朴《とんぼく》なところから、次第に支配者としての権威が外に表れてきて、それが厳しい号令になる。そうして民衆が粛然としてこれを仰げば、品格、権威というものが高く遠大である。堯はそういう人間の内容や権威の高遠なることを表す。

ところが五帝の最後の舜になりますと、〝舜〟というのは俊才の俊と同じで、気がきく、頭がいい、才があるという意味になっています。そこで少昊・顓頊・帝嚳・帝堯・帝舜と、ただ並べただけでは何のことやらわからん。難しい名前がついたもんだというわけですが、名前の含んでおる意味を味わいますと、政治権力、人物、支配というものの変遷がよくここに表れているわけです。そしてシナ民族の価値観というものもよく整備されておる。漢民族というものが一番偉いとするのは、その偉いことを偉いと自覚しないで、茫洋《ぼうよう》として、しかも慎ましやかである、たしなみが深い、自覚せずして自らに整っておる、こういうのが最高です。それがただ茫洋で頼りないというのではなくて、やがてピリッとするようなものになってくる。そういう発言・号令というようなものがあるようになってくる。そして粛として注目するというと、いかにも高遠である。それから更に人民、人間に誰にもわかる智能や才能が優れておるという、智能・才能の人物になってくる。これが舜。呂新吾《りよしんご》の『呻吟語《しんぎんご》』から引用すると「深沈厚重これ第一等」、例えば顓頊のことです。それからその次の「磊落《らいらく》豪雄」というのはつまり帝嚳から帝堯へかけての価値観、「聡明《そうめい》才弁」というのは舜に相当する。中国の歴史的価値観、人物観をこの五帝で表しておるわけです。

◆帝堯陶唐氏

(一)鼓腹撃壌

帝堯陶唐《ていぎょうとうとう》氏は、伊祁姓《いきせい》なり。或は曰く、名は放勛《ほうくん》なりと。帝嚳《ていこく》の子なり。其の仁は天の如《ごと》く、其の知は神の如し。之《これ》に就《つ》けば日の如く、之を望めば雲の如し。平陽《へいよう》に都《みやこ》す。茆茨《ぼうし》剪《き》らず、土階三等のみ。草有り庭に生ず。十五日以前は、日に一葉を生じ、以後は日に一葉を落す。月小にして尽くれば、則《すなわ》ち一葉厭《かわ》いて落ちず。名づけて蓂莢《めいきょう》と曰《い》う。之を観て以て旬朔《じゅんさく》を知る。天下を治むること五十年。天下治まるか治まらざるか、億兆己れを戴《いただ》くことを願うか、己れを戴くことを願わざるかを知らず。左右に問うに知らず、外朝に問うに知らず、在野に問うに知らず。乃《すなわ》ち微服《びふく》して康衢《こうく》に游《あそ》ぶ。童謡を聞くに、曰く、「我が烝民《じょうみん》を立つるは、爾《なんじ》の極に匪《あら》ざる莫《な》し。識らず知らず、帝の則《のり》に順《したが》う」と。老人有り、哺《ほ》を含み腹を鼓《つづみう》ち、壌《つち》を撃《う》って歌いて曰く、「日出でて作《さく》し、日入りて息《いこ》い、井を鑿《うが》ちて飲み、田を畊《たがや》して食う。帝力何ぞ我に有らんや」と。

「帝堯陶唐《ていぎょうとうとう》氏は、伊祁姓《いきせい》なり。或は曰く、名は放勛《ほうくん》(勲)なりと。帝嚳《ていこく》の子なり」。放勛の〝放〟は、「放つ」という意味もありますけれども、「ほしいまま」という意味と、「大きい」という意味がありまして、偉大なる功勲という意味です。

「其の仁は天の如く、其の知は神の如《ごと》く。之《これ》に就《つ》けば日の如く、之を望めば雲の如し」。つまり太陽やその下ののどかな雲を見るような、そういう姿。「平陽に都《みやこ》す。茆茨《ぼうし》剪《き》らず、土階三等のみ」。これが誰知らぬ者はない歴史的な熟語になっております。茆茨は茅《かや》で屋根を葺《ふ》くが、葺きっ放しで端を揃《そろ》えてない。階段は土の階段が僅《わず》かに三段で、自然な素朴な住まいであった。皇帝にしてこうであった。この「茆茨剪らず、土階三等」というのが為政者、支配者のあるべき、或いは好ましい一つの理想の姿になっておる。シナ政治哲学では、政治家・役人・帝王が建築の美麗壮大を誇るようになったらすでに堕落だ、こういうのが漢民族の一つの通念といってよい。なるべく支配者、政府、帝王というものは自然で、素朴でなければならん。

その意味において漢人が驚嘆するのは伊勢神宮です。現代中国の代表的学者として知られた香港・新亜書院大学の唐君毅教授が、かつて伊勢神宮に参拝して異常な感銘を受けたことは、『師と友』(九十四号)にも紹介されましたが、伊勢神宮はすなわち、「茆茨剪らず、土階三等のみ」の非常に洗練された姿である。しかしこれはシナ人ばかりでなく、ドイツ人の有名な建築家、ブルーノ・タウトまで、伊勢神宮の建築を讃美しておりますから、やはりその道の大家が見れば変わりはないのでしょう。

「草有り、庭に生ず」。この宮殿の前に不思議な草が生えた。「十五日以前は、日に一葉を生じ、以後は日に一葉を落す。月小にして尽くれば、則《すなわ》ち一葉厭《かわ》いて落ちず」。月の一日《ついたち》(朔)から十五日まで日ごとに一葉を生じ、十六日から晦日《みそか》まで、日ごとに一葉ずつ落ちる。小の月(陰暦で二十九日の月)は、残った一枚の葉が落ちずに枯れる。「名づけて蓂莢《めいきょう》と曰う。之を観て以て旬朔《じゅんさく》を知る」。十日(旬)、一日(朔)を知る。つまり暦の始まりであります。

「天下を治むること五十年。天下治まるか治まらざるか、億兆(人民が)己れを戴くことを願うか、己れを戴くことを願わざるかを知らず。左右(側近)に問うに知らず、外朝(政治を執る表宮殿、つまり朝廷の役人)に問うに知らず、在野(民間の有力者)に問うに知らず」。誰も知らない。これがつまり無為の治というものです。無自覚の自覚というか、これが漢民族、ひいてその文化的影響を細やかに受けておる日本人も含めて、極東民族、東洋人の無の哲学といいますか、天下の政《まつりごと》もつまりこれが理想だと、こういうのです。あたかも空気のような水のような、太陽のような無の存在、無の行為、無の徳が政治に実現されておる。

しかしそれを堯はやっぱり顓頊の後ですから自覚しない。「乃《すなわ》ち微服《びふく》して康衢《こうく》に游ぶ」。そこで服装を変えて、人目に触れぬように、賑《にぎ》やかな町の中へ出てきた。するとと子供が流行歌を歌っておる。「童謡を聞くに、曰く、『我が烝民《じょうみん》を立つるは、爾《なんじ》の極に匪《あら》ざる莫《な》し。識らず知らず、帝の則《のり》に順《したが》う』と」。烝民の〝烝〟は衆。我々民衆が生活してゆけるのは、あなたのお蔭《かげ》です。〝極〟は中正至善の道といった意味です。そこで、強引に支配されるというような意識ではなく、知らず知らず、無意識のうちに帝の則に順う、皇帝が示される原理原則に順応する。我々大勢の民衆がこうして生きておるのは、天子様、あなたのお蔭です。何か知らんけれども、自然におん導きのままに生きているのですと、こういう歌を唱えておった。

また「老人有り、哺《ほ》を含み腹を鼓《つづみう》ち、壌《つち》を撃《う》って歌いて曰く」、哺というのは口の中の食物ですから、何かもぐもぐ食いながら、腹を鼓ち、壌を撃って歌っていた。撃壌というのはいろいろな説がある。どこでも田舎の人間、或いは未開人は歌を歌う時に踊りますね。踊りは土を踏むわけですから、撃壌というのは楽器に合わせて土をふむ姿だとも申しますし、或いは壌というのは土で作った楽器のことで、楽器を叩《たた》いて歌う。或いはまた撃壌というのは一種の輪投げのような農村の遊戯だともいわれる。要するに無心に遊びながらという意味であります。「歌いて曰く、『日出でて作《さく》し、日入りて息《いこ》い、井を鑿《うが》ちて飲み、田を畊《たがや》して食う。帝力何ぞ我に有らんや』」と。何だか皇帝だとか政府だとか難しいものがあるそうだが、おらには何の関係もない——ということで、いかにも無為自然であった。これが太古の理想政治だという名高い一章であります。

(二)舜を天に薦む

堯《ぎょう》立ちて七十年、九年の水有り。鯀《こん》をして之を治めしむ。九載績《きゅうさいせき》あらず。堯老いて勤に倦《う》む。四嶽《しがく》舜を挙げて、天下の事を摂行《せっこう》せしむ。堯の子丹朱《たんしゅ》不肖《ふしょう》なり。乃《すなわ》ち舜を天に薦む。堯崩じ、舜位に即《つ》く。

ところが、堯が位について七十年も経《た》った。その間に大洪水があった。そこで鯀《こん》という者に命じて治水工事をやらせたが、「九載績あらず」。九年たっても成績が上がらない。「堯老いて勤に倦《う》む」。堯も天子になって、ぼつぼつ年をとって物倦くなってきた。勤めに倦んできた。そこで、「四嶽《しがく》舜を挙げて、天下の事を摂行《せっこう》せしむ」。四嶽というのは四方の大名を支配する、まあ幕府で申しますと、いわば老中といったような諸侯を統括する重役が、舜を推挙して堯の政治を代行させた。ところが「堯の子・丹朱不肖なり。乃ち舜を天に薦む」。すなわちこの時代は賢人政治、つまり賢愚にかかわらず血統を主として支配の地位に即《つ》かせるという世襲政治ではなく、賢人政治・哲人政治の時代であったことを表しておる。堯の子の丹朱は不肖であったので、舜を天子の位に四嶽の官が推薦した。「堯崩じ、舜位に即《つ》く」。これは誰知らぬ者のない、堯舜に関する禅譲の歴史であります。

ところで、どの国、いつの時代でも同じことでありまして、こういう伝説口碑に対して、歴史家の中でも科学派の連中は、これは堯舜の説話を潤色したものであって、実際には舜が堯を権力で打倒して帝位を奪ったのだ。すなわち舜が堯を山西《さんせい》の平陽という所へ追放した。だからその地方に囚堯という城がある。そこへ彼は幽閉されたんだというような説もある。

それから堯の不肖の子・丹朱を廃止して舜を天に薦むとありますが、これは『山《さん》海経《かいけい》』という名高い本、これに丹朱が出てくるのですが、帝丹朱となっておる。だからついでに親子もろとも舜によって幽閉されたということができるというような学説を立てる者もあるのですが、それを唐の時代の有名な歴史家に劉《りゆう》知幾という人がありまして、これが『史通』という書物にそういう例を引いて、そうかも知れんというようなことを論じておる。勿論これに対しては反駁《はんばく》もありますけれども、それはこの後の舜と禹との関係でもそうであります。

どうも史実はそうかも知れませんが、それでは国民の理想、国民の道義というようなものに冷たい水を引っかけるようなものであって、それはそうであっても、すでに何千年の間に伝説口碑としてできあがったもの、これはかくありたい、かくあれかしという民族の徳性の表現であるから、そういうものを科学的と称して冷やかに破壊することは、専門家の間の特殊な場合にはいいが、それを一般化することは感心したことではないというのが常識であります。

◆帝舜有虞氏

(一)烝々として乂《おさ》めて姦に格《いた》らざらしむ

帝舜有虞氏《ゆうぐし》は姚《よう》姓なり。或は曰く、名は重華《ちょうか》なりと。瞽瞍《こそう》の子、顓頊《せんぎょく》六世の孫なり。父、後妻《こうさい》に惑い、少子象《しょう》を愛し、常に舜を殺さんと欲す。舜、孝悌《こうてい》の道を尽くし、烝々《じょうじょう》として乂《おさ》めて姦《かん》に格《いた》らざらしむ。

舜の先祖は虞《ぐ》に住んでいたので、その地名をとって有虞氏と称しました。姓を姚《よう》と言い、一説によれば名を重華といったとも申します。顓頊から六代目の子孫であり、瞽瞍の子である。〝瞽〟も〝瞍〟も盲目のことです。舜の父は頑固で道理に暗かったので、人々が瞽瞍と呼んだのだといわれております。

この父親の瞽瞍は後妻の言いなりになって、その腹に生まれた末子の象《しょう》を偏愛し、機会あらば舜を亡きものにしようと企てましたが、そうした頑冥《がんめい》な父親の非道な仕打ちに対して、舜は「烝々《じょうじょう》として乂《おさ》めて姦《かん》に格《いた》らざらしむ」。烝というのは〝むす〟という字でもありますが、心暖かく、だんだんにということであります。頑冥な親に逆らわないで、何とかいつもよく始末をつけて、父親・瞽瞍をして悪事に陥れなかった。舜の孝悌の道の深いことを物語っております。

(二)民みな畔を譲る

歴山に畊《たがや》すに民皆畔《あぜ》を譲る。雷沢に漁するに人皆居を譲る。河浜《かひん》に陶《とう》するに、器《き》、苦窳《くこ》せず、居る所聚《しゅう》を成《な》し、二年にして邑《ゆう》を成し、三年にして都《と》を成す。堯之が聡明《そうめい》を聞き、畎畝《けんぽ》より挙げ、妻《めあ》わすに二女を以てす。娥黄《がこう》、女英《じょえい》と曰《い》う。嬀汭《ぎぜい》に釐《おさ》め降《くだ》す。遂《つい》に堯に相として政《まつりごと》を摂《せつ》す。驩兜《かんとう》を放《はな》ち、共工《きょうこう》を流し、鯀《こん》を殛《きょく》し、三苗《びょう》を竄《ざん》す。才子八元・八愷《がい》を挙げ、九官に命じ、十二牧に咨《はか》る。
四海の内、咸《みな》舜の功を戴く。

そういう心がけの舜は「歴山に畊《たがや》すに民皆畔《あぜ》を譲る。雷沢に漁するに人皆居を譲る」。百姓というものは一寸の土地でも自分の所へ取り入れようとする。油断すると、すぐ他人の畔を侵すものですが、舜が耕しておる歴山では、舜に自然に感化されて、人々が謙遜《けんそん》になって畔を譲った。舜が雷沢に魚を釣るというと、「人皆居を譲る」。釣場というものは良い場所を占めるために競争するものですが、人々はよく釣れる場所を譲り合った。「河浜に陶するに、器《き》、苦窳《くこ》せず」。舜が黄河《こうが》の岸で陶器を焼くと、粗悪な作品が姿を消した。苦窳《くこ》というのはでこぼこな製品、〝苦〟は粗、〝窳〟はゆがむ、いびつなことです。「居る所聚《しゅう》を成《な》し、二年にして邑《ゆう》を成し、三年にして都《と》を成す」。舜の居る所は人が集まって、自然に集落ができる。二年にして一つの村になる。三年にして都《まち》になった。

こういうことは決して古代の空《むな》しい伝説ではない。その後シナの歴史を見ると現実にたくさんの例がある。清朝の時代でも、今の上海の先に広州という所がありますが、この広州に張積中という長者がおりました。非常な名門であり達人であります。この人、この家を中心として、一つのそれこそ都邑《とゆう》を成して居った。ところが清朝末期に清朝の綱紀が破れて治安が乱れた時には、広州のような所でも匪賊《ひぞく》が跋扈《ばっこ》する。そこで張積中はこれを厭《いと》うて山東省《さんとう》の黄崖《こうがい》という所へ移住してしまった。そうすると広州の張積中を慕う者が陸続として彼の後につき従ってきて、とうとう黄崖という山の中の居住が立派な一つの町になった。そこで張積中を中心にして黄崖教団というものができました。ところがそこに野心家が入ってきて一つの革命的勢力になってきた。そこで清朝は兵を発してこれを討伐した。ところがその黄崖の住民が最後の一人まで抵抗して全滅したという事績がある。

日本でもそうでありまして、鎌倉《かまくら》時代の勃興《ぼっこう》というものは、やっぱり鎌倉武士の中の偉い旗頭ができて、その旗の下に皆集まってきて、従ってそれを旗本というのですが、大将を立てて皆が一つの大家族を作って武士階級というものが、次第に発達していった。だからこの団結というものは血が通っておるわけです。

シナは日本よりももっとそういう意味では発達したというていい。それは日本のように万世一系の天子を戴いて、一民族・一国語で通して来られたというようなものではなくて、絶《た》えず塞外《さいがい》民族・満洲族・蒙古族・チベット族・トルコ族たちに侵略征服されてきたから、どうしても現実の権力支配、地位、名誉、財産、或いは生命というものまで、少しも保証はない。つまり何も恃《たの》むべきものがない。そこで何を恃むかというと、結局裸の人間同士、これが最後の大事なものである。だから頼みとすることのできる人間同士の団結という道徳が非常に発達しておる。舜などが、そのそもそもの模範的人物だったというわけです。居る所聚を成し、二年にして邑を成し、三年にして都を成す。だから〝都〟という字は人が大勢集まるという字で、〝すべて〟という意味がある。

「堯之が聡明《そうめい》を聞き、畎畝《けんぽ》より(田野の中から)挙げ、妻《めあ》わすに二女を以てす。娥《が》黄《こう》、女英《じょえい》と曰う。嬀汭《ぎぜい》に釐《おさ》め降《くだ》す」。嬀というのは河の名前であります。嬀汭という所に降嫁させた。「遂《つい》に堯に相として政《まつりごと》を摂す。驩兜《かんとう》を放ち、共工《きょうこう》を流し、鯀《こん》を殛《きょく》し、三苗を竄《ざん》す」。ついに舜は堯の宰相となって政務を代行し、敵対勢力を追放或いは流謫《るたく》した。治水に成績のあがらなかった鯀も逮捕して押し込められ、三苗と称した江南の先住民族も辺地に追いやった。この三苗というのは、今日の苗族の祖先であります。

かくして「才子八元《げん》・八愷《がい》を挙げ、九官に命じ、十二牧に咨《はか》る。四海の内、咸《みな》舜の功を戴く」。〝才子〟というのは才能のある人間という意味であります。〝元愷《げんがい》〟という熟語ができております。〝愷〟というのは、簡単にいえば温和というような意味であります。〃元〃は善良という意味にも解されておりますが、善良というよりはもう少し大切な意味がありまして、ちょうど〃摩訶《まか》〃という梵語《ぼんご》と共通する意味がある。〃摩訶〃というのは、少なくとも三つの意味がある。第一は大きいという意味、それから数量でいうと多い。その次は質的に勝《すぐ》れておるということを表す。どの一つで表現しても足らないので、この三つの意味を含めるためにはマカという音で使うよりしようがない。それで摩訶《まか》と原音にしたわけであります。〃元〃もそうであります。元は立体的にいうともとを表す。時間的にいうと始めを表す。それから部分に対していうならば全体を表す。何とも訳しようがないので元としたわけです。

だから、あいつは元気だなどと、日本人は難しい専門用語を民衆的にマスターして、その専門用語という痕跡《こんせき》も残さないまでに使いこなしておるというところに、また一つ日本人の偉さがあるのですが、「元」もその一例。元気というとそういう三つの意味を渾然《こんぜん》と含めた気力、エネルギー、生命力をいう。ですからこれは元来非常に意味深長な言葉です。

そういう意味ですから八元というのは、とにかく非常に能力の優れた八人の人物、八愷というのは温和で、円満な、人とよく協調してゆくことのできる人物。従ってこの〃才子〃というのは日本でいう才子とは違います。そういう能力のある十六人を挙げ、更に九官（九人の大臣）に命じ、十二牧、十二人の地方長官の意見を聞くなど、民政に心を傾けた。舜はこのようにいろいろな分野の政治組織を作ってよく治めたので、四海の内、皆舜の功業を鑽仰《さんぎょう》するようになったのであります。

(三)五絃の琴、南風の詩

五絃《げん》の琴を弾じ、南風の詩を歌いて、天下治まる。詩に曰く、「南風の薫《くん》ずる、以て吾《わ》が民の慍《いかり》を解くべし。南風の時なる、以て吾が民の財を阜《ゆたか》にすべし」と。時に景星《けいせい》出で、卿雲《けいうん》興る。百工相和して歌いて曰く、「卿雲爛《らん》たり、糺《あつま》りて縵々《まんまん》たり。日月光華《こうか》あり、旦《たん》復《ま》た旦《たん》」と。舜の子商均《しょうきん》不肖なり。乃《すなわ》ち禹《う》を天に薦む。舜南に巡狩し、蒼梧《そうご》の野《や》に崩ず。禹位に即《つ》く。

かくて、よく天下が治まったものですから、自然に文化が栄える。その文化の代表は先《ま》ず音楽と詩であります。どこの国でも文化史を調べてみると、先ず音楽と詩が出てくる。舜はいつも五絃の琴を弾じ、南風の詩を歌った。その詩に曰く、「南風の薫《くん》ずる、以て吾《わ》が民の慍《いかり》を解くべし。南風の時なる、以て吾が民の財を阜《ゆたか》にすべし」と。怒りを発散せずに胸の中にむっと蓄《たくわ》える。そういう怒りを慍という字が表しております。五風十雨、五日に一ぺん風が吹かないと塵埃《じんあい》が払えない。十日に一ぺん雨が降らないと乾く。五風十雨、すべて時が必要であります。南風の時なる、以て吾が民の財を阜《ゆたか》にすべし。「時に景星出で、卿雲興る」。景星はめでたい星、卿雲《けいうん》もめでたい雲です。「百工相和して歌いて曰く、『卿雲爛《らん》たり、糺《あつま》りて縵々《まんまん》たり』」。雲のたなびく美しい姿です。「日月光華《こうか》あり、旦《たん》復た旦《たん》」。来る日も来る日も、日月は光り輝いて、天下がよく治まった。

中国の古代思想からすれば、自然現象は人間の徳や罪に反応するものとなっておりますから、舜の善政に対して、天も大いに嘉《よみ》されたのか、こういう平和なめでたい状態であったという礼讃の詩です。

ところがどうしたことか、堯の子・丹朱が不肖であったように、舜の子・商均も不肖であった。これは明治の、誰でありましたか忘れましたが、ある大学者の子供が大変出来が悪かった。友人が「あなたのような大学者にあんなお子さんができて……」と慰めたところが、難しい顔をして、「堯の子も不肖、舜の子も不肖」と言うたという有名な逸話があります。不肖の伜《せがれ》を持った人がよくこれを引用する。

「舜の子商均不肖なり。乃《すなわ》ち禹《う》を天に薦む。舜南に巡狩し、蒼梧《そうご》の野《や》に崩ず。禹位に即《つ》く」。舜が南方を巡閲して廻《まわ》った。蒼梧の野、これは今で申しますと湖南《こなん》省の南部、屈原《くつげん》が身を投じた汨羅《べきら》という河があります。その辺が昔の蒼梧の野でありま す。いわゆる瘴癘《しょうれい》の土地、非常に衛生に悪い。疫病など流行した所ですが、舜は視察に廻った蒼梧の野で崩じた。そこで禹が位に即いた。これについても、禹が舜を流謫《るたく》したのだという説もある。そうでなければ舜がそんな蒼梧の野なんていう所へ行くわけがないと、いろいろの史実を考証しまして、禹の舜流謫説、追放説もありまして、伝統的な学者たちの顰蹙《ひんしゅく》を買っておる。これが名高い堯舜の物語でありま す。

◆三代

これから古来「三代の治」といわれ、王道政治の典型と謳《うた》われてきた夏《か》・殷《いん》・周《しゅう》の時代に入ります。夏の始祖は有名な禹《う》であります。この禹が舜のあとを継いで夏王朝を開きました。

◆夏后氏禹

(一)家門を過ぐれども入らず

夏后《かこう》氏禹《う》は姒姓《じせい》なり。或は曰く、名は文命《ぶんめい》なりと。鯀《こん》の子、顓頊《せんぎょく》の孫なり。鯀、洪水を湮《ふさ》ぐ。舜、禹を挙げて鯀に代らしむ。身を労し、思を焦《こが》し、外に居ること十三年、家門を過ぐれども入らず。陸行には車に乗り、水行には船に乗り、泥行《でいこう》には橇《きょう》に乗り、山行には檋《きょく》（長柄の車）に乗る。九州を開き、九道を通じ、九沢に陂《ひ》（堤）し、九山を度《はか》り、厥《そ》の成功を告ぐ。舜これを嘉《よみ》し、百官を率いて天下の事を行わしむ。舜崩じ乃《すなわ》ち位を践《ふ》む。

「夏后《かこう》氏禹《う》は姒姓《じせい》なり。或は曰く、名は文命《ぶんめい》なりと」。夏后氏・禹は、姓を姒《じ》といい、名は一説によれば文命といった。后《きみ》は君と同じ意味で、〝夏の君〟という意味から夏后と命名したものと考えられます。「鯀《こん》の子、顓頊《せんぎょく》の孫なり」。堯《ぎょう》帝のとき、治水事業を担当した鯀の子で、顓頊の子孫である。「鯀、洪水を湮《ふさ》ぐ」。

ところが、鯀は治水工事に失敗したので、当時堯の摂政であった舜は、その子禹を挙げて鯀に代らせた。禹は「身を労し、思を焦し、外に居ること十三年、家門を過ぐれども入らず」。父・鯀の名誉を挽回《ばんかい》するため、身を粉にして働いた禹は公事に忙殺されてろくろく家におる暇がない。家の前を通っても入らないで仕事場に急ぐという状態が十三年も続いたというので、よく使われる故事です。「陸行には車に乗り、泥行には橇《きよう》に乗り、山行には檋《きよく》（長柄の車）に乗る」。そして「九州を開き、九道を通じ、九沢に陂《ひ》し（堤防を築く）、九山を度《はか》り（測量）、厥《そ》の成功を告ぐ。舜これを嘉《よみ》し、百官を率いて天下の事を行わしむ。舜崩じ乃ち位を践《ふ》む」。古代の中国では、九州・九道の他にも、九畿《き》とか九官・九刑・九卿《けい》などと、九という数を好んで用いております。

こうして中国全土にわたり、土地を拓き、道路を開通し、堤防を築き、山地を測量し、芽出たく治水工事の成功を報告した時点において、舜は天下の政事を禹に譲ったのであります。

さて、舜の禅譲を受けた禹の政治はどうであったか。

(二)一饋《き》に十《と》たび起つ

声は律《りつ》と為《な》り、身は度《ど》と為り、準縄《じゆんじよう》を左にし、規矩《きく》を右にす。一饋《き》に十たび起《た》ちて、以て天下の民を労《ねぎら》う。出でて罪人を見れば、車を下り、問いて泣いて曰く、「堯《ぎよう》・舜《しゆん》の人《たみ》は、堯・舜の心を以て心と為せり。寡人《かじん》君と為りてより、百姓《ひやくせい》各〻自ら其《そ》の心を以て心と為す。寡人之を痛む」と。

古《いにしえ》に醴酪《れいらく》有り。禹《う》の時に至りて、儀狄《ぎてき》酒を作る。禹飲みて之を甘しとして、曰く、「後世必ず酒を以て国を亡ぼす者有らん」と。遂《つい》に儀狄を疏《うと》んず。

「声は律《りつ》と為《な》り、身は度《ど》と為り、準縄《じゅんじょう》を左にし、規矩《きく》を右にす」。言うことはちゃんと音律を為している。不自然なことは言わない。度は標準、はかり。彼の存在そのものが〝はかり〟である。準縄は〝すみなわ〟、規矩は〝ぶんまわし〟です。つまり、彼の存在、その行動はすべてが法則であった。「一饋《き》に十たび起《た》ちて、以て天下の民を労《ねぎら》う」。一ぺん飯を食う間に十ぺんも起たなければならない。訪問客が来る、使が来るというわけで、おちおち飯も食えなかった。「以て天下の民《たみ》を労《ねぎら》う。出でて罪人を見れば、車を下り、問いて泣いて曰く、『堯《ぎょう》・舜《しゅん》の人は、堯・舜の心を以て心と為《な》せり。寡人《かじん》君と為りてより、百姓《ひゃくせい》各〻自ら其《そ》の心を以て心と為す。寡人之を痛む』と」。好い言葉ですね。堯舜時代の民は堯舜の心を以て皆その心とした。ところがわしが君主になってからは、百姓が皆がそれぞれその心を以て心とする。みな利己的になった。思えば悲しいことであると。

「古《いにしえ》に醴酪《れいらく》（甘酒と乳酪、牛や羊の乳で作ったカルピスのようなもの）有り。禹《う》の時に至りて、儀狄《ぎてき》酒を作る。禹飲みて之を甘しとして、曰く、『後世必ず酒を以て国を亡ぼす者有らん』と。遂《つい》に儀狄を疏《うと》んず」。これも名高い話であります。それを飲んで之を苦しとしては面白くない。飲んでこれを甘しとして「後世必ず酒を以て国を亡ぼす者有らん」と。果たせるかな、その通りになった。それからは儀狄を疏んずるようになりました。〝遂に〟という字がよく利《き》いている。飲むほどにだんだん蕩然《とうぜん》として身も心も蕩《とろ》ける酒という物は大変な物だ。こういう物を発明するということはどうも宜《よろ》しくないという結論に達した。儀狄こそいい面の皮でありますが……。

◆桀王

大体、夏《か》の頃から現代の歴史学では実在性を次第に明らかにしてきております。殷《いん》になりますと、ご承知のように殷墟《いんきょ》の発掘などで、科学的によほど解明されてきました。夏はそれほどではなく、いまだにほとんどわからない事ばかりでありますが、それでもほぼ夏の実在は推定されて参りまして、紀元前一五五〇年から二〇五〇年に遡《さかのぼ》る、その五、六百年間が推定されております。その夏の最後の王が桀《けつ》王であります。桀という字は〝優れる〟という字でもありますが、悪く優れる、悪賢いという意味を持っておる。

一鼓して牛飲する者三千人

王、履癸《りき》、号して桀《けつ》と為《な》す。貪虐《たんぎゃく》にして、力能《よ》く鉤《こう》を伸《の》べ鉄を索《さく》にす。有施氏《ゆうし》を伐《う》つ。有施、末喜《ばっき》を以て女《めあわ》す。寵《ちょう》有り、言う所皆従う。傾宮瑶台《けいきゅうようだい》を為《つく》り、民の財を殫《つく》す。肉山脯林《にくざんほりん》、酒池《しゅち》は以て船を運《めぐら》す可《べ》く、糟堤《そうてい》は以て十里を望む可《べ》し。一鼓して牛飲する者三千人。末喜、以て楽《たのしみ》と為す。国人大いに崩《くず》る。湯、夏を伐つ。桀、鳴条《めいじょう》に走りて死す。

「王、履癸《りき》、号して桀《けつ》と為《な》す」。名前は履癸で桀と号した。「貪虐《たんぎゃく》にして、力能《よ》く鉤《こう》を伸《の》べ鉄を索《さく》にす」。貪欲《どんよく》で無慈悲な男、曲がっておる鉤《かぎ》をぐっと手で引き伸ばした。鉄を縄にしたというのですから、どんな力であったか。大分へ行きますと広瀬武男の逸話が残っておりますが、この人のお祖父さんが非常に強力な人で、ある時に狼藉者《ろうぜき》に襲われたから、「来るか」といって、そこにあった青竹を両手でピシッと押し潰《つぶ》して鉢巻をしたというので、乱暴者ども皆恐れをなして逃げたというのだが、実話だそうです。青竹を手で潰すというのは大変な力でしょうね。昔はそんなのが居ったかも知れません。もちろんヨーロッパ人だって、アフリカに最初に移民したベルギー人やオランダ人の物語など読んでみると、暴れて向かってくる野牛の両角を持ってねじ倒したと書いてありますね。だからこれなどもあながち形容ばかりではないかも知れません。

この桀王が、諸侯の一人である「有施氏《ゆうし》を伐《う》つ。有施、末喜《ばつき》を以て女《めあわ》す」。ところがその有施氏は娘の末喜という美人を貢物《みつぎもの》として献上した。それが非常に気に入って、「寵《ちょう》有り、言う所皆従う」。どういうわけか、昔からこういう豪傑で、女に弱い例がよくある。家来の言うことは何にも聞かないで、自分の寵愛する女の言うことはおかしいほど〝うんうん〟と聞く。この桀がそうで、「言う所皆従う。傾宮《けいきゅう》に瑶台《ようだい》を為《つく》り、民の財を殫《つく》す」。傾という字にもいろいろ異説がありますが、あの瓊《に》瓊杵尊《にぎのみこと》の瓊（たま）という字が本当です。紅や青の美しい玉をちりばめた宮殿、玉の台《うてな》を作って民の財産を蕩尽《とうじん》した。「肉山脯林《ほりん》」、肉を山と積み、脯は乾肉、今日でいうならばハムやソーセージのようなものを林のように並べ、「酒池は以て船を運《めぐ》らす可く、糟堤《そうてい》は以て十里を望む可《べ》し」。糟堤は酒の粕《かす》で作った堤、以て十里を望むべし。いかにも中国式の痛快な形容です。どーんと一ぺん太鼓を打つと、「一鼓して牛飲する者三千人。末喜以て楽《たのしみ》と為す。国人大いに崩《くず》る」。国民は大いに堕落し、民心はすっかり離反した。そこでそれに乗じて、殷の「湯（王）、夏を伐つ。桀、鳴条《めいじょう》に走りて死す」。これは山西省《さんせい》安邑《あんゆう》という所の鳴条、今でも残っております。そこで桀王は非業の死を遂《と》げ、夏王朝は、十七代四百三十二年で滅亡しました。

◆殷王朝――湯王

(一)殷の創始者・湯王

殷《いん》王成湯《せいとう》は、子姓《しせい》、名は履《り》。其の先を契《せつ》と曰う。帝嚳《ていこく》の子なり。母は簡狄《かんてき》、有《ゆう》娀氏《じゆう》の女《むすめ》なり。玄鳥《げんちょう》の卵を堕《おと》すを見て之を呑《の》み、契を生む。唐《とう》・虞《ぐ》の司徒《しと》と為《な》り、商に封ぜられて姓を賜《たま》う。湯、始めて亳《はく》に居る。先王の居に従えるなり。人をして幣《へい》を以て伊尹《いいん》を莘《しん》に聘《へい》せしめ、之を夏桀《かけつ》に進む。用いず。尹《いん》、湯に復帰す。桀、諫者関竜逢《かんじゃかんりゅうほう》を殺す。湯、人をして之を哭《こく》せしむ。桀怒りて湯を召《め》し、夏台《かだい》に囚《とら》う。已《すで》にして釈《ゆる》さるるを得たり。

殷王成湯《せいとう》は、姓を子といい、名前は履《り》と称しました。その祖先は帝嚳の子・契《せつ》でありまず。契の母は簡狄《かんてき》、すなわち有娀氏《ゆうじゅう》の女《むすめ》で、「玄鳥《げんちょう》（燕《つばめ》）の卵を堕《お》とすを見て之《の》を呑み、契を生む」。燕が生み落とした卵を呑んで妊娠し、契を生んだという伝説がある。契は唐・虞《ぐ》（堯・舜）の時代の司徒《しと》、すなわち教育大臣となり、商の地に封ぜられて子という姓を賜わった。この契から数えて十三代目の湯の時代になって始めて亳《はく》に住むようになった。「先王の居に従えるなり」。亳は先王すなわち祖先帝嚳の都が在った所だからである。

この頃、莘《しん》（河南省陳留県）という所に伊尹という賢人が隠棲《いんせい》して居りました。湯は「人をして幣《へい》を以て伊尹《いいん》を莘に聘《へい》せしめ、之を夏桀《かけつ》に進む」。湯は、賢人・伊尹に使者を送り、進物（幣）を持たせて鄭重《ていちょう》に招聘し、伊尹を夏の桀王に推挙しました。ところが、桀は伊尹を「用いず。尹、湯に復帰す。桀、諫者関竜逢《かんじゃかんりゅうほう》を殺す」。

その後、暴君桀は、湯王が進めた賢人・伊尹を任用しないのみか、面を犯して諫言した関竜逢という忠臣を処刑しました。そこで「湯、人をして之を哭《こく》せしむ」。湯王は使者を送って懇《ねんご》ろにその死を弔わせたところが、「桀怒りて湯を召《め》し、夏台に囚《とら》う」。激怒した桀王は、湯を夏台の獄に幽閉したのですが、「已《すで》にして釈《ゆる》さるるを得たり」。いかにも豊かな湯王の徳望がうかがわれる物語であります。

(二)徳、禽獣に及ぶ

湯出でて網を四面に張りて之を祝《しゆく》する有るを見る。曰く、「天従《よ》り降《くだ》り、地従《よ》り出で、四方従《よ》り来る者は、皆吾《あ》が網に罹《かか》れ」と。湯曰く、「嘻《ああ》之を尽くせり」と。乃《すなわ》ち其の三面を解き、改め祝して曰く、「左せんと欲せば左せよ。右せんと欲せば右せよ。命を用いざる者は、吾が網に入れ」と。諸侯之を聞きて曰く、「湯の徳至れり、禽獣《きんじゅう》に及ぶ」と。伊尹、湯に相《しょう》として、桀を伐ち、之を南巣《なんそう》に放《はな》つ。諸侯、湯を尊んで天子と為《な》す。

「湯出でて網を四面に張りて之を祝《しゆく》する有るを見る」。ある日、湯王が外出すると、網を四方に張りめぐらして神に祈っておる(祝する)者があった。「曰く、『天従《よ》り降《くだ》り、地従り出で、四方従り来る者は、皆吾《あ》が網に罹《かか》れ』と」。天から降りてくるものも、地から出てくるものも、四方からくるものも、みんな俺の網にかかれとは、いくら猟師でも、これでは余りに強慾《ごうよく》が過ぎる。今日も地球資源の枯渇が世界的な課題となっておりますが、湯王はこれを見て慨歎《がいたん》して「曰く、『嘻《ああ》之を尽くせり』と」。これはひどい。そう四方八方、網をかけて取り尽くしてはいかん。「乃《すなわ》ち其の三面を解き、改め祝して曰く、『左せんと欲せば左せよ。右せんと欲せば右せよ。命を用いざる者は、吾が網に入れ』と」。

天下の政というものはこうでなくてはいけない。今でいうなら「中国に赴かんと欲すればソ連に行け。ソ連に赴かんと欲すれば中国に行け。わが命を用いざる者は、わが網に入れ」と言うことになりましょう。皆自由だが、おれはこうだ。わが命令に従わぬ者は許さんぞ、というのは、政治にはやはり自由と同時に権威がなければいけないということであります。「諸侯之を聞きて曰く、『湯の徳至れり、禽獣《きんじゅう》に及ぶ』と」。

ところで桀王に用いられずして殷に返された伊尹ですが、「伊尹、湯に（宰）相《しょう》として、桀を伐ち、之を南巣《なんそう》に放《はな》つ」。桀を南巣の野に追放した。そこで「諸侯、湯を尊んで天子と為《な》す」。湯は諸侯の推戴《すいたい》を受けて正式に天子の位に就いたわけであります。

（三）身を以て犠牲と為す

大いに旱《ひでり》すること七年。太史之を占いて曰く、「当《まさ》に人を以て禱《いの》るべし」と。湯曰く、「吾が為に請う所の者は民なり。若《も》し必ず人を以て禱れとならば、吾請う自ら当らん」と。遂《つい》に斎戒《さいかい》して爪《つめ》を剪《き》り髪を断ち、素車白馬で、身に白茆《はくぼう》を嬰《まと》い、身を以て犠牲と為し、桑林の野に禱る。六事《りくじ》を以て自ら責めて曰く、「政《まつりごと》節《せつ》あらざるか、民職を失えるか、宮室崇《たか》きか、女謁《じょえつ》盛んなるか、苞苴《ほうしょ》行わるるか、讒夫《ざんぷ》昌《さかん》なるか」と。言未だ已《おわ》らざるに、大いに雨ふること数千里。

大旱魃《だいかんばつ》が七年も続きました。「太史（天文官）之を占いて曰く、『当《まさ》に人を以て禱るべし』と」。人間を犠牲に供して雨を禱るほかありません、と。「湯曰く、『吾が為に請う所の者は民なり。若《も》し必ず人を以て禱れとならば、吾請う自ら当らん』と」。雨乞いするのは人民のためだ。もし、どうしても人身御供《ひとみごくう》が必要だというのなら、私自身が犠牲になろう。人間をお供物にして神に禱れというのならば、おれが犠牲になろう、と。

「遂《つい》に斎戒《さいかい》して（心身を潔め）爪を剪り髪を断ち、素車白馬」白木の車を白馬に曳《ひ》かせて、「身に白茆《はくぼう》を嬰《まと》い」、身に白い茅《ちがや》をまとい、死装束で「身を以て犠牲と為し、桑林の野に禱る。六事《りくじ》を以て自ら責めて曰く」、その時に禱った言葉が、「政、節《しまり》あらざるか」、政治に節度がなかったためか。「民、職を失えるか、宮室、崇《たか》きか」。宮殿が贅沢《ぜいたく》すぎたためなのか。「女謁《じょえつ》、盛んなるか」。女を通じて内謁といってこそこそと取引が行われるようなことが、みだりに行われておるのだろうか。「苞苴《ほうしょ》（賄略）行わるるか、讒夫《ざんぷ》、昌《さかん》なるか」。讒言をする人間が横行しておるためなのか。この六事を以て自ら責めた。「言未だ已《おわ》らざるに、大いに雨ふること数千里」。これもシナの古代史によく引用される。

考えてみれば、何千年後の今日も結局政治の眼目はこれではないか。「政、節あらざるか」。この頃も覇者の政なんて節など何処《どこ》に消えてしまったかといってよいくらい乱れていますね。「民、職を失えるか」。今でも失業は大きな問題です。「宮室、崇きか」。どうも役所の建物は崇いですね、この頃の日本は……。「女謁、盛なるか、苞苴行わるるか、讒夫、昌なるか」。一々これを現代に当てはめても、このまま通用することです。

◈紂王

(一)象牙の箸

帝辛《しん》名は受《じゅ》、号して紂《ちゅう》と為《な》す。資弁捷疾《しべんしょうしつ》、猛獣を手搚《しゅかく》す。智は以て諫《いさめ》を拒《ふせ》ぐに足り、言は以て非を飾るに足る。始めて象箸《ぞうちょ》を為《つく》る。箕子《きし》歎《たん》じて曰く、「彼、象箸を為る。必ず盛るに土簋《どき》を以てせず、将《まさ》に玉杯を為《つく》らんとす。玉杯象箸、必ず藜藿《れいかく》を羹《あつもの》にし、短褐《たんかつ》を衣《き》て、茆茨《ぼうし》の下に舎《やど》らざらん」則《すなわ》ち錦衣《きんい》九重《きゅうちょう》、高台広室、此《これ》に称《かな》えて以て求めば、天下も足らざらん。と。

殷の最後の王が紂《ちゅう》王であります。元来、紂というのは不徳・不義を表す言葉であります。紂王、これがまた只《ただ》の人間ではない。「帝辛《しん》名は受《じゅ》、号して紂《ちゅう》と為《な》す。資《し》弁捷疾《べんしょうしつ》」生まれつき口が達者で、白を黒と、黒を白と言いくるめる。そして捷疾、すばしこい、機敏な男であったばかりでなく、「猛獣を手挌《しゅかく》す」とありますから、猛獣を手で打ち殺したといわれているほど剛力の持主である。「智は以て諫《いさめ》を拒《ふせ》ぐに足り、言は以て非を飾るに足る」。諫言をしても、何とかかんとか理窟《りくつ》をつけて拒否してしまう。悪いことを巧く言い飾って非を是とし、悪を善にしてしまうというような、言論弁舌に長《た》けておった。こういう人間は始末に悪いですね。「始めて象《ぞう》箸《ちょ》を為《つく》る」。それまで人々は木や竹を削って箸を作ったが、紂が初めて象牙で箸を作った。大変な贅沢《ぜいたく》であったわけです。

そこで叔父の「箕子《きし》歎じて曰く、『彼、象箸を為る。(次には)必ず(食物を)盛るに土簋《どき》(かわらけ)を以てせず、将《まさ》に玉杯を為らんとす。玉杯象箸、必ず藜藿《れいかく》(あかざや豆の葉)を羹《あつもの》にし、短褐(短い粗服)を衣《き》て、茆茨《ぼうし》(茅《かや》ぶきの家)の下に舎《やど》らざらん。則《すなわ》ち錦衣《きんい》九重《きゅうちょう》、高台広室、此《これ》に称《かな》えて以て求めば、天下も足らざらん』と」。錦の衣を幾重にもかさね、宏壮な宮殿を建て、万事これにつりあうようなものを次々に求めてゆけば、「天下も足らざらん」。天下の財を傾けても足るわけはなかろう、と。箕子のこの予言はやがて恐ろしいほど的中するのであります。

(二)酒池肉林、長夜の飲

紂、有蘇《ゆうそ》氏を伐つ。有蘇、妲己《だっき》を以て女《めあ》わす。寵《ちょう》有り、其の言、皆従わる。賦税を厚くし、以て鹿台《ろくだい》の財を実《み》たし、鉅橋《きょきょう》の粟《ぞく》を盈《み》たす。沙丘《さきゅう》の苑台《えんだい》を広め、酒を以て池と為し、肉を懸けて林と為し、長夜の飲を為す。百姓怨望《ひゃくせいえんぼう》し、諸侯畔《そむ》く者有り。紂乃《すなわ》ち刑辟《けいへき》を重くす。銅柱を為《つく》り膏《あぶら》を以て之に塗り、炭火《たんか》の上に加え、罪有る者をして之に縁《よ》らしむ。足滑《なめら》かにして跌《あやま》ちて火中に墜《お》つ。妲己と之を観て大いに楽しむ。名づけて炮烙《ほうらく》の刑と曰う。淫虐《いんぎゃく》甚だし。庶兄微《び》子《し》数〻《しばしば》諫《いさ》むれども従わず。之を去る。比干《ひかん》諫めて三日去らず。紂怒りて曰く、「吾聞く聖人の心《しん》には七竅《しちきょう》有り」と。剖《さ》きて其の心を観る。箕《き》子《し》佯《いつわ》り狂して奴《ど》と為る。紂之を囚う。殷の大師、其の楽器祭器を持して周に奔《はし》る。

果たせるかな、箕子の杞憂《きゆう》は的中しました。「紂、有蘇《ゆうそ》氏を伐《う》つ。有蘇、妲己《だっき》を以て女《めあ》わす。寵《ちょう》有り、其の言、皆従わる」。紂に侵略された有蘇氏は、悪女の典型として有名な妲己という絶世の美女を献上しました。紂は妲己を寵愛し、彼女の言うことなら何でも唯々諾々として聞き入れた。桀と同じことであります。

「賦税を厚くし、以て鹿台《ろくだい》の（倉庫に）財（宝）を実《み》たし、鉅橋《きょきょう》の（穀倉に）粟《ぞく》を盈《み》たす。沙丘《さきゅう》の苑台《えんだい》（御苑と高殿）を広め、酒を以て池と為し、肉を懸けて林と為し、長夜の飲を為す」。人間のやることは同じですね。文字通り酒池肉林、毎晩、夜を徹して盛宴を張った。そこで「百姓《ひゃくせい》（人民）怨望《えんぼう》し、諸侯畔《そむ》く者有り。紂乃《すなわ》ち刑辟《けいへき》（刑罰）を重くす。銅柱を為《つく》り膏《あぶら》を以て之に塗り、炭火《たんか》の上に加え、罪有る者をして之に縁《よ》らしむ（つたって歩かせた）。足滑《なめら》かにして跌《あやま》ちて火中に墜《お》つ。妲己と之を観て大いに楽しむ。名づけて炮烙《ほうらく》（火あぶり）の刑と曰う。淫虐《いんぎゃく》甚だし。庶兄（腹違いの兄）微子《びし》、数〻《しばしば》諫《いさ》むれども従わず。之を去る（紂の下を去ってしまった）。（叔父の）比干諫めて三日去らず。紂怒りて曰く、『吾聞く聖人の心（臓）には七竅《しちきょう》（穴）有り』と。剖《さ》きて其の心を観る」。胸を解剖して心臓を見た。こういう深刻な話はよくありますね。何といったか有名な昔の小説に、こういう暴君が女を如何《いか》に口説いても、威《おど》しても言うことを聞かん。そして「私の胸には恋人がすでにありますから、王と雖も従うわけには参りません」と、どうしても拒否する。「よし。それではお前の胸の中にどんな恋人が居るか見てやろう」と言って、胸を切り開いて心臓を見たら、心臓に恋人の顔が刻まれてあったなんていう凄《すご》い話がありますが、「剖《さ》きて其の心を観る」。その有様を見て、叔父の「箕子、佯《いつわ》り狂して奴《ど》と為る」、狂人をよそおい、奴隷に身をやつしてしまった。ところが「紂之を囚う」。紂はその叔父の箕子をも捕えて幽閉してしまった。一方、「殷の大師（雅楽長）、其の楽器祭器を持して周に奔《はし》る」。とうとう側近の音楽隊長までも周に亡命してしまった。

悪虐無道、どんな諫言にも耳を傾けようとしない紂のような暴君に対して、側近の重臣はどう仕うべきか。特にその暴君と骨肉の関係にある重臣のとるべき態度というものはデリケートで、極めて難しいものがありますね。兄の微子、叔父の比干と箕子、それぞれ三者三様の行き方を示しておりますが、この三賢人の出処進退について、孔子は「殷に三仁あり」（論語・微子）と評価しております。「微子は去り、箕子は奴と為り、比干は諫めて死す」。それぞれ異なった出処進退をしたけれども、しかしながら共に乱れた世を憂え、人民を安んずるという精神からみれば、仁者であることは間違いないと評しておるのであります。これら「殷の三仁」の出処進退は、今日といえども、いろいろ示唆するところの多い事例であります。

（三）宝玉を衣《つけ》て自ら焚死《ふんし》す

周《しゅう》侯昌《しょう》、及び九侯《きゅうこう》・鄂侯《がくこう》、紂の三侯為《た》り。紂《ちゅう》、九侯を殺す。鄂侯争う。幷《なら》びに之を脯《ほ》にす。昌聞きて歎息す。紂、昌を羑里《ゆうり》に囚《とら》う。昌の臣散宜生《さんぎせい》、美女珍宝を求めて進む。昌退いて徳を修む。諸侯多く紂に叛《そむ》いて之に帰す。昌卒し、子発《はつ》立つ。諸侯を率いて紂を伐《う》つ。紂、牧野《ぼくや》に敗れ、宝玉を衣《つけ》て、自ら焚死《ふんし》す。殷亡ぶ。

周侯すなわち周の太守の昌と、九侯・鄂侯の三人は、当時における最高の官職である三公（太師《たいふ》・太傅・太保）であった。ところが、「紂《ちゅう》、九侯を殺す」。そこで「鄂侯争う」。鄂侯がこれに対して激しく諌争したところが、「幷《なら》びに之を脯にす」。二人とも殺してその遺体を乾肉にしてしまった。随分残虐なことをするものですね。「昌聞きて歎息す。紂、昌を羑里《ゆうり》に囚《とら》う」。これを聞いた周侯・昌が思わず溜息《ためいき》を洩《も》らしたところが、紂はそれだけの理由で、昌を捕えて羑里に幽閉してしまいました。そこで、昌の家来の散宜生という者が、美女と珍宝を探し求めて紂に献上した。紂は大いに悦んで、ただちに昌を釈放しました。こういう点は、暴君というものも案外単純なところがあるようです。

「昌退いて徳を修む。諸侯多く紂に叛《そむ》いて之に帰す」。諸侯が暴君から離反して有徳の昌の下に集まったのは、極めて当然のことであります。やがて「昌卒《しゅっ》し（亡くなって）子発立つ」。これが後の武王であります。あとを継いだ発（武王）は「諸侯を率いて紂を伐つ。紂、牧野に敗れ、宝玉を衣《つけ》て、自ら焚死《ふんし》す。殷亡ぶ」。ありったけの宝石類を身につけ、自ら火中に投じて焼身自殺をとげたというところは、いかにも暴君らしい最期であります。

（四）麦秀の歌

箕子《きし》、後《のち》、周《しゅう》に朝し、故《もと》の殷《いん》の墟《あと》を過ぎ、宮室毀壊《きかい》して禾黍《かしょ》を生ずるを傷《いた》む。哭《こく》せんと欲すれども不可なり。泣かんと欲すれば、則《すなわ》ち為《なしわざ》、婦人に近し。乃《すなわ》ち麦秀《ばくしゅう》の歌を作りて曰く、

麦秀《むぎひい》でて漸々《ぜんぜん》たり、禾黍油々《ゆうゆう》たり。彼《か》の狡童《こうどう》、我と好《よ》からざりき。

と。殷の民之を聞きて皆涕《なみだ》を流す。殷、天子たること三十一世、六百二十九年なり。

「箕子《きし》、後、周に朝し」。殷が滅亡して、紂王の叔父・箕子は周に仕え、朝鮮王に封ぜられたとも伝えられております。のちに周に入朝したとき、「故《もと》の殷《いん》（の都）の墟《あと》を過ぎ、宮室毀壊《きかい》して禾黍《かしょ》を生ずるを傷《いた》む」。槿花《きんか》一朝の夢と申しますが、かつて栄華をきわめた殷王朝の跡も今は見る影もなく荒廃し、かつての金殿玉楼はこわされて、跡には稲や黍《きび》が一面に生い茂っておりました。まことに感慨無量であります。

「哭《こく》せんと欲すれども不可なり。泣かんと欲すれば、則ち《すなわ》為《なしわざ》、婦人に近し」。哭は声をたてて号泣する、泣は声を立てないで泣くことであります。今は周王朝に仕える箕子としては、慟哭《どうこく》することは現王朝の周に憚《はばか》られる。さりとて、しのび泣くことは婦女子に近い、そこで「乃《すなわ》ち麦秀の歌を作りて曰く、『麦秀でて漸々《ぜんぜん》（すくすく伸びている）たり、禾黍油々（つやつや光っている）たり。彼《か》の狡童《こうどう》、我と好《よ》からざりき。』と」。あの悪賢い小童《こわっぱ》（紂のことです）が、私と不仲で、諫めを聞きいれなかったばかりに、この有様か……。「殷の民之を聞きて皆涕《なみだ》を流す。殷、天子たること三十一世、六百二十九年なり」。

◈周王朝――后稷・古公亶父

これからいよいよ周《しゅう》に入るわけでありますが、周王朝は三十七世、八百六十七年続きました。この周の前の殷《いん》という国は、黄河《こうが》流域の河北平野に繁栄した民族で、元来安陽に都を作っておりました。それに対して、周は西方の陝西《せんせい》地方の大名で、元来殷に朝貢し、臣事しておった。そして殷の西方の大名として西伯に封ぜられた。都を陝西の岐山《きざん》から、西安《せいあん》の西の豊という所に移して、そこから次第に勢力を伸ばしていった。どちらかというと、殷は主として狩猟民族ですが、周の方は安定した農耕生活から発達してきた民族であります。その周王朝の第一世は、名君として有名な武王でありますが、その武王から十六代さかのぼった祖先が后稷《こうしょく》であります。

(一)后稷、民に稼穡を教う

后稷《こうしょく》名は棄《き》。能《よ》く地の宜《よろ》しきを相《み》、民に稼穡《かしょく》を教う。陶唐《とうとう》・虞《ぐ》・夏《か》の際に興り、農師《のうし》と為《な》り、邰《たい》に封ぜらる。后稷と号す。

「后稷《こうしょく》名は棄《き》。能《よ》く地の宜《よろ》しきを相《み》、民に稼穡《かしょく》を教う。陶唐《とうとう》（堯《ぎょう》）・虞《ぐ》（舜《しゅん》）・夏《か》（禹《う》）」。堯、舜、禹、ともに漢民族の理想とする聖天子であり、その治世は後世、漢民族のユートピアとして憧憬《しょうけい》されました。后稷はこの「堯・舜・禹の際に興り、農師となり」、今日でいうと農林大臣。「邰《たい》に封ぜらる。后稷と号す」。邰は陝西省の地名であります。

「地の宜しきを相」の相という字は面白い文字で、木偏《きへん》に目と書いてあります。これを文字学（説文学《せつもんがく》）から見ますと、古代人が木の良し悪しとか、木の利用方法とかいうものを観察したので、木偏に目と書いてあるというのが一つの解説であります。ところが更に思索が発達すると、また別な解釈がありまして、なぜ木偏に目を書くのかというと、元来目は木の上にあったものなのですが、それではあまりに細長くなるので、上から右下に下《おろ》して旁《つくり》にした。つまり元来は、木の高い所に上ると見通しがきくわけです。そこで敵の襲来というようなときなどでも、それを察知するには高い木の上に登って展望した。それではじめて視野が開けるから、こうしなければならん、ああしなければならん。こうしてはいかん、ああしちゃいかんという助言ができる。そこで相という字はみると同時にたすけるという意味に用いられ、やがて大臣という意味に用いられるに至った所以《ゆえん》です。大臣というのは一般民衆と違って、先々が見えなければならん。視野が広い、先見性があってはじめて現在を指導することができるというので、相という字が大臣の意味に用いられるようになった。文相、農相、外相、○○相というようになった。

こんな風に説文学から解説されてみると、なるほど相という字はみると読む、たすくと読むのだと、それだけの由来、理由があって用いられておるということがわかりますので、子供でもすぐ覚えます。子供が漢字を難《むつか》しがるというのはうそでありまして、これは今日の教育学・教授法で実証されております。子供にとって抽象的なものは得意でない。抽象的思索・抽象的理論というものは、これは大人になるに従って発達するので、子供ほど直観的です。そこでかなというようなものは、あれは符牒《ふちょう》ですから抽象的なもので、子供はかなを覚えない。かなよりもはるかに漢字の方を覚える。漢字の方が具体的で直観的です。だから相なんていう字を今のように教えてやればすぐ覚える。目というのは目が横についている——を縦にした文字です。例えば地平線に日が昇る。これは旦「あさ」という。子供はすぐ覚える。これが少し日が昇って木の間まで昇る。これは東という字です。それが木の上まで行きますと、日の下に木がついてこれは杲《こう》、「あきらか」という字です。今度は木の下まで日が沈んだらこれは杳《よう》、「はるか」とか「くらい」という字です。夕暮になることを表したものです。草原だというと、莫、なし、ばく、これは夕暮ですから「くれ」と読む。更に日が沈んで、もう一つ下に日を書くと、暮という字ができる。というように説明しますと、子供は喜んで漢字を習得する。丹念にその研究をしたわれわれの同人・石井勲氏の研究によりますと、戦後の文教当局による愚劣な漢字の制限で、六年かかって教える漢字を、説文学で子供に今のようにして教えますと、ほとんど一年ないし二年で習得してしまう。そういうことがだんだんわかってきまして、漢字というものが見直されてきておるようです。従って終戦以来、くだらない思想家や教育家が、折角《せっかく》の人の子をおろそかに育ててきたというわけです。惜しいことをしたものです。

　まあそれは余談で、周王朝の先祖である后稷《こうしょく》は「能《よ》く地の宜《よろ》しきを相《み》、民に稼《か》穡《しょく》を教う」。穀物を植えるを稼といい、収穫することを穡という。つまり農業を教えた。そして農業指導者、殷の農務大臣のようなものになり、邰（陝西省武功県）に封ぜられて、そこに勢力を扶植した。「后稷《こうしょく》と号す」。稷という字はきび、すなわち穀物の名前、后は尊称であります。

(二)仁人なり、失うべからず

古公亶父《ここうたんぽ》に至り、獯鬻《くんいく》之を攻む。豳《ひん》を去り、漆沮《しつしょ》を渡り、梁山《りょうざん》を踰《こ》え、岐山《きざん》の下《もと》に邑《ゆう》して居る。豳人《ひんじん》曰く、「仁人なり、失う可《べ》からず」と。老を扶《たす》け、幼を携えて以て従う。他の旁《ぼう》国皆之に帰す。

この后稷の後、十一代を経て古公亶父《たんぽ》の時代になると、「獯鬻《くんいく》之を攻む」、獯鬻という北方の蛮族から侵略された。そこで「豳《ひん》を去り、漆沮《しつしょ》を渡り」、これは河の名前、漆水と沮水。狩猟民族は慓悍《ひょうかん》ですが、これに対して農耕民族は平和的で、従って戦争には弱いというのは、昔からどの国の歴史にも共通の現象です。とにかく北方の蛮族に攻められた。そこで豳を去り、漆水・沮水を越え「梁山を踰《こ》え、岐山の下《もと》に邑《ゆう》して居る。豳人《ひんじん》曰く、『仁人なり、失う可からず』と。老を扶け、幼を携えて以て従う」。この古公亶父は非常に人望がありまして、その地方の民衆が陸続として彼の後を慕って集まった。

この古公亶父が岐山の下に去って勢力を扶植したことは『孟子』にも記載しておりますが、「仁人なり、失う可からず」という、この仁が漢民族、シナ文化の最も根本的な一徳目です、普通「仁」というと、情というように解するのですが、元来仁というのは物を育てる心の意味です。従って最も生育力を持っておる果実の種を「仁」という。「医は仁術なり」などという。これは医は病める人間を救う術という意味でありまして、ただで診《み》てやるとか、情をかけて安く診てやるというような意味ではない。ところがこの頃の医者は「医は仁術なんて昔のことで、今ではそんなことを言ったって飯が食えん」なんて平気で言うたり書いたりしておるが、これはとんでもない。それは謝礼など安くするとか、取らないに越したことはないけれども、そうではない。医療費を取る・取らんということではなくて、本当は病人を憐《あわ》れんでこれを救ってやる、助けてやるという意味です。だからいくら無料施療しても、粗末に扱ったり、殺してしまったのでは仁術ではない。仁人なりというのは、つまり民衆を助け育ててくれる人だという意味であります。

漢民族というものを最も悦服させるものはこの仁です。『仁人なり、失う可からず』と。老を扶け、幼を携えて以て従う」というのは、古来シナの歴史にずっと続いておる現象です。有名な近代の実例で言いますと、前にもお話ししましたが、長髪賊の洪秀全《こうしゅうぜん》の乱の時に、洪秀全はご承知のように、シナでは珍しいキリスト教徒でしたが、広西から蜂起《ほうき》してたちまち南シナ一帯を風靡《ふうび》し、遂《つい》に南京を攻め落として、太平天国というものを造った。それが癸丑《みずのとうし》の年。この洪秀全が南京を取った時に、南京に近い杭州《こうしゅう》に張積中という、この地方の長者・豪族がありました。これがここにいう仁人で、民衆の人望を集めて敬慕されておりました、この張積中は見識のある人で、最初、洪秀全が頽廃《たいはい》堕落した清朝に叛旗《はんき》を翻《ひるがえ》して革命軍を進め、沿道を風靡してきた時に、彼は一種の期待を持ってこれを観望しておった。ところが南京に肉薄するまでの洪秀全は良かったのですが、南京を占領して、太平天国というものを造って、自ら太平天皇になった。その頃から彼は俄然《がぜん》として弛《ゆる》み、かつ傲《おご》りが出て、堕落が顕著になった。そこで張積中が、これはとてもだめだというので、彼は思い切って先祖代々の杭州を去り、山東省《さんとう》の黄崖《こうがい》という所へ移ってしまった。ところがここにある通り「仁人なり、失う可からず」と杭州の民が老を扶け幼を携えて文字通りこれに従った。そして数年にして山東省の辺鄙《へんぴ》な黄崖が一大聚《しゅう》落《らく》になりました。皆流浪の果てに黄崖に辿《たど》り着いた人々ですから、精神的にさびしい。その迷える羊たちを救うために張積中は民衆の教化に努力したのですが、それが黄崖教という教団になり、大変な勢いで勃興《ぼっこう》した。そこで清朝は驚いてやみくもに討伐令を出し、数万の軍を発して攻撃させたために、黄崖の市民は全滅しました。一人も去る者はなく、全民衆が悉《ことごと》く殉《じゅん》じた。これには討伐軍の司令官が舌を巻いて感嘆したという歴史の事実があります。

これがシナ民衆の歴史的習性というものです。今日でも変わらない。そういう意味でこの古公亶父という人は歴史に逸すべからざる人です。「『仁人なり、失う可からず』と。老を扶け、幼を携えて以て従う。他の旁《ぼう》国皆之に帰す」。これは何でもない記事ですけれども、シナの歴史、シナの民族というものを解釈する上において大事な一つの原点になるものです。

(三)髪を断ち身に文して季歴に譲る

古公《ここう》の長子は太伯《たいはく》、次は虞仲《ぐちゅう》。其《そ》の妃《ひ》太姜《たいきょう》、少子《しょうし》・季歴《きれき》を生む。季歴、太任《たいじん》を娶《めと》りて昌《しょう》を生む。聖瑞《せいずい》有り。太伯・虞仲、古公の季歴を立てて以て昌に伝えんと欲するを知り、乃《すなわ》ち荊蛮《けいばん》に如《ゆ》き、髪を断ち身に文《ぶん》して、以て季歴に譲る。古公卒《しゅっ》して、公季《こうき》立つ。公季卒して、昌立つ。西伯《せいはく》と為る。

古公亶父《たんぽ》の長男は太伯、次男は虞仲。……シナの兄弟の序列は長兄が伯、次が仲、末っ子が季。或いは伯に対して、年下の弟を叔とも言います。太伯の太は美称、尊称であります。

「其《そ》の妃太姜《ひたいきょう》、少子・季歴を生む」。太伯と虞仲のあとに、正妃の太姜が末子の季歴を生んだ。その「季歴、太任《たいじん》を娶《めと》りて昌《しょう》を生む。聖瑞有《せいずい》り」。季歴の子・昌が生まれた時に聖瑞、聖人になるというめでたい前兆があった。赤い雀が丹書、赤い字で書いた文書をくわえて産室にとまったという聖瑞があった。この季歴の子、古公亶父の孫・昌が、有名な西伯・文王であります。そこで「太伯・虞仲、古公の季歴を立てて以て昌に伝えんと欲するを知り」、聖瑞があったものですから、これはまあどこの民族でもそうでありますが、先ずこの子によって自分たちの子孫、自分たちの国が栄えるだろうというので、跡目を昌に伝えようとしておるという真意がわかった。そこで古公の真意を察して兄の太伯と虞仲とは、「乃《すなわ》ち荊蛮《けいばん》に如《ゆ》き」、今で申しますと湖南から広西にかけた、荊州とか、更に南の地、荊蛮にゆき、その風俗に従って、「髪を断ち身に文（入れ墨）して、以て季歴に譲る」。末弟に譲った。「古公卒《しゅっ》して、公季立つ（季歴が立った）。公季卒して、昌立つ。西伯《せいはく》と為る」。古公亶父の期待通り孫の昌が立ち、これが西伯となった。西伯というのは、西方の諸侯の旗頭という意味であります。

◆西伯（文王）

(一)西伯、徳を修む

西伯《せいはく》、徳を修め、諸侯之に帰す。虞《ぐ》・芮《ぜい》、田を争い、決すること能《あた》わず、乃《すなわ》ち周に如《ゆ》く。界《さかい》に入りて畔《たがや》す者を見るに、皆、畔《あぜ》を遜《ゆず》り、民俗、皆長に譲る。二人慚《は》じ相謂《い》いて曰く、「吾が争う所は周人の恥ずる所なり」と。乃《すなわ》ち西伯に見《まみ》えずして還《かえ》り、倶《とも》に其の田を譲りて取らず。漢南、西伯に帰する者四十国《こく》。皆以て受命《じゅめい》の君《きみ》と為《な》せり。天下を三分して、其の二を有《たも》つ。

「西伯《せいはく》、徳を修め、諸侯之に帰す」。仁人の内容は徳であります。仁徳というのが中国道徳の一番基本であります。西伯が徳を修めて、従って諸侯がこれに帰した。その時に虞・芮という小国がありまして「虞・芮、田を争い、決すること能わず」。これは山西省の地名でありますが、そこで採決を西伯に仰ごうと、二人の代表者が周にでかけた。そして「界《さかい》に入りて畔《たがや》す者を見るに、皆、畔《あぜ》を遜《ゆず》り」、百姓という者はちょっとでも田地を広げようと思って、畔道《あぜみち》などをいつか知らんうちに自分の方に取り入れるものです。ところが皆その「畔を遜《ゆず》り、民俗、皆長に譲る。二人慚《は》じ相謂《い》いて曰く、『吾が争う所は周人の恥ずる所なり』と。乃《すなわ》ち西伯に見《まみ》えずして還《かえ》り、倶《とも》に其の田を譲りて取らず。漢南（漢水の南）、西伯に帰する者四十国。皆以て受命《じゅめい》の君《きみ》と為せり」。天命を受けて天子たるべき人であると、民衆は皆そういう風に考えた。「天下を三分して、其の二を有《たも》つ」というような大勢力になった。『論語』の泰伯《たいはく》篇に、「子曰く、泰伯は其《そ》れ至徳と謂《い》うべきのみ。三たび天下を以て譲る。民得て称する無し」。三たび天下を譲って、その徳が余りに大きいものですから、民衆はあたかも太陽の徳によって生きながら、太陽を何とも思わぬ、水を飲んで生きながら、ふだんは水のありがたさがわからんように、民衆はこれに対して無心であった。これが政治の至れる典型であるというのが、シナ民族の今日に至るまでの一つの慣習的心理であり、中国独得の虚無の思想に通ずるものです。中国の最も突きつめた哲学からいうと、人間の意識に上るようではだめ、いわゆる無意識、無でなければならん。人にほめられるようではまだだめなんで、人が気がつかんくらいに偉くならなければいかん。こういうのが理想です。大変これは面白い見識であり、学問です。そういう点を力説したのが老子・荘子の学問です。

この南方の呉《ご》に、その頃、呉はまだ非常な蛮地でありますが、呉の太伯がこの日本に来た、つまり日本人は呉の太伯の子孫であるという思想が徳川時代には随分あります。熊沢蕃山《くまざわばんざん》のごときもこの説に影響を受けておったようです。けれどもこれはもちろん学問的・科学的には真実でないことは申すまでもないことであります。この西伯、後の文王でありますが、文王というと最もよく世間に知られておるのが太公望《たいこうぼう》です。

(二)覇王の輔・太公望呂尚

呂尚《りよしよう》という者有り。東海の上《ほとり》の人なり。窮困して年老い、漁釣《ぎよちよう》して周に至る。西伯将《せいはくまさ》に猟《かり》せんとし、之を卜《ぼく》す。曰く「竜《りゆう》に非ず、彲《ち》に非ず、熊《ゆう》に非ず、羆《ひ》に非ず、虎《こ》に非ず、貔《ひ》に非ず。獲《う》る所は覇王の輔《ほ》ならんと」。果して呂尚に渭水《いすい》の陽《きた》に遇《あ》う。与《とも》に語り、大いに悦《よろこ》びて曰く、「吾が先君太公《たいこう》より曰く、『当《まさ》に聖人《せいじん》有りて周に適《ゆ》くべし。周因《よ》りて以て興らん』と。子は真に是《これ》なるか。吾が太公、子《きみ》を望むこと久し」と。故に之を号して太公望《たいこうぼう》と曰い、載《の》せて与《とも》に倶《とも》に帰り、立てて師と為《な》し、之を師尚父《ししようほ》と謂う。

「呂尚《りよしよう》という者有り。東海の上《ほとり》の人なり」。東海というのは海ではありません。東の海岸地帯ということであります。「窮困して年老い、漁釣して周に至る。西伯将《まさ》に猟《かり》せんとし、之を卜《ぼく》す」。この頃はまだ専《もっぱ》らトが行われておりまして、筮《ぜい》、算木《さんぎ》筮竹《ぜいちく》は周になってから発達します。殷から周にかけては卜です。卜は亀の甲とか牛の骨を焼いて、焼くとピンとひびが入ります。このひびの形、文様、浅深、その色、いろいろなもので判断をする。これが卜です。後の算木筮竹でガチャガチャやって立てるのは筮といいます。まだ文王の時代には卜がはやっておりました。これは今日でも残っております。専門的にはなかなか複雑微妙なものです。けれどもこれは今日滅多にやる者はありません。殷墟《いんきょ》（河南省）でこの卜の遺物が発掘されて有名になりました。西伯将に猟せんとして卜したところが、卜辞・卜の言葉に、「竜に非ず、彲《ち》（竜の一種）に非ず、熊《ゆう》に非ず、羆《ひ》（ひぐま）に非ず、虎《こ》に非ず、貔《ひ》（豹《ひょう》の一種）に非ず。獲《う》る所は覇《は》王の輔《ほ》ならん」。猟をなさるのだが、猟の獲物は竜でも、彲でも熊でも羆でも、虎でも貔でも何でもない。獲るところのものは覇王の輔、王業の輔佐《ほさ》役を得るであろうという卜辞、答えが出た。

「果して呂尚に渭水《いすい》の陽《きた》に遇《あ》う」。黄河の支流、渭水の北で呂尚を発見した。山の場合は、山の南を陽といいます。山を覆うてかげりますから山の北は陰です。山陰・山陽というわけです。水は山の下にありますから、そこで逆になる。南が陰で北が陽になる。これは水、河の場合です。山と水とで陰陽が変わってきます。ここでは水ですから、陽をきたと読みます。「渭水の陽《きた》に遇《あ》う。与《とも》に語り、大いに悦《よろこ》びて曰く、『吾が先君太公《たいこう》より曰く、《当《まさ》に聖人有りて周に適《ゆ》くべし。周因《よ》りて以て興らん》と。子は真に是なるか。吾が太公、子《きみ》を望むこと久し』と」。こういうわけで、呂尚が太公望と号されるようになった。「故に之を号して太公望と曰い、載せて与《とも》に倶《とも》に帰り、立てて師と為し、之を師尚父と謂う」。師とし父とし尚《たっと》ぶべき人という意味で、師尚父といった。これが名高い太公望の物語の出典です。

面白いのは、太公望は魚を釣りながら思索しておったということを表すために、直釣、真っ直ぐな釣針で釣っておった。「志、魚に非ざればなり」などと書いてある。魚を釣るなんていうけちな考えで釣っておったんではないので、彼は天下国家を考えておった。それで直釣で釣っておった。もちろんそんなことは好事家《こうずか》のこしらえた物語でしょうが、しかし面白いですね。こういう俗離れした話を漢民族は非常に好む。人間のこせこせしたことは嫌いです。

◆武王

(一)義士・伯夷叔斉

西伯卒《せいはくしゅつ》し、子発《はつ》立つ。是《これ》を武王と為《な》す。東のかた兵を観して盟津《もうしん》に至る。是《こ》の時、諸侯、期せずして会する者八百。皆曰く、「紂《ちゅう》伐つ可《べ》し」と。王可《き》かずして引き帰る。紂悛《あらた》めず。王乃《すなわ》ち紂を伐つ。西伯《せいはく》の木主《ぼくしゅ》を載せて以て行く。伯夷《はくい》・叔斉《しゅくせい》、馬を叩《ひか》えて諫《いさ》めて曰く、「父死して葬らず、爰《ここ》に干戈《かんか》に及ぶ、孝と謂《い》う可《べ》けんや。臣を以て君を弑《しい》す、仁《じん》と謂う可けんや」と。左右之を兵せんと欲す。太公曰く、「義士なり」と。扶《たす》けて之を去らしむ。

「西伯卒し」、卒は死ぬという時にはしゅつと読みます。「子発立つ。是《これ》を武王と為《な》す。東のかた兵を観して」（或いははしめして）、観兵式というのはここから出ておるのですが、ただ観るのではなくて、閲兵することです。「兵を観して盟津《もうしん》に至る」。盟津は河南省の孟県の南、渡しのある所です。つまり、殷《いん》の紂王の暴虐を懲らす革命軍を率いたのですが、「是《こ》の時、諸侯、期せずして会する者八百」。事前の約束もなかったにもかかわらず、陸続として各地から馳《は》せ参じた諸侯が実に八百に及んだというから、いかに人望があったかということがわかる。「皆曰く、『紂《ちゅう》伐つ可《べ》し』と」。ところが、「王可《き》かずして引き帰る」。それはいかん、今すぐ武力に訴えなくても、紂がこれを恐れ、かつ懲りて行為を改めさえすれば結構なのだというので、武威を示すだけで、敢《あえ》て武力討伐に踏みきらずに軍隊を率いて帰った。しかるに

「紂悛《あらた》めず」。そこではじめて「王乃《すなわ》ち紂を伐つ」。

こういうことを大義名分といい、漢民族の非常に重んずるところです。一応反省・改悛《かいしゅん》の余地を与えて、それでもなおかつ改めない。事ここに及んではやむを得ない。これは天の許さざるところであるということで、初めて革命の名分が立つ。そこで堂々と今度は革命の実際行動に入る。これがシナ民族の伝統的な方法論であります。なるべく革命はやるべきでない、やりたくない、こういうのが政治道徳・政治哲学です。これを因革といいまして、因はすなわち evolution、進化、革は revolution、革命です。なるべく生命というものは自然が好いので、因が本当だ。これを因命といいます。病気も同じことで、なるべく手術はしない方がよいのだけれども、万やむを得ぬ時はあえてメスを取るというのと同じで、なるべく因命でゆくが、万やむを得ざる時に初めて革命をやる。これを因革論という。

最近の思想家は革命革命といって、革命ばかり使いますけれども、これは漢民族の本筋ではないのです。革命は万やむを得ずしてやることで、その前に因命がなければならん。これは何の理法も同じことで、西洋の医学にしても、最近はかけ出しの外科医のように何でもすぐ切ることがよくないということは、ほとんど定説になっております。細胞というものは元来インモータル immortal なものです。医学者に聞きますと、インモータル、不滅である。しかるに細胞がなぜ死ぬかというと、原因が二つある。一つはある程度以上の怪我をするということ、もう一つは自家中毒、この二つで参る。従って怪我と自家中毒とを防ぎさえすれば人間はインモータルに近づくわけだ。ところが大抵は、ある程度以上の怪我をするとそれで死ぬ。もう一つの自家中毒というものは、自然から離れて人間的になればなるほど、例えば食物でも、自然の食物に人工を加えるほど、その中毒性が強くなる。従って人間はなるべく自然食を本体にすべきで、あまり人工食をやるといけないがごとく、人間もなるべく自然人、野人である方が真で、金ができたり地位や名誉ができたりという、人工的なものが加わってくるほど中毒性が強くなる。そこでいかにしてこの中毒性を救って人間をあくまでも自然、真実にしてゆくかというのが儒教も老荘もすべて古道を通ずる一つの基本的思想です。そこに東洋思想の非常に面白いところがある。そのことを説いておる周知の一原典は『中庸』であります。中というのは矛盾を統一、いわゆるアウフヘーベンする、進歩向上させるという意味と、中毒する、当たるという両方の意味を持っておる。中という字に、進むという意味と、中毒、当たるという意味と両方含めてあるというのは実に面白いですね。

「王可《き》かずして引き帰る。紂悛《あらた》めず。王乃《すなわ》ち紂を伐つ」。その時に、亡くなった

「西伯《せいはく》（文王）の木主（位牌）を載せて以て行く」。そこに現れたのが伯夷・叔斉です。これは、孤竹という小さな国の王子であった。伯は兄、叔は弟、兄は夷、弟は斉、これは死んだ後の諡《おくりな》といわれております。この兄弟も西伯の徳を慕って、その国を去り、周に帰化した人物でありますが、その伯夷・叔斉が馬を叩《ひか》えて、これは叩《たた》いてではない。ひきとめること。「伯夷・叔斉、馬を叩えて諫《いさ》めて曰く、『父（西伯・昌）死して葬らず、爰《ここ》に干戈《かんか》に及ぶ、孝と謂《い》う可《べ》けんや。臣（下の身分）を以て君を弑《しい》す、仁《じん》と謂う可けんや』と」。このように諫めた。すると、けしからん、邪魔な奴だというので、「左右（の兵士が）之を兵せんと欲す」。兵は武器のことをいう。武器で殺そうとした。その時に参謀総長でありました太公望呂尚が曰く、「義士なり」と。これはただの人物ではない。義士であるというので、「扶《たす》けて之を去らしむ」。名高い話ですね。

（二）暴を以て暴に易え、其の非を知らず

王既《すで》に殷《いん》を滅して天子と為《な》り、古公《ここう》を追尊して太王と為《な》し、公季を王季と為し、西伯《せいはく》を文王と為す。天下周を宗とす。伯夷・叔斉之を恥じて、周の粟《ぞく》を食わず、首陽山《しゅようざん》に隠る。歌を作りて曰く、「彼《か》の西山《せいざん》に登りて、其《そ》の薇《び》を采《と》る。暴を以て暴に易《か》え、其の非を知らず。神農・虞・夏、忽焉《こつえん》として没しぬ。我安《いず》くにか適帰《てきき》せん。于嗟《ああ》徂《ゆ》かん、命の衰えたるかな」と。遂《つい》に餓えて死す。

ところが武王が「既に殷《いん》を滅して天子と為《な》り、（曾祖父《そうそふ》の）古公を追尊して太王と為し、（祖父の）公季を王季と為し、（父の）西伯を文王と為す。天下周を宗とす」。宗は本家です。つまり天下の民は周を宗室とし、正統の天子として推戴《すいたい》した。しかるに、「伯夷・叔斉之を恥じて、周の粟を食わず」、この場合はあわではない。穀物のことです。「（山西省の）首陽山に隠る。歌を作りて曰く、『彼《か》の西山《せいざん》に登りて、其《そ》の薇《び》（わらび）を采《と》る。暴を以て暴に易《か》え、其の非を知らず」。暴力を以て暴力に易える。つまり暴力革命、その非なることを知らない。「神農・虞・夏、忽焉《こつえん》として没しぬ」。昔の神農とか、舜とか禹とかいった聖天子の時代は滅び去って、暴力革命の時代になった。「我安《いず》くにか適帰《てきき》せん」。わしはどこへ行けばよいか。「于嗟《ああ》徂《ゆ》かん」。徂は殂に通じ、死ぬことであります。徂かん、もはや死ぬるのみ。「命の衰えたるかな』と。遂《つい》に餓えて死す」。天命が衰えた。人間は実に堕落したものだというので食を絶ち餓死したと、これは有名な伯夷・叔斉の物語であります。これから後世いろいろの思想学問が滾々《こんこん》として流れ出る一つの源泉であります。

中国・日本を通ずる伝統的な思想学問から申しますと、暴力というものに対する五つの考え方、従って行動がある。第一は弱肉強食。強いものには負けておけ、長いものには巻かれろという行き方です。これは世の中に常にある。最も自然であるけれども、価値のない在り方ですね。ところがこれにあき足りない新たなる生き方がある。これはいわゆる暴力的、或いは応報的な態度であります。それはここにいう、暴を以て暴に易えるという行き方で、相手がぶったら、こちらもぶち返す、相手が蹴《け》ったらこっちも蹴り返すというやり方。

ところがこれと正反対なのが、近代の言葉でいいますと宗教的な在り方でありまして、これは大きく包容的な、いわゆる仁の立場に立って、相手の低級愚劣な暴力行為に正面から対抗しない。そういうものは超越し、包容して処理してゆくという、それで宗教的といわれるのですが、これは老子でも孔子でも、いずれの派にもあります。『中庸』などには、孔子は「寛柔以て教え、無道に酬いず」。道無き者に、乱暴な者に返報しない。そういう乱暴な人間と対等になってやり返すというようなことをしない。もっと超越し、これを包容して処理する。これはキリスト教にも有名な「眼を以て眼に報い、歯を以て歯に報いるは卑し。誰か汝《なんじ》の右の頰を打たば、回《めぐ》らすに左の頰を以てせよ」という生き方であります。「汝の敵を愛せよ」というのもこれです。これは非常に超越的、いわゆる宗教的な在り方である。

ところがこれに対して偽善的な在り方、そういう精神・態度がまたあるわけです。それは意気地のない、相手の暴力的な侵犯に対して抵抗する気力も勇気もない人間が、それでも人間である。ほかの動物も同じことで、一寸の虫にも五分の魂というものがあるから、暴力に犯されて、それに甘んずる、満足する者はないので、必ずくやしいとか、腹が立つとか何とかあるのは、これは自然の感情。これはやっぱり一つの真理である。だから泣き寝入りというのは一番なさけない、人間というよりは自然的・動物的な在り方で、人間となると複雑な心理があり、良心というものがあるから、なんぼかなわんと諦《あきら》めても、諦めれば諦めるほど、腹が立つわけである、或いは情けない。いわんやそれが少しく物心がついてくる、知識が開けてくる、感情が繊細になってくると、それに対して更に心理が複雑になってきて、実は泣き寝入りであるけれども、ただ泣き寝入ったのでは自分の良心に対しても納まらないし、人前も恥ずかしい、意気地がないと思われるというので、それを相手にぶっつけることはできないまま、体面を、人前を繕うという、卑屈な、狡猾《こうかつ》な考え方になる。

その時に必ず引用するのが宗教的な在り方です。そこで意気地のない人間が、言うことだけは大きく、おれは何も意気地がなくて彼奴に屈服しているんじゃないんだ。あいつを憐《あわ》れんで、あんな者を相手にしたって何にもならないから我慢しておる、許しておるんだ、おれは決して弱いのではない。弱いといえばおれは神のごとく弱いのだというようなことをいうて、理窟をくっつけ、自分の懦弱《だじゃく》、無気力を修飾しようとする。これは特にインテリによくある考え方や態度ですね。これは明らかに卑しむべきものである。

そういうものに対する一番人間として代表的な、有効な考え方、在り方が武の道である。武という字は戈と止めるという字からできておって、相手の暴力、相手の無道をあえて許さぬ、そういう人間はむしろ憐れむべき人間であるけれども、これを放任しない。あくまでも仁、人というものはいかに在るべきかという、人道を重んじ、人道を愛するが故に、相手の暴力をほしいままにさせない、腕ずくでも相手の暴力を封じて懲らしめ、相手を無道から救ってやる。こういう理想・信念を以て戦う行き方、これを武という。戈を止めるといわれる所以です。これが人間として最も現実的な、崇高な行き方だ。

以上が人間性の悪というものに対する五つの道です。それ故に、理想をいえば文、それに対するリアリティが武、この文と武は両道ではなくて、一である。文武は車の両輪のごとしとよくいうのですけれども、文を文たらしめるものは武である。武があってはじめて文があるのだと、こういう思想がどちらかというと実際家によく受け入れられておるのですが、大抵は文を重んじて、武をこれに配するのですけれども、そうではなくて、武というものがあってはじめて文という思想、考え方も成り立つ。

日本でその意味において傑出した識見の持主に山梨稲川《とうせん》という人があります。旧幕の頃静岡に居った哲人・碩学《せきがく》です。この人は学者ですけれども、武というものが人間生活、人間文化の本体で、文はこの武から生ずるのだということを力説した、珍しい人です。一つの見識であります。

まあこういうふうにして、文王の次に武王が出まして、陝西省の田舎に蟠踞《ばんきょ》しておった、元来農耕民族でありました周が、次第に陝西から山西、河南へ発展して参りました。発展するにつれて第二の都を、いわゆる首都の鎬京《こうけい》に対する副の都を河南の洛陽《らくよう》に定めました。洛陽は周の首都から五百キロくらい離れております。そこで後に出てきます、武王の弟、後の成王を輔けて周代の文化の大宗になりました周公旦《たん》、これは傑出した政治家であり、大変な文化人です。この人が専ら洛陽に居って、そうして武王が殷を倒して天下を一統した後を受け、周文化を築き上げる基礎を成した。この周公旦を、孔子は理想にしたわけです。

◆呉越の盛衰

前にもお話ししましたように、呉《ご》の国は周《しゅう》の文《ぶん》王の伯父にあたる太伯《たいはく》と虞仲《ぐちゅう》が、今日で申しますと、蘇州《そしゅう》を中心に国家を形成したものです。初めて王と称した寿夢《じゅぼう》から四代目の闔廬《こうりょ》の時代、西暦紀元前五百年の頃には、浙江《せっこう》方面に勢力を扶植《ふしょく》しておりました越《えつ》を破って覇業を立てまして、その頃すでにありました運河を利用して、河南の開封《かいほう》付近まで進出いたしました。そうして河南・河北を制圧して非常な勢力を扶植した国であります。その呉の季札《きさつ》という英邁《えいまい》な公子の名高い物語であります。

(一)延陵の賢公子・季札——剣を解《と》き墓に懸けて去る

呉は姫姓《きせい》にして、太伯《たいはく》・仲雍《ちゅうよう》の封ぜられし所なり。十九世にして寿夢《じゅぼう》の時代に至り、始めて王と称す。寿夢四子あり。幼を季札《きさつ》に曰う。札賢《けん》なり。三子をして相継ぎて立たしめ、以て札に及ぼさんと欲す、札、義《ぎ》もて可《き》かず、延陵《えんりょう》に封ぜらる。号して延陵の季子と曰う。上国《じょうこく》に聘《へい》して徐《じょ》に過《よ》ぎる。徐君其の宝剣を愛す。季子心に之を知る。使して還れば、徐君已《すで》に歿《ぼっ》せり。遂《つい》に剣を解き其の墓に懸けて去る。

呉は周と同じ姫姓で、太伯と仲雍が封じられた国である。十九代目の寿夢《じゅぼう》の時代になって始めて王と称しておる。この寿夢に四人の男子があり、末っ子を季札といったが、この季札は大変賢い子供であった。そこで寿夢は、行く行くは季札に国を継がせたいと思い、三人の息子に長男から順番に王位を継がせ、結局は季札を呉の国王にしたいと考えておりました。ところが「札、義もて可《き》かず」。それは人間の道すなわち義に反するとして言うことをきかない。そこで季札は延陵の地に封ぜられ、延陵の季子と称されたのであります。

「上国《じょうこく》に聘《へい》して徐《じょ》に過《よ》ぎる」。この頃、季札は呉王の命を受けて上国、すなわち上《かみ》方《がた》の諸侯へ挨拶《あいさつ》回りに出かけました。聘というのは、諸侯が大夫などを派遣して近隣の諸侯の安否を問わせることであります。その挨拶回りの途中、徐の国に立ち寄りました。過ぐは、通るという意味ではすぐ、立ち寄るという意味ではよぎると読みます。この場合はよぎる。「徐君其の宝剣を愛す。季子心に之を知る」。すると、季札を引見した徐の君は、札の佩《お》びていた宝剣を見て大変気に入り、いかにも欲しくてたまらない様子でした。しかしながら、これは使者としてまた他にも歴訪する途中でありますから、その気持がわかっておったけれども、その時は黙っておった。ところが、「使して還れば、徐君已《すで》に歿《ぼっ》せり。遂《つい》に剣を解き其の墓に懸けて去る」。美しい物語です。剣を解きその墓に懸けて去る。よく南画などに取り扱われておりますが、爽《さわ》やかな男子の心意気を表した物語であります。

漢の劉向《りゅうきょう》が撰《せん》した『新序』には、徐の国では人々が季札をたたえて「延陵の季子、故を忘れず、千金の剣を脱して丘墓に帯ばしむ」と歌ったと記してありますが、この季札という公子はよほど風格の高い教養人であったと見えます。

(二)臥薪嘗胆《がしんしょうたん》

寿夢《じゅぼう》の後、四君《しくん》にして闔廬《こうりょ》に至る。伍員《ごうん》を挙げて国事を謀らしむ。員字《うんあざな》は子胥《ししょ》、楚人《そひと》伍奢《ごしゃ》の子なり。奢誅《ちゅう》せられて呉に奔《はし》り、呉の兵を以て郢《えい》に入る。呉、越を伐つ。闔廬、傷《きず》つきて死す。子夫差《ふさ》立つ。子胥、復《ま》たこれに事《つか》う。夫差、讎《あだ》を復せんと志す。朝夕《ちょうせき》、薪中《しんちゅう》に臥《ふ》し、出入に人をして呼ばしめて曰く「夫差、而越《なんじえつ》人《ひと》の而《なんじ》の父を殺せしを忘れたるか」と。周の敬王の二十六年、夫差、越を夫椒《ふしょう》に敗る。越王勾践《こうせん》、余兵を以て会稽山《かいけいざん》に棲《す》み、臣と為《な》り、妻は妾と為らんと請う。子胥、言う「不可なり」と。太宰伯嚭《たいさいはくひ》、越の賂《まいない》を受け、夫差に説きて越を赦さしむ。勾践、国に反《かえ》り、胆《きも》を坐臥《ざが》に懸け、即《すなわ》ち胆を仰ぎ之を嘗《な》めて曰く、「女《なんじ》会稽の恥を忘れたるか」と。国政を挙げて大夫種《しょう》に属し、而して范蠡《はんれい》と兵を治め、呉を謀ることを事とす。

呉の国は、寿夢ののち、四代を経て闔廬の代になりました。闔廬は伍員《ごうん》を抜擢《ばってき》して国事の相談相手にしました。「員字《うんあざな》は子胥《ししょ》」。伍員といってもわかりませんが、伍子胥といえば大体中国の歴史を読んだ人は知っております。元来は「楚人《そひと》伍奢《ごしゃ》の子なり。（父の）奢（楚の平王に）誅（殺）せられて呉に奔《はし》り、呉の兵を以て郢《えい》に入る」。呉に亡命した子胥は、呉王・闔廬の知遇を得ますと、呉の軍隊の力を借りて楚を攻め、楚の都・郢（湖北省）に攻め入り、父を殺した楚の平王の墓をあばき、屍《しかばね》に鞭《むち》打って復讐を果たしております。その後、「呉、越を伐つ。闔廬傷つきて死す。子夫差立つ。子胥復《ま》たこれに事《つか》う」。子胥は引きつづいて夫差に仕えております。「夫差讎《あだ》を復せんと志す。朝夕薪中に臥《ふ》し、出入に人をして呼ばしめて曰く、『夫差、而《なんじ》越人《えつひと》の而の父を殺せしを忘れたるか』と」。これが有名な臥薪嘗胆《がしんしょうたん》の故事であります。

　やがて「周の敬王の二十六年（紀元前四九四年）、夫差、越を夫椒《ふしょう》に敗る」。この夫椒は今日の江蘇省《こうそ》に古跡として残っております。「越王勾践、余兵を以て会稽山に棲み、臣と為り、妻は妾と為らんと請う」。ところが、越王勾践は敗残の兵を率いて会稽山に逃げ込み、自分は臣下となり、妻は越王の妾になるから、どうか降伏を受け入れ、命を助けてほしいと請願したのであります。しかし、「子胥言う『不可なり』と」。伍子胥は、それはいけませんと、越王の和議の申し出を拒否するように主張したのでありますが、「太宰《たいさい》（宰相）伯嚭《はくひ》、越の賂《まいない》を受け、夫差に説きて越を赦さしむ」。いつの時代にもこういうことがあるものと見えます。現在の中国大陸でも盛んにこの手が使われております。

　今度は「勾践、国に反り、胆を坐臥《ざが》に懸け、即ち胆を仰ぎ之を嘗《な》めて曰く、『女《なんじ》会稽の恥を忘れたるか』と。国政を挙げて大夫種《しょう》に属し、而して范蠡《はんれい》と兵を治め（軍備を整えて）、呉を謀ることを事とす」。いかにして呉に報復するかと軍利・軍略を練っておった。いわゆる会稽の恥のところであります。ところが越の賂を受けた呉の太宰・嚭《ひ》は、どうも伍子胥が煙《けむ》たくてしようがない。そこで子胥を失脚させるために悪企《わるだく》みをします。

(三)伍子胥の憤死と夫差

太宰嚭《たいさいひ》、子胥、謀《はかりごと》の用いられざるを恥じて怨望《えんぼう》すと譖《しん》す。夫差乃《すなわ》ち子胥に属鏤《しょくる》の剣を賜う。子胥其《そ》の家人に告げて曰く、「必ず吾が墓に檟《ひさぎ》を樹えよ。檟は材とすべきなり。吾が目を抉《くじ》りて東門に懸けよ。以て越兵の呉を滅すを観ん」と。乃ち自剄《じけい》す。夫差其の尸《し》を取り、盛るに鴟夷《しい》を以てし、之を江に投ず。呉人之《これ》を憐《あわれ》み、祠《し》を江上に立て、命《な》づけて胥山《しょざん》と曰う。越、十年生聚《せいしゅう》し、十年教訓す。周の元王の四年、越、呉を伐つ。呉三たび戦いて三たび北《に》ぐ。夫差姑蘇《こそ》に上り、亦成《またたいらぎ》を越に請う。范蠡《はんれいき》可かず。夫差曰く、「吾以て子胥を見ること無けん」と。幎冒《べきぼう》を為《つく》りて乃ち死す。

太宰の伯嚭は夫差に「子胥は自分の謀略が用いられなかったことを根にもって大王を怨《うら》んでおります」と讒言《ざんげん》をいたしましたので、「夫差乃ち子胥に属鏤《しょくる》の剣を賜う」。ということは、これで自決せよということであります。越を破って父の讎を報じたのちの夫差は偸安《とうあん》に馴《な》れて、その頃には人を見る眼がなくなっておったと見える。暗君ぶりを発揮いたしまして、大事な謀臣の子胥に自殺を望んだわけであります。この時に使った剣が属鏤。シナで名剣というと先《ま》ず属鏤という。この属鏤の剣を賜った。殺すにしてもさすがに礼を以てしたわけであります。

「子胥其の家人に告げて曰く、『必ず吾が墓に檟《ひさぎ》を樹えよ。檟は（棺桶を作る）材とすべきなり。吾が目を抉《くじ》りて東門に懸けよ。以て越兵の呉を滅すを観ん』と」。大変深刻な鬱憤《うっぷん》を吐露したわけであります。「乃ち自剄《じけい》す」。自ら首をはねて死んだ。これを聞いて怒った夫差は「其の尸《し》を取り、盛るに鴟夷《しい》を以てし、之を江に投ず」。子胥の屍体を鴟夷、馬の皮で作った袋に入れて揚子江に投じた。「呉人之を憐《あわれ》み、祠《し》を江上に立て、命《な》づけて胥山《しょざん》と曰う」。さて一方、夫椒で呉に敗れたのちの越は「十年生聚《せいしゅう》し、十年教訓す」。十年の間兵力を培養して、十年これを教育し、訓練した。やがて「周の元王の四年、越、呉を伐つ。呉三たび戦いて三たび北《に》ぐ。夫差姑《こ》蘇《そ》に上り、亦《また》成《たいらぎ》を越に請う」。かつて越王勾践が会稽山でしたように、今度は呉王夫差が和平を越に請うたが、勾践の謀臣の范蠡がどうしても賛成しません。もはやこれまでと観念した夫差曰く、「吾以て子胥を見ること無けん」。子胥に会わせる顔がないと、ここで初めて子胥を思い出したわけです。そこで「幎冒《べきぼう》を為《つく》りて乃ち死す」。顔を包む、今日でも使うフード（hood・頭巾）で顔を覆うて死んだ。

この場合のフードは良心的でありますが、最近のフードは甚だひどい。フーデッドという言葉を『十八史略』の英語の訳本にも使っております。随分古くから使われた英語がいまだに生きておるものの一つで、最近日本でも過激派の学生はみな頭巾をかぶりますが、これをアメリカでもやっぱりフーデッド、フッドラーというように書いております。東洋も西洋も、この風習は同じことと見えます。幎帽を為りて乃ち死す。とにかく大変深刻な物語です。

この時に呉王夫差の愛姫に西施《せいし》という婦人がおりましたことは有名です。夫差は自分の愛姫まで差し出して勾践に献じております。この西施はシナの歴史的に有名な美人で、いつの時代にもシナの美人ということになると、先ず西施が挙げられます。『淮南子《えなんじ》』という書物があります。どちらかというと老荘系統の書物でありますが、その中に美人西施のことを美しく描いております。後世山水画などにもよく西施が引っぱり出されます。この『淮南子』に西施のことを「曼容皓歯《まんようこうし》、形夸骨佳《けいかこつか》」と形容している。曼という字は婦人の美しい顔色を言います。曼頬という字になっておるのもあります。特に頬のきれいな、そして皓歯、歯が白いということは、シナでも日本でも共通の美人の要素ですね。「形夸」、これも形が美しく整っておるということで、その上に「骨佳なり」とある。美人を形容する言葉として佳というのは余りお目にかからない。『淮南子』には西施を評して骨佳なりとある。どうも西施という美人は、ただなよなよした婦人ではなくて、どこかキリッとしたところがあったのでしょう。骨佳と形容しております。骨だってギスギスしたのはいけませんが、そうではなくて骨格がよかった、姿がキリッとしておったということでしょう。「曼容、皓歯。形夸、傅粉《ふふん》を待たずして芳沢にして美なるものなり」なんて書いてある。傅粉は粉をつける。つまり白粉《おしろい》をつけないでも、芳沢があることです。要するに『淮南子』では美人の要素として第一に曼容、或いは曼頬、頬が美しい。歯が皓《しろ》い。形が大変いい。そしてぐにゃぐにゃしたのではなくて、キリッとしたところがある。白粉などつけないでも匂《にお》いがよくて艶《あで》やかである——といった点を挙げております。

西施はまた中国の歴史や文学を通じてよく出てくるのですが、その最も有名なのは、『荘子《そうじ》』の中に「西施の顰《ひそみ》に効《なら》う」というのがある。西施がある時に体の調子が悪くて眉をしかめておった。それがまた特に趣きがあった。美人になるとえらいもので、体の調子が悪くてしかめ面をしておっても、それがまた美の趣きになる。それを見た不器量な女がしかめ面を真似して、顔をしかめてみたところが、とても見られたものではないというので、とんでもない人間が立派な人物の真似をすることを「顰に効う」という。

或いは「西施捧心《ほうしん》」という熟語もあります。心は心臓、胸です。捧は捧げるではなくて、抱くという意味。息苦しい、胸が痛むような時に、手で胸を押さえる、これを捧心と申します。それがまた大変よかったというので、また真似をして目も当てられなかったなんていう故事があります。

いつになっても西施はよくシナ文学、小説や戯曲に出てくる美人ですが、この愛姫・西施を夫差は越王勾践に献じた。ところが、越王勾践の方でも、それはいけないという諫言《かんげん》を無視し、美人に目がくらんで西施を入れたために、とうとう国を亡ぼしてしまったのも有名な物語です。

(四)陶朱《とうしゅ》・猗頓《いとん》

越既《えつすで》に呉《ご》を滅す。范蠡《はんれい》之を去る。大夫種《しょう》に書を遺《おく》りて曰く、「越王は人と為《な》り、長頸烏喙《ちょうけいうかい》なり。与《とも》に患難を共にすべきも、与に安楽を共にすべからず。子何ぞ去らざる」と。種、疾《やまい》と称して朝せず。或ひと種且《まさ》に乱を作《な》さんとすと讒《ざん》す。剣を賜りて死す。范蠡其の軽宝珠玉を装い、私従《しじゅう》と舟に江湖に乗じ、海に浮びて斉《せい》に出で、姓名を変じて、自ら鴟夷子皮《しいしひ》と謂《い》う。父子産を治めて、数千万に至る。斉人《せいひと》其《そ》の賢を聞き以て相《しょう》と為《な》す。蠡、喟然《きぜん》として曰く、「家に居ては千金を致し、官に居ては卿《けい》相を致す。此《こ》れ布衣《ふい》の極なり。久しく尊名を受くるは不祥なり」と。乃《すなわ》ち相の印を帰し、尽《ことごと》く其の財を散じ、重宝《ちょうほう》を懐《いだ》き、間行《かんこう》して陶に止《とど》まる。自ら陶朱公《とうしゅこう》と謂う。貲《し》、鉅万《きょまん》を累《かさ》ぬ。魯人猗頓《ろひといとん》、往きて術を問う。蠡曰く、「五牸《じ》を畜《か》え」と。乃ち大いに牛羊を猗氏に畜う。十年の間にして、富、王公に擬《ぎ》す。故に天下の富を言う者、陶朱・猗頓を称す。

「越既《えつすで》に呉《ご》を滅す」。ところがその功臣の范蠡は、先見の明のある人傑でありました。とかく覇者・帝王というものは、苦労をするときは同志として大事にするが、功成り名遂げると我がままになって、功臣が邪魔になる。遂《つい》にはこれと権力闘争の末に粛清の悲劇を演ずること、古来、今日の毛沢東に至るまで変わらぬ歴史の悲劇事実です。范蠡はそういうことに非常に明るかった。あたかも漢の高祖《こうそ》に対する張《ちょう》良《りょう》のようなもので、越が呉を滅ぼすと、一番の功臣の范蠡はさっさと去ってしまった。そして「大夫種《しょう》に書を遺《おく》りて曰く、『越王は人と為《な》り、長頸烏喙《ちょうけいうかい》なり。与《とも》に患難を共にすべきも、与に安楽を共にすべからず。子何ぞ去らざる』と」。シナの歴史書にはしばしば人相が出てくる。しかも正史にもこれが出てくる。これはよその国の歴史には見られぬ面白い事実であります。

◆漢民族と日本民族

話は余談になりますけれども、シナというものを知る上において、これは大事なことであります。日本とシナとは歴史の本質が違いまして、日本は一民族、一言語、一系の皇室をいただいて純粋です。あるときは南方から、あるときは騎馬民族、北方民族、或いは原住民との間に、いろいろ争いはありましたけれども、他国の異民族がしばしば侵略征服、これに反乱、革命を繰り返すというような悲劇はなく、いわゆる万世一系の皇室をいただいて単純で平和です。反乱があっても国内的であって、大陸と違う。

その正反対が漢民族国家、中国の歴史であります。いわゆる東夷《とうい》・西戎《せいじゅう》・南蛮《なんばん》・北狄《ほくてき》という満洲族・チベット族・南方民族が絶えず中原《ちゅうげん》に侵略征服をやる。これに対して反乱革命をやるという繰り返しがシナ四千年の歴史、いわゆる二十四史、五史といわれるものです。

それでシナの民衆は、朝に夕を計るべからずで、何物をも頼ることができない。財とか、地位とか、名誉とか何とかいうものは、人間にとって大事なものに相違ないが、一朝事あれば、そういう物を持っておるものほどただちに犠牲になる。それでシナ人は平時においては地位だ、名誉だ、財産だ、資格だというものを珍重しますけれども、それが本質的には少しも当てにならぬものである、はかないものだというよりは、むしろ危いものだということを体験的・本能的によく知っておる。一朝事有る時には有名人や金持から先に殺《や》られる。これはいつでも同じことです。革命があれば日本だって、有名人だとか、財産家だとか、権力者が先ず殺られるというのは当たり前です。そのもっともひどいのは中国です。だからシナ人はそういう現世の何物をも頼ることができない。一朝事有る時は、むしろそういうものほど危いという、一種のニヒリズムが民族の歴史的本能で身に沁《し》みておる。常に易世革命の歴史を繰り返し、人の世の興亡盛衰を経験して、いつもやり直し、やり直しをしてきた。そこからいろいろの民族性や、民族の人生観・社会観、その他いろいろの考え方が生まれてきます。

日本人とは国体と歴史がそれだけ違いますから、時として用語が同じであって全然意味が違う。例えば没法子《メイファーズ》という言葉。日本人は「仕方がない」と訳していますけれどもシナ人の没法子は、「仕方がない、やり直し」という非常に積極的な意味を持っている。日本人の仕方がないというのは、ペシャンコになる、消極的で、全然意味が違う。だからシナ人というものはそういう意味で執拗《しつよう》であり、弾力的でありまして、日本人のようにあっさりしたものではない。ですから、地位だ財産だ、名誉だ権力だというものを尊重すると同時に、それに対する虚無感も本能的に潜んでおる。

しかし、実は何も信ずるものを持たないということは、人間として耐えられない。淋《さび》しいことですから、そうなればなるほど現世的なるものの、何物をも信ずることができない、頼ることができないという時に、しからば何を頼るのかというと、不変のもの、永劫《えいごう》のものでなければならない。それは何だというと、結局人間そのもの、人間の本質であるということになるわけです。最も簡単にいえば裸の人間である。そこで何物をも信ずることのできないシナ人は、他の何物よりも人間を信ずる。

それでは人間の一番人間的なるもの、本質的なるもの、それは何かといったら、人間の徳義というものです。だからシナ人は徳義というものに本能的に敏感です。それが通俗に表れますと、人相というものになるわけです。シナ民族は本能的に人相見です。

日本人は直《じき》に地位だの資格だの、つまり履歴を重んじますね。だから私がよく言うんです。名刺を見ると面白い。この頃は日本人と交渉が多くなって、シナ人も日本人的な名刺を作っておりますが、つい今度の戦争前までは、日本人の倍もあるような大きな名刺に、名前と、浙江《せっこう》とか江蘇《こうそ》とかいったような出身地を書いて、あとは何も書いてないものが多い。日本人のように肩書から所番地から、ご丁寧に電話番号まで書いたような名刺はシナ人は持たない。そういう肩書なんかある意味において余計なものであり、どうかするとこれは危いものです。

それと同じように人間の人相というもの、これは人間の本質的なものですから、すぐ人相を見る。その人相でも、彼らは先ずどういうところを見るかというと、吉凶を見る。この人は吉人か凶人か。凶相の人間だとむしろその人間が財産だ、地位だ、名誉だ、権力だというようなものを持っておるほど危いわけです。だからこれは危い人だなと思ったら、敬して遠ざかる。これは良い人間だな、ことに先行き偉くなると思うと、株と同じことで彼らは先物《さきもの》を買う。そういうもので親しくなったり、或いはそれを助けたり、投資をするのと同じことです。漢民族にはそういう本能がありますね。これは大変面白いことです。

そういうわけで、ここでも人相が出ております。「長頸烏喙なり」。よくわかりませんが、頸《くび》が長くて烏《からす》の口ばしのようにとんがっておったんでしょうね、越王の人相は……。「与に患難を共にすべきも、与に安楽を共にすべからず」、一緒に苦労をすることはいいが、一緒に安楽はできぬ。「子何ぞ去らざる」。ほかならぬ尊敬しておる范蠡から言われたものですから、大夫の種も「疾《やまい》と称して朝せず」。家に引きこもった。ところが、「或ひと種且《まさ》に乱を作《な》さんとすと讒《ざん》（言）す」。そこで彼もまた「剣を賜りて死す。范蠡其の軽宝珠玉を装い、私従と舟に江湖に乗じ、海に浮びて斉《せい》に出で、姓名を変じて、自ら鴟夷子皮《しいしひ》と謂《い》う」。范蠡はうまく逃げてしまいました。手廻《てまわ》りのかさばらぬ宝石や珠玉の類を身につけて、従者と共に江湖に乗じ、海から斉に行った。越の人間はみな舟を操ることが上手であります。それで舟に乗って海岸に沿って山東あたりへ出ました。

斉では姓名を鴟夷子皮と改めました。伍子胥《ごししょ》が鴟夷（馬の皮の袋）に盛られて江に投ぜられたという前例がありますから、皮肉に鴟夷という文字を使ったのかも知れません。「父子産を治めて、数千万に至る」。莫大な財を造った。「斉人《せいひと》其の賢を聞き以て相《しょう》と為《な》す」。しかし范蠡は「喟然《きぜん》として」、感慨無量の形であります。「喟然として曰く、『家に居ては千金を致し、官に居ては卿《けい》相を致す。此れ布衣《ふい》の極なり。久しく尊名を受くるは不祥なり』と」。これもシナ民族の独特な人生観の一つであります。聡明《そうめい》な、そして執着というもののない漢民族独得の一種の虚無主義であります。久しく尊命を受くるは不祥であると……。

そこで一応身に着いたけれども、「相の印を帰し」すなわち宰相の位を帰して「尽《ことごと》く其の財を散じ、重宝を懐《いだ》き、間行して陶に止《とど》まる」。貴重な宝だけ持って、なるべく目立たぬ所を通って、今の山東省にあります定陶県という県がありますが、その陶にとどまって、「自ら陶朱公《とうしゅこう》と謂う。貲鉅万《しきょまん》を累《かさ》ぬ。魯《ろ》人《ひと》猗頓《いとん》往きて術を問う。蠡曰く、『五牸《じ》を畜《か》え』と」。五頭の牝牛《めうし》を飼ってごらんと教えてくれた。そこで猗頓は「乃ち大いに牛羊を猗氏に畜う」。猗というのは山西省にあります。その猗の人々に交わって牧畜をやった。「十年の間にして、富王公に擬す。故に天下の富を言う者、陶朱・猗頓を称す」。金持といえば陶朱と猗頓を挙げるようになった。伍子胥と范蠡とはいいコントラストをなす人物であります。

古来呉越というのはそういう歴史でありますから、敵《かたき》同士が一つ所に集まることを「呉越同舟」などと申します。呉越の興亡については、李白に有名な七言絶句が二首あります。

旧苑荒台楊柳新　旧苑荒台　楊柳新なり。
菱歌清唱不勝春　菱歌清唱　春にたえず。
只今惟有西江月　只今ただ西江の月のみ有り。

曾照呉王宮裏人　かつて照す呉王宮裏の人。
呉王宮裏の人とは西施のことです。
越王勾践破呉帰　越王勾践　呉を破って帰る。
義士還家尽錦衣　義士　家に還ってことごとく錦衣す。
宮女如花満春殿　宮女は花のごとく春殿に満つ。
只今惟有鷓鴣飛　只今ただ鷓鴣《しゃこ》の飛ぶ有るのみ。

◈魯——周公旦

次に山東の魯《ろ》。魯は周公旦《しゅうこうたん》の子孫の封《ほう》ぜられた所であります。周公というのは周の文化の開祖ともいうべき人物でありますが、その周公旦の「一沐《いちもく》に三たび髪を握り、一飯に三たび哺《ほ》を吐く」というのは、日本でも有名な故事の一つで、一ぺん頭を洗う間に、三度洗いかけの髪を握って客に会った。一ぺん飯を食うのに来客が多い、それを待たすということをしないで、三度も口の中にあるものを吐き出して、食事の中途で大事な客に会った。それくらい士を重んずるものが天下の政事をなす者の心得だと、「吐哺握髪」という熟語の由って来る典故です。

握髪吐哺

魯は姫姓、周公の子伯禽《はくきん》の封ぜられし所なり。伯禽封に就く。公之を戒めて曰く、「我は文王の子、武王の弟にして、今王《きんおう》の叔父なり。然《しか》れども我一沐《いちもく》に三たび髪《はつ》を握り、一飯《いっぱん》に三たび哺《ほ》を吐き、起ちて以て士を待つも、猶《な》お天下の賢人を失わんことを恐る。子、魯に之《ゆ》かば、慎みて国を以て人に驕《おご》ること無かれ」と。

魯は今日の山東《さんとう》で、名高い孔子の廟《びょう》がある曲阜《きょくふ》がその都でありますが、その「魯は（周と同じ）姫姓、周公の子伯禽の封ぜられし所なり。伯禽封に就く。公之を戒めて曰く、『我は文王の子、武王の弟にして、今王《きんおう》の叔父なり』」。今の王の叔父である。位としては最高の者であるが、「然れども我一沐《いちもく》に三たび髪《はつ》を握り、一飯《いっぱん》に三たび哺《ほ》を吐き、起ちて以て士を待つも、猶《な》お天下の賢人を失わんことを恐る。子、魯に之《ゆ》かば、慎みて国を以て人に驕《おご》ること無かれ」という教訓を与えて派遣した。どうも少しく地位が上がると得意になって人を馬鹿にする。それはいかん、一番大事なことは人材を得るということです。そのためには人材に下らなければならん。いい気になって驕ることは、すなわち人材を失うことだと戒めておる。よく引用される名高い故事の一つであります。魯でありますから、自然孔子が出て参ります。

◆定公

（一）夾谷《きょうこく》の会

定公立つ。孔子を以て中都《ちゅうと》の宰《さい》と為《な》す。一年にして四方皆之に則《のっと》る。中都より司空《しくう》と為り、進みて大司寇《だいしこう》と為る。定公を相《たす》けて斉《せい》公に夾谷《きょうこく》に会す。孔子曰く、「文事有る者は、必ず武備有り。請《こ》う左右の司馬を具《そな》えて以て従わん」と。既《すで》に会す。斉の有司、請いて四方の楽を奏す。是に於て旗旄剣戟《きぼうけんげき》、鼓譟《こそう》して至る。孔子趨《はし》りて進みて曰く、「吾が両君好《よしみ》を為す。夷狄《いてき》の楽《がく》、何為《なんす》れぞ此《ここ》に於てする」と。斉の景公心に怍《は》じて之を麾《さしまね》く。斉の有司、請いて宮中の楽を奏す。優倡侏《ゆうしょうしゅ》儒《じゅ》、戯《たわむ》れて前《すす》む。孔子趨《はし》りて進みて曰く、「匹夫にして諸侯を熒惑《けいわく》する者は、罪誅に当《とう》す。請う有司に命じて法を加えん」と。首足処を異にす。景公懼れ、帰りて其の臣に語りて曰く、「魯は君子の道を以て其の君を輔《たす》く。而るに子は独《た》だ夷狄の道を以て寡人《かじん》に教うるのみ」と。是《ここ》に於て斉人《せいひと》乃ち侵《おか》し所の魯の鄆《うん》・汶《ぶん》陽《よう》・亀陰《きいん》の地を帰し、以て魯に謝す。

「定公立つ。孔子を以て中都の宰と為す」。孔子を山東省の中都という県の長官に命じた。ところがさすが孔子であります。行政甚だ宜《よろ》しきを得たものと見えて、「一年にして四方皆之に則《のっと》る。中都より司空と為り」、中都の長官から今度は司空となった。今日でいうと建設大臣みたいなものです。それから更に進んで大司寇、法務大臣になった。そして「定公を相《たす》けて斉公に夾谷に会す」。定公の輔佐《ほさ》役として、斉の国の殿様と夾谷という所で両国の君主の会談をやった。その時に孔子は、「文事有る者は、必ず武備有り。請う左右の司馬を具《そな》えて以て従わん」。外交折衝に武備（軍備）を忘れるな、と申します。どうか親衛（左右）の武官（司馬）をお供にお連れなさいと。そこで「既に会す」。

会見の儀式が終わると、「斉の有司（相手方の斉の役人）、請いて四方の楽を奏す」。四方の楽と申しますと、東夷《とうい》・西戎《せいじゅう》・南蛮《なんばん》・北狄《ほくてき》で、田舎の音楽、つまり正楽、雅楽でない。今の民謡とは違いますけれども、珍しいからというので、夷狄の音楽を余興に奏した。

「是に於て旗旄剣戟《きぼうけんげき》、鼓譟《こそう》して至る」。旗旄《さしもの》と剣や矛を手にした者どもが、がやがやと大騒ぎで登場してきた、孔子はこれを見て小走りに進んで曰く、「吾が両君好《よしみ》を為す。夷狄の楽《がく》、何為《なんす》れぞ此《ここ》に於てする」。わが両君が友好の会談をされるのに、夷狄の音楽を奏するとは何ごとですかと叱責《しっせき》したので、斉の景公は赤面し、手まねきしてそれを追いやった。

すると今度は、「斉の有司（役人）、請いて宮中の楽を奏す。優倡侏儒《ゆうしょうしゅじゅ》、戯《たわむ》れて前《すす》む」。道化役者やこびとがふざけた恰好《かっこう》をして現れた。再び孔子が足早に進みて曰く、「匹夫にして諸侯を熒惑《けいわく》する者は、罪誅に当す」。下賤の分際の者が諸侯の前へ来ていい加減なことをやるとは以てのほかだ。その罪は誅殺に価する。「請う有司に命じて法を加えん」。すぐ役人（有司）に命じて引っ捕え、「首足処を異にす」。ただちに処刑した。

まあ今日から思えば野蛮なものですが、いかに孔子が激烈であったかということがわかる。「景公懼《おそ》れ、帰りて其の臣に語りて曰く、『魯は君子の道を以て其の君を輔《たす》く。而るに子は独《た》だ夷狄の道を以て寡人に教うるのみ』」。寡人というのは自分のことを徳寡《すくな》き人というので寡人といいます。「是に於て斉人《せいひと》乃ち侵しし所の魯の鄆《うん》・汶陽《ぶんよう》・亀陰《きいん》の地を帰し、以て魯に謝す」。まあ今の日本でいうならば、歯舞・

色丹というようなもので、かつて魯から侵略した領土の鄆・汶陽・亀陰を返還して、罪を謝したということです。

(二)孔子の改革と失望

孔子、定公に言い、将《まさ》に三都を堕《こぼ》ち以て公室を強くせんとす。叔孫《しゅくそん》氏先《ま》ず郈《こう》を堕《こぼ》ち、季《き》氏費《ひ》を堕つ。孟《もう》氏の臣、成《せい》を堕つことを肯んぜず。之を囲《かこ》みて克《か》たず。孔子《こうし》大司寇《だいしこう》より、相《しょう》の事を摂行《せっこう》す。七日にして政を乱しし大夫少正卯《たいふしょうせいぼう》を誅す。居ること三月、魯《ろ》大いに治る。斉人之を聞きて懼《おそ》れ、乃《すなわ》ち女楽《じょがく》を魯に帰《おく》る。季《き》桓子《こうし》之を受けて、政を聴かず。郊《こう》して又膰俎《はんそ》を大夫に致さず。孔子遂《つい》に魯を去る。

「孔子、定公に言い、将に三都を堕《こぼ》ち以て公室を強くせんとす」。魯の国には三つの有力な家老がおりました。孟孫・叔孫・季孫と申します。これがだんだん勢力を得まして、とかく魯の王室をないがしろにする。そこで孔子は定公にすすめて、この三豪族の分をこえた施設、つまり居城の城壁を撤去して、公室の権威を発揮させようとしました。そこで「叔孫氏先ず郈《こう》を堕《こぼ》ち、季《き》氏費《ひ》を堕つ」。叔孫氏と季氏とは恭順の意を表した。ところが「孟子の臣、成《せい》を堕つことを肯んぜず」。孟孫氏の臣はその領地・成の城壁を壊すことを肯んじない。そこで定公の軍隊は「之を囲みて克たず」。包囲したけれども勝つことができなかった。

一方、「孔子大司寇《だいしこう》より、相《しょう》の事を摂行《せっこう》す」。宰相の仕事を代行した。そして就任後「七日にして政を乱しし大夫少正卯《たいふしょうせいぼう》を誅す」。その頃大夫の一番勢力のあった少正卯を誅殺した。歴史家の中にはこの史実についていろいろ議論がありますけれども、専門のことはさて置きまして、大夫・少正卯を処刑した。「居ること三月、魯大いに治る。斉人之を聞きて懼《おそ》れ、乃《すなわ》ち女楽を魯に帰《おく》る」。魯が強大になることを恐れた斉では、魯の指導者たちを堕落させようという魂胆から、女楽——美人揃《ぞろ》いの少女歌劇団のようなものを派遣しました。斉の謀略はうまく当たり、これに魅せられた「季桓子之を受けて、政を聴かず。郊してまた膰俎《はんそ》を大夫に致さず」。この頃は古代どこの国もそうでありますが、祭というものが国政の大事であります。大夫の季桓子は政事に倦《う》んで政務をとらないばかりか、大切な祭典、城外で天神地祇《ちぎ》を祭る行事でありますが、その郊祭の場合には必ず祭のおさがりの祭肉を大夫におくるものでありますが、それもしない。すっかり怠けて政務を放擲《ほうてき》した。これではだめだというので、「孔子遂《つい》に魯を去る」。

原始儒教というものを研究するのに、欠かせない文献はまず『論語』である。その次は『孟子』であることは申すまでもないのですが、多くの人々は『論語』『孟子』を読んで『荀子《じゅんし》』を忘れるのです。ところが『荀子』というのは、孟子の性善論に対して性悪論を主張したというので、どうも性善論者は荀子を性悪論の故を以て排斥する傾向がある。けれどもこれは思索が足りないので、孟子は人間性というものの本質を論じておる。そうなれば性善論というのはこれは当然だと思います。荀子はむしろ人間の社会生活という立場から、人間の性質というものを論じておりまして、観点が違う。だからその観点から言えば『論語』の中にも孔子その人が人間性の悪を十分に認めておるのでありまして、荀子はただその点を取り上げて特に強調したので、決して孟子と荀子が矛盾するものではないのです。そういうところは世のいわゆる儒者というものの思索の足りないところからきておるので、原始儒教、孔子の思想学問というものを受け継いだ『孟子』『荀子』は必ず相対的に学ばなければならんものです。どちらかといえば、孟子は明らかにアイデアリズム、アイデアリストというてよい。それに対して荀子はリアリストです。そこで社会学・政治学というような方面からは、荀子の方がはるかに詳細であり的確であります。孟子の方は近代の用語でいえば形而上《けいじじょう》学的には優れておるけれども、社会的考察ということになるとむしろ荀子を取らなければならん。まあそういう原始儒教の孟荀論はしばらくおきまして、この荀子の中に少正卯のことが詳しく出てくる。これが大変面白い。

「孔子、魯の摂相となり朝すること七日にして少正卯を誅す。門人進み問うて曰く、かの少正卯は魯の聞人《ぶんじん》なり。夫子、政を為《な》して始めにこれを誅す、失なきことを得んや」。少正卯を誅殺したことは失敗だったのではありませんか、と門人が質問しておる。人々は優れた人間を名士といいますが、俗にいう偉い人、世間のいう名士は本当の名士ではなくて聞人、聞こえた人間、名前の通った人間という、聞人である。名士と聞人とは違う。とかくこの聞人というもの、いわゆる名士、実は聞人という者の中には稀《まれ》に立派な人物もあるが、往々にしていかものが多い。その雄なる者が少正卯だというて、少正卯を誅殺した理由を列挙しております。

人に悪《にく》むべきものが五つある。盗窃、泥棒なんどは与《あずか》らず、その中に入らない。その五とは何ぞや。「心達にして険」。非常に心が行届いて目こぼしがない。いろんなことによく行届くが、その心術は険しい。そして第二は、「行辟（僻に同じ）にして堅」、どうもすることが片寄って、しかもなかなか改めない、頑固である（堅）。第三は、「言偽《ぎ》にして弁」。言うことは偽り、修飾が多すぎる。けれども理論が立つ。口が達者である。どうもこの頃の左翼思想家なんて、大体この言・偽にして弁なるものですね。それから第四が「記、醜にして博」。醜は衆と同じ意味でありま す。いろんなことをよく記憶しておる。しかも非常に博《ひろ》い。ディレッタント、雑博だが筋が通らん。そして第五には「非に順《したが》って沢」、潤沢の沢です。これは非にしたがって、しかもうるおすというのですから、悪いことをして人をうるおす。政治家の中にもこういうのがありますね。

この五条件を挙げまして、「少正卯これを兼有す」、この五条件を少正卯という奴は全部持っておると。そこで彼のおるところは、「居処以て徒を聚《あつ》めて群を成《な》すに足る」。いろんな連中を集めて一つの群を成しておる。つまり今日でいうと派閥を作る。そして「言談は以て邪を飾り、衆を営《まどわ》すに足る」。よこしまなことをうまくカモフラージュして、何もわからない民衆を惑すに足る。口が達者でうまいことをさもまことしやかに言って多くの者を惑すに足るだけの弁舌を持っておる。それのみならず、「強以て是《ぜ》を反して独立するに足る」。強力な図太いところがあって、いいことを反対する、是に反する、いいことを引っくり返して、是を非にしてしまうだけの強い力を持っている。「これ小人の桀雄なるものなり」。これは決して大人君子ではなくて、小人の非常にすぐれた、桀雄なるものなり。こういう者を上に立てて置くと天下を誤る、国を誤る、民衆を誤る。こう言って孔子が処断したということが『荀子』に書いてある。

こういうことは『孟子』にあまりないんです。観察が客観的で周到ですね。どうもこれなど読んでおると、いつの時代、いつの世の中にも大なり小なりこういうのがおります。ことに今の政党の中にも、このタイプに属するものがおる。しみじみ読んでおるというと、連想して苦笑いを催すことがよくある。まあこういうところに歴史的典籍を読む、一つの妙味があるわけですね。

これで見ると孔子という人は、聡明《そうめい》で、徹底した識見を持っておったということの一例になるわけです。決していわゆる世間の考えるような融通のきかん、こちこちの善人君子ではなかったということがわかるのですが、次に改めて孔子を取り上げて孔子の経歴から書いておりますから、次回にはこれを読みながら孔子について勉強したいと思います。やがて孟子、その次に老子・列子・荘子と出て参ります。この辺になるとだんだん面白くなります。

第二章
中国思想の淵源

◈世界の三聖

本文に入ります前に、少し余談ですが、孔子とほぼ同時代に出現した世界の三聖――孔子、釈迦《しやか》、ソクラテスについてお話ししてみたいと思います。孔子の生涯は、年代でいいますと紀元前五五二年から四七九年となっておる。これについて考証学者の細かい議論がありますけれども、大体これが通説であります。そうすると齢《よわい》七十四にして亡くなったということになりますが、ここで興味をそそられることは、その孔子、釈迦、ソクラテス、これにキリストを入れますと世界の四聖ということになるのですが、キリストはずっと後の人です。その他の三人、釈迦、孔子、ソクラテスは大ざっぱにいえば時を同じうして世に現れたということになる。

孔子を中心にして申しますと、従来は釈迦が孔子よりも十年ばかり前に生まれ、孔子が亡くなって十年ほどしてソクラテスが生まれたことになっておる。ところが釈迦の研究がその後発達しまして、だんだん釈迦の生まれたのが若くなりまして、ごく最近の仏教学者の説では、今までと反対に釈迦の方が孔子よりおくれて生まれた、すなわち今日の新しい説で釈迦は紀元前四六三年に生まれて三八三年まで在世したということになりました。そうしますと、孔子が亡くなってから十六年にして釈迦が生まれたことになります。そうすると、孔子が亡くなった後十年ほどしてソクラテスが生まれ、それから六年ほどして釈迦が生まれたということになりまして、いずれにしても釈迦、孔子、ソクラテスという三聖、三人の偉人が相前後して人類世界に生まれたということで、これは実にいみじきことだと感を深くする次第であります。

その中で好み好みがありまして、釈迦に心酔する者あり、ソクラテスに心を寄せる者あり、或いは孔子に傾倒する者あり、いろいろ好みがあり議論がありますが、いずれにしてもたしかにこの三人は世にも稀《まれ》なる偉人であることはいうまでもありません。

その中で一番わからないのはソクラテス。これは西洋では随分研究がありますが、どうも我々が満足するほどの材料ということになると、他の二聖に比べて少ない。ただ人物・風格は大変違っております。まあその中で思索的・哲学的、或いは信仰的に申しますと、釈迦が優れているというのでありますが、一番整った人物というと多くの識者はそれは孔子だというております。この両者に比べますと、ソクラテスという人は、人間そのものが不思議な芸術的な人だというので、三人の中では最も人間味豊かであるという見方がある。もちろんそれに対して人間味とは何ぞやなどと言い出しますと、それは孔子にはるかに及ばぬとか、まあいろんな難しい議論になるのですが、そんなことは専門家に任せて、たしかにソクラテスは他の両聖に見られない、非常に面白いところがあります。大体人間の器量・骨柄風格というものが型はずれて、何と申しますか、ちょっと言葉は悪いがグロテスクなところもある人で、彼の伝記作者が書いておりますけれども、ある戦争で対陣中に何かしきりに考え込んでおったソクラテスが、異常な面持でのこのこでかけて行き、大地に仁王立ちになって天を仰いで黙想を始めた。凝然とでもいいますか、微動もしないで沈思黙考にふけったまま、何時間もそのまま動かない。日が暮れても、星が出ても、深夜になっても動かない。そこで「変だぞ」というので同じ陣中の兵隊がこっそり彼の後をつけて行って、彼の目につかぬように物蔭《ものかげ》から観察しておると、とうとうそのまま徹夜して、翌日朝日が昇るに至って恭々しく朝日を拝して、そのまま何事もないふうに悠然として帰ってきたというような事実が伝えられておる。これはどうも何というのでしょうか、変なんていうことを通り越して、むしろ異人、異常な人であるといえるわけです。

そうかと思うとまた実に磊落《らいらく》でユーモラスなところがあります。皆さんもよくご承知の、ソクラテスの女房というのは悪妻の世界的典型になっておる人物です。がさつな我がままな女で、ソクラテスにしょっちゅうがみがみ怒鳴りつけておった。彼の親友がさすがに腹に据えかねて、「君はあの悪妻が苦にならんのか」と聞いたところ、ソクラテスは平然として「君は、君の家の鵞鳥《がちょう》がガアガア鳴いたら苦になるかね」と言うたので二の句が継げなかったという。そればかりでなく、彼は、鵞鳥はまだ卵を生むからなと言って、にやにや笑っておったという。まあそういう不可思議な人物です。

それに比べると孔子は円満無礙《むげ》だが、しかしその中に烈々たる気概があり、深遠な思索があり、しかも一面において政治的にも優れた抱負経綸《けいりん》を持った人で、まあ人間として整っておるという点では、たしかに孔子が一番ではないかと思われる。それに比べると、宗教的な思索とか悟道という点においては釈迦が傑出していたことは万人の認めるところでありますが、あの人はご承知のようにインドの北方の、まあ日本で申しますと小藩の、つまり藩族国迦毘羅《カピラ》という城主の家に生まれた太子ですが、この釈迦王族は釈迦が在世中にすでに敵国から侵略され亡ぼされておる。これも考証家によりますと多少異論もありますが、これは定説になっておるようです。それで存命中に釈迦の弟子・高弟などまでが、何とかして釈迦に祖国を救うために尽瘁《じんすい》して貰《もら》いたいと哀訴嘆願するのですけれども、釈尊は遂《つい》にそれに対しては取り合わなかった。そういう眼前の栄枯盛衰・治乱興亡というようなことを超越しておった。それがどういうことかということについては学者にはいろいろの説がありますが、だんだん経典などを見ておりますと、決して釈迦は冷然としてそういう一時の治乱興亡を解脱するとか、無視するとかいったのではなしに、目《ま》の当たりに祖国が亡びるということに対して非常に煩悶懊悩《はんもんおうのう》したということは、経典などの中に幾多察知せられるものがある。そういう微妙なことになりますと、それは別個の問題ですから、まあ左様なこともあったといった程度にとどめておきましょう。

とにかくこの三聖が相前後して同時代といってもいい時期に現れ、世界の歴史の一つの偉観を成しておるということは、大変興味のあることでありますからちょっと註釈《ちゅうしゃく》しておきます。

◆孔子

(一)孔子の先祖——正考父

孔子名は丘《きゅう》、字《あざな》は仲尼《ちゅうじ》。其《そ》の先《せん》は宋人《そうひと》なり。正考父《せいこうほ》という者有り、宋に佐《さ》たり。三命して滋益《いよいよ》恭《うやうや》し。其の鼎《てい》の銘《めい》に云う、「一命して僂《る》し、再命して傴《う》し、三命して俯《ふ》す。牆《しょう》に循《したが》って走るも、亦《また》余《われ》を敢《あ》えて侮《あなど》るもの莫《な》し。是《これ》に饘《せん》し、是に粥《しゅく》し、以て予《わ》が口を餬《のり》す」と。

孔子、名は丘、字は仲尼と称した。その先祖は宋の国の人である。「正考父という者有り」。父はふと読まずにほと読む。「宋に佐たり」。補佐官、或いは大臣的な地位にあった人物である。「三命して滋益恭し」。正考父は、最初に高等官、次に勅任官、それから親任官といった風に、三たび命を受けて宰相、大臣といった地位にまで立身した人物でありましたが、昇進するにつれて、いよいよ「恭し」、態度がますます謙虚であった。

彼の鼎《かなえ》の銘には次のように刻んでいた。「一命して僂《る》し、再命して傴《う》し、三命して俯《ふ》す」。つまりだんだんお辞儀が丁重になる段階。大抵の人間は出世するたびに、だんだん傲岸《ごうがん》になるのだが、彼はその反対に地位・待遇が上がれば上がるほど謙遜《けんそん》の度を深くしていった。「牆《しょう》に循《したが》って走るも」、これは小走《こば》しりに歩く姿です。大道を闊歩《かっぽ》するのではなくて、路傍の牆《かきね》に沿うて遠慮がちに小走りに歩いた。そういうまことに慇懃《いんぎん》丁重な人ですけれども、「亦余《またわれ》を敢《あ》えて侮るもの莫《な》し」。誰も私を侮るものはなく、みな敬意を表した。そして、「是《これ》に饘《せん》し、是に粥《しゆく》し、以て予《わ》が口を餬《のり》す」と。鼎を使って是れに饘してというのはかゆの濃いもの、薄いものが粥、饘《せん》粥《しゆく》といいますとかゆのことです。要するにかゆをすって暮らした。地位が上がったからといって贅沢《ぜいたく》はしない。生活は淡白簡素なものであった。孔子の先祖はこういう人物でありました。

(二)孔子の生い立ちと老子

孔子、宋《そう》に滅び、其《そ》の後魯《ろ》に適《ゆ》く。叔梁紇《しゆくりようこつ》という者有り、顔氏の女《むすめ》と、尼山《じざん》に禱《いの》りて、孔子を生む。児《じ》為《た》りしとき嬉戯《きぎ》するに、常に俎豆《そとう》を陳《つら》ね、礼容《れいよう》を設く。長じて季氏《きし》の吏と為り、料量平《りようりようたいら》かなり。嘗《かつ》て司職《ししよく》の吏と為る。畜蕃息《きくはんそく》す。周に適《ゆ》き、礼を老子に問う。反《かえ》りて弟子《ていし》稍《ようや》く益〻進む。斉に適く。斉の景公将《まさ》に待つに季《き》・孟《もう》の間を以てせんとす。孔子魯に反る。

孔子の先祖は宋が滅亡したとき一緒に滅んだが、その後亡命して山東の魯に移住しました。その中に「叔梁紇という者有り（叔梁が字、紇が名）、顔氏の女《むすめ》と、尼山《じざん》に禱《いの》りて、孔子を生む」。

孔子に関して、例えば『史記』の孔子世家などを見ますと、「野合して孔子を生む」とある。野合という言葉は日本では馴合《なれあ》いとか何とか、卑しい意味に使いますが、向こうでは媒酌人《ばいしやくにん》なしに結婚すること、つまり自由結婚です。孔子の父母は大変年が離れておりますが、どうして媒酌人を立てて正式に結婚をせずに自由結婚をしたのか、よくわかりません。家が貧しくて、『論語』にはありませんが、ほかの書物には腹違いの兄が一人あった。また腹違いの姉も幾人かあり、孔子はその末っ子に生まれたということが出ておる。「児為《た》りしとき嬉戯《きぎ》するに、常に俎豆《そとう》を陳《つら》ね」、子供の頃、常に俎豆を並べ、儀礼の真似事をして遊んでいた。俎《まないた》と豆《たかつき》というのは、神を祭る時にお供え物を盛る祭器・祭具です。「礼容を設く」。子供の頃から、その坐作《ざさ》進退が礼儀にかなっていて、そういう遊びを好んだようであります。「長じて季氏《きし》の吏と為り」魯の国のご三家の一つ、季氏の役人となったが、「料量平かなり」。枡目《ますめ》が公平であった。倉庫の出納をつかさどる小役人となったが、枡目や目方が公平であった。また「嘗《かつ》て司樴《ししよく》の吏と為る」。樴というのは牛や羊をつなぐ杭《くい》です、司樴の吏といえば牧畜係です。そういう家畜の飼育係にもなったが、家畜が彼の手厚い飼育で「畜蕃息《きくはんそく》す」。みなよく繁殖した。このテキストでは畜はキクとなっております。厳密にいえば、畜は普通、チクといいますが、チクという時は「たくわえる」という意味です。「養う」という時にはキク、家畜、牛とか豚という場合にはキュウという。ここではキク、またはキュウと読む。とにかく若い時は苦労をして、しがない仕事に従事しておったらしい。

『論語』に面白い話がよく出ております。この『論語』という書物は道徳や政治のことばかり書いてあるように皆思うのですが、そうではありません。これはあらゆる点から見て興味津々たる本なのですが、それは年をとるほどわかります。一例をいえば、飯は七分搗《づき》、あまり精白しないで食べるというようなこと、この頃そういうことを主張する学者がありますが、白米はよくない。六分搗か七分搗が健康によろしいということは、もはや衛生を心得る者の常識になって参りました。アメリカでも、州によっては病院でスリー・ホワイト「三白」の害を明らかにして、病院で患者に使うことを禁じておる所さえあります。三白というのは白パン・白飯・白砂糖であります。これは現代の栄養学・生理学からいうても異論のないところであります。そういうことをちゃんと『論語』の中に教えておる。

そうかと思うと、くだらないことをして時間をつぶすよりは、博弈《ばくえき》でもやった方がまだ意味がある。「飽食終日、心を用うる所なし、博弈なる者あらずや。之を為すは猶お已《や》むに賢《まさ》れり」と言っております。博弈というのはいわゆるばくちではなくて、碁将棋とかマージャンのような遊戯のことですが、そういうこともいうておる。なかなか世故に通じたといいますか、人間味豊かな人であります。『論語』の中にもありますが、「吾《わ》れ少《わか》くして賤《せん》なり」。自分は少年時代には賤《いや》しい身分であった。だからくだらない事も何でもできる。「鄙事《ひじ》に多能なり」と告白のように語っておりまして、「君子多ならんや」。人間は、くだらんことがいろいろできるなんてことは褒めた話ではない、というようなことを指摘しております。

その孔子は青年時代にたまたま「周に適き、礼を老子に問う」。老子といいますから、よほど年配であったのでしょう。

シナの思想学問を大きく分ければ、孔子系統と老子系統との二つに大別される。漢代にインド仏教が入って参ります。そして先ず老子系統、これを道家、孔子系統を儒家というが、インド仏教が中国に入りますと、より多く老子系統、すなわち道家系統と共鳴を起こしまして、やがていろいろな交渉を生じてできた特異なるものが禅であります。もともと老子系統を道家といいますが、禅と道家、それが後になって宗教化して道教というものになる。よく道家と道教を間違えるのですが、道家と申しますのは老子系統がインド仏教の影響を受けて発達したものであります。それが後に宗教傾向を強くして道教というものになる。それがインド仏教系統の方にも強くいろいろの作用・現象を起こしまして、これがやがて禅宗というような宗教を生んでゆく。この辺を辿《たど》りますと面白いのですが、それはさておいて、孔子の若い時に孔子よりも年長であった老子に礼を問うた。

礼とは何ぞやということをいうと、これは容易ならぬ問題ですが、簡単にいいますと、礼とは人間が自分の内面より発して対他的・対社会的関係、他者に対応する道を主としたものであります。これは従ってより多く対他的・社会的、従って政治的関係をいいます。そういう問題を老子に問うた。まあ今日の言葉で言うならば社会問題、対社会的な考え方を老子に問うた。

ところがこの老子という人はよくわからないのです。老子に関しては豊富な文献がありまして、老子とは何ぞやということになりますと、これまた容易ではありません。老子の方が孔子より後だという説もあります。或いはほとんど同時代の人であるという説もありますが、『史記』によれば、孔子は若い時に老子に会って社会問題に関する教えを受けたということになっております。この時に老子はどんなことを教えたのか。

老子は孔子にこういう教訓をしておる。

——君は非常によくできるけれども、もっと修養しなければいかん。先ず四つの点を去れ。先ず子《きみ》の驕気《きょうき》、俺が俺がという驕気。それから多欲、子《きみ》はどうも欲が多すぎる。次に態色。どうも君はジェスチャーが多すぎる。今日の言葉でいうと或いはスタンドプレーとでもいいますかね、どうもそれが好きだ。それから淫志《いんし》。淫が男女関係のみだらなことという意味に使われるようになったのはずっと後世のことで、淫というのは氵偏《さんずい》でもわかりますように、これは大雨が降るとか、長雨が続くというようなことと関係のある文字で、度が過ぎるということです。淫志と申しますと、あれもこれも、何でも手を出したいというような気持です。驕気と多欲と態色と淫志とを去れ——と忠告した。

　その次が有名な格言になっております。「吾れ聞く、良賈《りょうこ》は深く蔵《おさ》めて虚しきが若《ごと》く」、良賈は良き商人ということです。價《あたい》という時はカ、商人という場合はコという音です。良賈は深く蔵して虚しきが若し。立派な商人というものは店先に陳列しない。奥深く商品を蔵しておる。京都でも大阪でも、昔から歴史的な商業地の、由緒ある商家ともなりますと、一見したところ店先は普通の仕舞屋《しもたや》と変わらない。ところが一歩中に入ると、はかり知れないくらい奥行は深い。そこに商品が深蔵されておる。これが昔の風でありました。ごく近代になってから店先に陳列するようになった。それがデパート時代になって、大変な飾り付けができたわけです。「良賈は深蔵して虚しきが若く、君子は盛徳ありて、容貌《ようぼう》愚なるが若《ごと》し」。君子は立派な徳を持っておりながら、その容貌は愚なるが若し。決して利口面をしない。ちょっと見ると、君子は愚人のような風貌をしておる。ところがお前はどうもギラギラして、ひけらかしていかん。その驕気と多欲と態色と淫志とを去れと、こう戒めた。

それでは孔子が気の毒だと、世のいわゆる儒者は、けしからん、孔子をとらえて何たることだ、これは老荘家、すなわち道家が自分の元祖を偉くするためにこんなことを作ったのだ。いやそうじゃない。いやしくも『史記』に書いてあるから、これには相当根拠があるんだというようなことで、儒家と道家の末流・末輩になると、よく喧嘩《けんか》するのですが、喧嘩する方が浅はかであります。冷静にいってこの話は面白い。孔子なんていう人は非常に偉い人ですから、若い時はやっぱり普通の人と違っておったに相違ない。ところが伝うるがごとき老子とすれば、その時老子は高齢の、酸《す》いも甘いもかみわけて人間が練れていた。従ってシナ的な修養を積んだ老大人の目から見ると、新進気鋭の孔子は危なっかしく見えたことは事実であろう。こういうことが孔子に関する伝説にあったとしても、決して孔子の徳を傷つけるものではないと私は思う。

現実の我々の周辺や世の中を見ても、この話は大変面白い。現代などは売らんかなの時代ですから、良賈は深く蔵して虚しきがごとく、君子は盛徳ありて容貌愚なるがごとしなどという人はだんだんなくなりまして、驕気と多欲と態色と淫志とをむき出しにしたなどというのはたくさんおりますね。今の政界を見渡しても、例えば総理候補者の中などに、深く蔵して虚しきがごとく、盛徳あって容貌愚なるがごとしという人物はどうも居ないようですね。

それはさておきまして、魯に「反りて弟子《ていし》稍《よう》ゝ益ゝ進む」。弟子の数も次第に増えてきた。それから斉にでかけた。時に斉の景公という人は表向きはいかにも暗君の代表的な人物のように取り扱われておりますけれども、実は大変無邪気な、そして純なところのある面白い人物であります。この景公を輔《たす》けた人が有名な晏子《あんし》で、興味津々たる名宰相であります。景公は家老の晏子と喧嘩ばかりしては、やりこめられておったのですが、しかし心の中では晏子を誰よりも頼りにしておった。ある時にどこかへ出張しておりまして、晏子の病篤しと聞いて急遽《きゅうきょ》馬車を返して駆けつけるのですが、馬車がのろくてしようがない。馬車から飛び降りて走ってみたけれども、やっぱり馬車の方が速かったからまた乗ったというようなところがあって、『晏子春秋』には晏子に託していろいろ晏子の政治についての考え方や逸話などが収録されております。

この景公が「まさに待つに季・孟の間を以てせんとす」、季氏と孟氏、つまり三家老の最上席の季氏と、一番下の孟氏との中間の待遇をもって受け入れようというのですから、家老格で用いようとしたのですが、これは晏子が反対して沙汰《さた》止《や》みになったという。『晏子春秋』に、なぜ反対したかということが書いてあるが、これも面白い話ですけれども、省略いたします。さような経歴で孔子は斉から故国の魯に帰った。

（三）孔子の周辺――喪家の狗の若し

衛《えい》に適《い》き、将《まさ》に陳《ちん》に適かんとして、匡《きよう》を過ぐ。匡人《きようひと》嘗《かつ》て陽虎《ようこ》の暴《ぼう》する所と為《な》る。孔子の貌《ぼう》陽虎に類す。之を止《とど》む。既に免れて衛に反《かえ》る。霊公の為す所を醜として、之を去る。曹《そう》を過ぎ宋《そう》に適き、弟子《ていし》と礼を大樹の下に習う。桓魋《かんたい》其《そ》の樹を伐り抜く。鄭人《ていひと》曰く、「東門に人有り、其の顙《ひたい》は堯《ぎよう》に似、其の項《うなじ》は皐陶《こうよう》に類し、其の肩は子産《しさん》に類し、要《こし》より以下、禹《う》に及ばざること三寸。纍々然《るいるいぜん》として喪家の狗《いぬ》の若《ごと》し」と。陳に適き又衛に適き、将《まさ》に西のかた趙簡子《ちようかんし》を見んとす。河《か》に至る。竇鳴犢《とうめいとく》・舜華《しゆんか》の殺死《さつし》せられしを聞き、河に臨んで歎《たん》じて曰く、「美《び》なる哉水《かなみず》、洋々乎たり。丘の済《わた》らざるは、此《こ》れ命なり」と。衛に反り、陳に適き、蔡《さい》に適き、葉《しょう》に如《ゆ》き、蔡に反《がえ》る。

やがて孔子は魯を去って西南の衛に参りましたが、更に「将《まさ》に陳に適《ゆ》かんとして、匡を過ぐ」。匡《きょう》という町を通過した。ところがこの頃、匡にクーデターがありました。陽虎という季子の家臣がクーデターをやって政権を取ろうとして大変な犠牲を出したことがある。その陽虎に孔子がどこか似たところがあったと見える。「匡人《きょうひと》嘗て陽虎の暴する所と為る」。陽虎がクーデターみたいな荒芸をやって、非常な被害があった。孔子の顔《かお》が陽虎に類しておったので、そこで間違えて孔子を抑留逮捕しようとした。それを辛うじて免れて今度は隣国の衛に行った。ところが「霊公の為す所を醜として、之を去る」。衛に行ったけれども、霊公の政治にあきたらないでここも去った。

この衛の霊公というのは、閨門《けいもん》治まらざるを以て有名です。女ぐせが悪かったようです。ところが政治は実によくやっておった。というのは霊公が偉いのではなくて、霊公がよく人を用いた。有徳有能の士を挙用し、適材を適所において、霊公そのものは女道楽の過ぎた、閨門治まらざるを以て芳《かん》ばしくない評判の人でしたが、政治はよく治まっておった。『論語』にはありませんが、『孔子家語《けご》』を見ますと霊公の面白い反面が出ております。

ある時にある大名が、あなたは方々を歴遊しておられるが、どこの国君が一番名君か、ご承知ないかと聞かれた。孔子は答えて、そうですな、名君とおっしゃればさてどなたをと気が付きませんが、「やむなくんば衛の霊公か」。強いていえば衛の霊公でしょうかと答えた。すると相手の大名がびっくりして、衛の霊公は閨門治まらざるを以て有名だが、それを孔先生ともあろう人が、やむなくんば衛の霊公かとはこれは一体どういうことですかと問い返した。孔子は涼しい顔をして、あなたは今、今日諸国を見渡して名君というべきものは誰かとお尋ねになったから、私はやむなくんば衛の霊公かと答えた。閨門が治まるとか治まらんとかいうことはこれは私事です。天下国家の政治に格別に関係することではない。衛の霊公は例えば内政については、外交については、財政については、軍備については誰それ誰それというように、実によく人材を任用して治績を上げておる。その点ではたしかに名君で、私は名君は誰かということにお答えしたのであって、閨門治まるとか治まらんとかいうようなことに関してお返事をしたのではありません――と。その国君は大いに首肯したという話です。

この話を聞いて安心する人も多いことでしょう。戦後でしたが、日本倶楽部に中野方一という内務省の知事をした人が居りました。佐藤尚武さんを委員長にして道徳振興運動をするというわけで、日本倶楽部でしばしば委員会を開いて、佐藤さんに会長になってくれと懇請しておりました。たまたま私が中野さんに引っぱり出されてその席に列したとき、佐藤さんが無理やり押しつけられたらしい。「どうも私ごとき者が道徳振興会の会長になるなんていう器ではございません。行儀も悪くいろいろ悪いこともして参りまして……」と佐藤さんらしい生真面目《きまじめ》な、どうも困ったというような挨拶《あいさつ》をしておられて、皆シーンとなって聞いておったのですが、誰も応答しないものですから、ちょうど遅れて入って行った私を見つけ、「ねえ、先生そうでしょう？」と私に同意を求めた。それで私は「いや、ご遠慮には及びません。お引き受けになればいいでしょう」と言ったら「なぜですか」と言う。それで私が今の衛の霊公についての孔子の問答を話しましたら頓狂《とんきょう》な声で佐藤さん、「ああ、それで安心しました」と言ってとうとう引き受けたことがある。その先は、中野さんが亡くなって道徳振興会は自然消滅したそうであります。

そういうわけで、霊公に愛想を尽かした孔子は、やがて衛を去って、「曹を過ぎ宋に適き、弟子と礼を大樹の下に習う」。宋に行って大樹の下に弟子を集めて礼の講習をしてござった。その時に桓魋《かんたい》、この人は宋の国の、今日でいいますと自衛隊と警察の長官を兼ね合わせたような司馬であります。本当は向魋《しょうたい》という名前ですが、桓公から出ておるというので桓魋と申します。それが何かの誤解からその大樹を伐り倒して孔子に危害を加えようとしました。辛うじてこれは免れたわけですが、この時に言うた有名な言葉が、「天、徳を予《われ》に生ず。桓魋それ予を如何《いかん》せん」であります。

その桓魋の災難も免れて鄭に行った。ところが鄭の民衆が言うのに、「東門に人有り」。東門に来た人間が有る。「其の顙《ひたい》は堯《しゅん》に似、其の項《うなじ》（首）は（名宰相の）皐陶《こうよう》に類し、其の肩は（鄭の名宰相）子産《しさん》に類し、要《こし》より以下」、この要というのはこしです。こしという字は後になって月《にくづき》を付けまして腰という字ができましたが、本来は要がこしであります。だから肝腎要《かなめ》ではなくて、これは肝腎要《こし》であります。人間は肝臓と腎臓と要《こし》が大事だ。肝臓を動力源とすれば、腎臓は汚染処理所ですから、人間に内臓的に大事なものは肝臓と腎臓、それから外科的には腰ですね。だからこれは肝腎要《こし》という。漢方医学の言葉です。それを何時《いつ》頃からか肝腎要《かなめ》というようになったのです。

ここでは「要《こし》より以下、禹に及ばざること三寸」。これは大変な形容であります。

「纍々然《るいるい》として喪家の狗《いぬ》の若し」。喪家といいますと、葬式のとき、飼犬のことなど忘れてしまって餌《えさ》も与えられない。のみならず、亡くなった主人に可愛《かわい》がられた犬、犬はよく情を解しますから、犬まで悄《しお》れておるというので喪家の狗《いぬ》といいます。纍々然はその形容です。こういう風に立派な風格の人だけれども、意気上がらず、しょんぼりしておるという評をした。これがまた孔子の生涯の中の面白い話になっております。

それから「陳に適き又衛に適き」という風に、随分諸国を放浪した。そして、「将に西のかた趙簡子を見んとす」。その頃北方の大国でありまする晋の国の名高い趙簡子、晋の家老・趙鞅《ちょうおう》という人であります。その趙簡子に会見しようとして「河（黄河）に至る」。ところがここで「竇鳴犢《とうめいとく》・舜華の殺死せられしを聞き、河に臨んで歎《たん》じて曰く」、この竇鳴犢とか舜華というのは晋国の賢大夫、立派な中心人物で、趙簡子もこの二人の補佐によって成功したのでありますが、成功すると邪魔になってこれを粛清してしまった。晋国でそういう名士が殺されたと聞いて、孔子は黄河に臨んで慨歎して曰く、「美なる哉水《かなみず》、洋々乎たり」。来て見ると、黄河はいかにも立派な風光である。この河を渡って立派な政治の行われておる所も訪ねられそうなものだが、どこに行っても現実にそういう善政の行われる所はない。やんぬるかな、

「丘の済《わた》らざるは、此《こ》れ命なり」。つまり時勢に絶望したわけであります。そこで晋に行くのをやめて「衛に反り、陳に適き、蔡《さい》に適き、葉《しょう》に如《ゆ》き、蔡に反る」。葉というのは地名及び人名の場合、ようではなくてしょうと読みます。その葉《しょう》に行き、また蔡に戻ったのであります。

(四)兕にあらず虎にあらず、彼の曠野に率う

楚《そ》、人をして之を聘《へい》せしむ。陳《ちん》・蔡《さい》の大夫《たいふ》謀《はか》りて曰く、「孔子楚に用いらるれば、即《すなわ》ち陳・蔡危からん」と。相与《あいとも》に師を発して、之を野に囲む。孔子曰く、「詩に云《い》う。『兕《じ》に匪《あら》ず虎《こ》に匪ず、彼《か》の曠野《こうや》に率《したが》う』と」。「吾が道、非なるか。吾れ何《なん》為《す》れぞ是に於てするや」と。子貢曰く、「夫子の道は至大にして、天下能《よ》く容るる莫《な》し」と。顔回《がんかい》曰く、「容れられざる何ぞ病《うれ》えん。然《しか》る後に君子を見る」と。楚の昭王、師を興して之を迎う。乃《すなわ》ち楚に至るを得たり。将《まさ》に封《ほう》ずるに書社《しょしゃ》の地《ち》七百里を以てせんとす。令尹《れいいん》子西《しさい》可《き》かず。孔子衛に反る。季康子《きこうし》迎えて魯に帰る。

その頃、南方の大国でありました楚《そ》が、使者を派遣して孔子を招聘《しょうへい》いたしました。そこで「陳《ちん》・蔡《さい》の大夫謀りて曰く、『孔子楚に用いらるれば、即《すなわ》ち陳・蔡危からん』と。相与《あいとも》に師を発して、之を野に囲む。孔子曰く、『詩に云う。《兕《じ》に匪《あら》ず虎に匪ず、彼《か》の曠野《こうや》に率《したが》う》と』」。兕（犀《さい》）でも虎でもない。私は狩の対象になるような人間ではないのだが、兕や虎のように曠野に放浪しなければならんといって、さすがに嘆息し、「吾が道、非なるか。吾れ何為《なんす》れぞ是に於てするや」。吾が道が間違っているのであろうか。どうしてこんなひどい目に遭うのかと、いささか感傷的になって慨歎をもらしました時に、高弟の子貢曰く、「夫子の道は至大にして、天下能《よ》く容るる莫《な》し」。先生の道はあまり大き過ぎます。だから天下が先生の道を容れることができないのです。今時のくだらない世の中に容れられるには先生はあまりに偉大ですと、こういって慰めた。顔回はこれに続いて、「容れられざる何ぞ病《うれ》えん」。今時の世の中に容れられないということは何も気になさる必要はございません。容れられずして「然る後に君子を見る」。容れられずして、しかるのち、かえってそれが君子であることの証拠になるのです。こういって孔子を慰めた。これは『論語』にもある有名な話です。

これで孔子もいささか慰められたでしょう。そこに「楚の昭王、師を興して之を迎う。乃ち楚に至るを得たり」。昭王が軍隊を出して迎えたので、窮地を脱して楚に行くことができた。楚では、昭王が孔子を「封ずるに書社の地七百里を以てせんとす」。社というのは元来、土地の神でありますが、その神を祭る神殿、神域が社であります。社にはその土地に住む人間の戸籍がある。これが書であります。そして地方のいろいろの議事は社に集まって計る。そこでそれを社会といいます。だから社会というのは、社会に集まる人々の会合のことで、それから社の会で議せられる範囲を社会というようになった。それが後世ソサエティーという西洋の言葉が入ってくるに及んで、その訳語になってしまったわけですが、元来昔からある言葉であります。

そういうわけで、楚の昭王は書社の地七百里を以て孔子を遇しようとしたが、令尹（宰相）子西が反対した。そこでまた用いられないで孔子は衛に反った。すると魯の家老・季康子が迎えて、とうとうまた元の故郷の魯に帰った。時に孔子は六十八歳でありました。

（五）孔子の晩年――韋編三たび絶つ

哀公政《まつりごと》を問うも、終《つい》に用うること能《あた》わず。乃《すなわ》ち書を序し、上は唐・虞《ぐ》より、下は秦穆《しんぼく》に至る。古詩三千を刪《けず》りて、三百五篇と為し、皆之を絃歌《げんか》す。礼楽此より述ぶべし。晩にして易を喜《この》み、彖《たん》・象《しょう》・繫辞《けいじ》・説卦《せっか》・文言《ぶんげん》を序す。易を読みて韋編《いへん》三たび絶《た》つ。魯の史記に因《よ》りて春秋《しゅんじゅう》を作る。隠より哀に至る十二公、筆を獲麟《かくりん》に絶《た》つ。筆《ひつ》すべきは則《すなわ》ち筆し、削るべきは則ち削る。子夏の徒、一辞《いちじ》をも賛《さん》すること能わず。弟子《ていし》三千人。身六芸《りくげい》に通ずる者、七十有二人。年七十三にして卒《しゅっ》す。子鯉《こり》、字は伯魚《はくぎょ》。早く死す、孫伋《きゅう》、字は子思《しし》。中庸《ちゅうよう》を作る。

故国に帰った孔子に対して、魯の哀公はしきりに政《まつりごと》を問うた。つまり政治顧問にしたけれども、「終《つい》に用うること能わず」。例えばニクソン大統領がキッシンジャー特別補佐官を思い切って用いたようには参りませんで、哀公は孔子をよう任用しなかった。

そこで「乃《すなわ》ち書を序し」。『書経』を序したというのは序文を書くというのではなく、古来伝わってきた『書経』を整理・編纂《へんさん》したことであります。次に「上は唐・虞《ぐ》（堯・舜）より、下は秦《しん》（の）穆《ぼく》（公）に至る。古詩三千」、古くから伝わっておった詩を取捨選択して、三千の中から三百五篇を選び、「皆之を絃歌《げんか》す」。孔子は音楽の好きな人で、これを絃（楽器）にあわせて歌えるようにした。これから礼楽というものが普及するようになった。

晩年になると、孔子は易を好んだ。彖・象・繋辞・説卦・文言の諸篇を組織立て「易を読みて韋編《いへん》三たび絶つ」。韋編というのはなめし革、古代には竹や木を削って竹簡・木簡を作り、それへ文字を刻んだり書きこんだりして、その簡《ふだ》をなめし革（韋）で綴《つづ》るわけです。韋編というのは、そうして編んだ書物であります。何べんも読破するから、綴じてある韋が三たびも切れたというくらい読破した。

また、魯の国の歴史の記録——史記によって『春秋』を作った。これは隠公から哀公に至る十二代の伝記で、「筆を獲麟《かくりん》に絶つ」。哀公の十四年。西に狩して、狩をするというのは実は軍事演習であります。狩で麒麟《きりん》を捕らえた（獲麟）ところで歴史の記録を止めた。『春秋』の記述にあたっては、「筆すべきは則《すなわ》ち筆し、削るべきは則ち削る。子夏の徒、一辞をも賛すること能わず」。子夏は孔子の門弟の中で最も博学で文筆の才に長じた思想家でありますが、その子夏の連中と雖《いえど》も、孔子の著書に対しては「一辞を賛する能わず」。一つの言葉さえも手助けすることができなかったというくらい、優れたものだった。

「弟子三千人。身六芸に通ずる者、七十有二人。年七十三にして卒《しゅっ》す」。或いは七十四という説もあります。「子鯉、字は伯魚。早く死す、孫伋、字は子思。中庸を作る」。この『中庸』が四書の一つになっておるわけであります。もちろん今日の

『中庸』は子思の『中庸』よりずっと降って、唐・宋に至ってよほど形態を改めておりますけれども、とにかく『中庸』は子思に始まるとされております。

以上、ざっと孔子のデッサンがここに出ておるわけであります。このデッサン及び『十八史略』の収録には人によってはいろいろ議論があろうと思いますが、とにかく本書にはこれだけのことを孔子に関して記録しております。この次から孟子・老子・列子・荘子、だんだんシナ思想、シナ文化の淵源《えんげん》たる人物が出てきますが、今回はこのくらいにしておきます。

◆孟子と荀子

孔子が歿《ぼっ》してのち約百五十年後に孟子が輩出しております。この孟子は、孔子の孫の子思に学んだと伝えられておりますが、『十八史略』では、孟子がどういう学説を唱えたかというようなことまでは説いておりません。ただここで一つの欠陥は、孟子を挙げれば当然、荀子《じゅんし》を取り上げなければならんのですが、『十八史略』にはそれが抜けております。この荀子という人がまたどういうわけか、孟子同様に伝記、血筋というようなものが甚だ不明であります。名前は況、趙《ちょう》の人でありますから北支の人間で、漢の時代になりまして、荀子の荀がどういうわけだか孫という字と混同されて、荀況が孫況とも後世いわれております。この人は孟子にやや後れて、斉《せい》が当時における思想学問の中心でありましたから、斉の国へ行き、多くの尊敬を博して、卿《けい》の字をつけ、孫先生、孫卿といわれたようであります。後、楚《そ》の国に移り、その頃、春申君という重臣の尊敬を受けて、一時蘭陵《らんりょう》の長官をしたこともありますが、去って終生学を講じて終わったという人で、詳しい伝記はわかりません。が、この人の後は学問的にも経世・政治的にも影響を深くして、特に法治主義者・韓非子《かんぴし》、秦《しん》の始皇などに大変な影響を与えております。

そういうわけで、荀子は孟子と並び称すべき人でありまして、儒教といえば先《ま》ず『論語』、すなわち孔子、それから孟子・荀子と、これが三位一体で、この三人を併せ学んではじめて原始儒教というものが判明すると申してよいかと思います。

その中で孔子はその二人を渾然《こんぜん》として統一したものですが、その孔子の思想学問が伝わって、孟子は今日の言葉で申しますと孔子のアイディアリズムを発展させたアイディアリスト。それに対して荀子の方はリアリストであるといってよかろうと思います。これについてよく知られていることは、孟子は人間の性というもの、本質というものについて、明らかに性は善なりという、いわゆる性善説を唱えたのですが、それに対して荀子は性悪説を唱えたので有名です。孟子の性善説というのは、孟子が人の性というものについて非常に理想主義的に考えておる、その結果当然こうなってくるのでありますが、荀子の方は非常に客観的であり、社会的です。孟子の主観主義ともいうべきものに対して、明らかにこれは客観主義。しかし主観を徹底すればこれは大いなる客観になる。客観を徹底してゆけば、これは偉大な主観に一致するのですが、その過程において主観的及び客観的の相違は、これはまあ当然あることであります。孟子と荀子を論じてゆけば、それだけで限りない問題ですが、これは『十八史略』でありますから、それくらいにして老子の章に入りましょう。

◆老子

老子も実はわからん。孟子・荀子よりもっとわからん。存在そのものがはっきりしません。時代も『史記』などでは孔子の先輩ということになっておるが、孔子より先の人か、孔子と同時代の人か、或いは孔子よりもずっと後か、それぞれ説があります。老子はいつの時代のどういう人かということだけでも優に一巻の書を成すものでありまして、それくらいわからない人であります。わかっておるのは今存在しておる『老子』という書物だけです。そこで本文に入ります。

老子

老子は、楚《そ》の苦《こ》県の人なり。李姓《りせい》、名は耳《じ》、字《あざな》は伯陽。又曰く、字は聃《たん》と。周の守蔵の吏と為《な》る。孔子焉《これ》に問う。老子之に告げて曰く、「良賈《りようこ》は深く蔵《おさ》めて虚しきが若く、君子は盛徳ありて、容貌《ようぼう》愚なるが若《ごと》し」と。孔子去りて弟子《ていし》に謂いて曰く、「鳥は吾其の能《よ》く飛ぶを知る。魚は吾其の能く游《およ》ぐを知る。獣は吾其の能く走るを知る。走る者は以て網《あみ》を為す可《べ》く、游ぐ者は以て綸《りん》を為す可く、飛ぶ者は以て矰《そう》を為す可し。竜《りよう》に至りては、吾知ること能わず。其れ風雲に乗じて天に上らん。今老子を見るに、其れ猶《な》お竜のごときか」と。老子周の衰うるを見て、去りて関に至る。関の令、尹喜《いんき》曰く、「子《し》将《まさ》に隠れんとす。我が為に書を著わせ」と。乃《すなわ》ち道徳五千余言を著して去る。其の終る所を知るもの莫《な》し。

老子は楚の苦《こ》県の人、つまり河南省の人だといわれておりますが、姓は李、名は耳、字《あざな》は伯陽、或いは聃《たん》といわれた。この聃という字や耳という名についても学者がいろいろ研究しておりまして、おそらく老子が立派な耳をしておったからだろうということになっておる。それで〝あの耳さん〟という意味で耳という名になったともいう。耼というのも耳が立派だという説と、耳たぶのことだという説もあります。耳たぶが立派だったというのは、大変面白い。

人相の中で耳というものは非常に大事なものであります。耳の外を輪といい、内の堅い所を郭という。或いは外が郭で内が輪だという説もあるのですが、まあどちらでもよろしい。大体人相学によりますと、耳というものが遺伝性のものである。従って非常に本質的なもので、耳の良し悪しというものは、その人の本質、特に運勢に影響があるといわれる。耳の悪い人、つまり耳の形が悪く、或いは色が悪いというのは、遺伝が悪く、また健康が悪いということを表します。耳の形が正しいということ、輪と郭が穏やかに併行的にいっておる。外を仮に輪とし、内を郭としますと、輪の形が崩れておったり、郭が異常であったりするというのは、性格にどこか歪《いびつ》なところがある。形が良くて大きいのがよい。すべて均斉が取れておらなければなりません。特に耳たぶを垂珠と申しますが、これは昔の人はここへいろんな珠をくっつけたから垂珠というのでしょう。この頃よくイアリングをぶら下げるが、これは古代もやっておった。この垂珠の色が悪いのは健康も良くない。中には垂珠のない人があるのですが、こういう人は、学問とか芸術とか、或いは技術的な方面へゆくのにはいいけれども、いわゆる富貴といったようなことについては余り運が良くないということを表しておる。それから内を郭としますと、郭がとび出しておる人があるが、これなどは調和的でないですね。耳というものはそういう形が整って豊かなのが運命的に望ましいので、昔から特に世に立って大いに功業を成すというような人に耳の立派な人が多いということもどうも事実のようであります。

まあ一番耳が立派だったのは『三国志』の劉備《りゅうび》、蜀漢《しょくかん》の孝烈帝です。これは左右を見ると自分の耳が見えたというくらい大きな耳をしておったということが書いてあります。七福神の耳は皆いいですね。まあそういう意味で老子という人は耳が大変立派だったらしい。

「周の守蔵の吏と為る」。これは今日でいうと博物館、周の王室の博物館長といったような地位にあったらしい。『史記』によりますと、孔子が若い時に老子を訪ねている。その頃は守蔵の吏、博物館長の李耳先生を訪ねて教えを請うた。

老子これに告げて曰く、「良賈《りょうこ》は深く蔵めて虚しきが若く、君子は盛徳ありて、容貌愚なるが若し」。利口さが顔に出るようではいけない。立派な商人というものは深く蔵して虚しきがごとし。今日は反対ですね。デパートなどは飾り立てますが、昔、明治時代までは旧家、立派な商人の店へ行きますと、奥は非常に深いが、店頭はほとんど普通の家と変わらんようなのがしきたりでした。いわんや古代においてをやであります。良賈は深く蔵して虚しきがごとく、君子は盛徳があるが、深く蔵して外へ出さない。だから容貌愚なるがごとし。

『十八史略』にはそれだけしか書いてありませんが、『史記』にはその次に、「子の驕気《きょうき》と多欲と態色と淫志《いんし》を去れ」と、こう教えておる。驕気はおれがおれがという気持。次に多欲、欲が多すぎる。また態色、今日でいうとジェスチャーとでもいいますか。それから淫志。この淫というのは何もセクシュアルという意味ではありません。何でもかでも、是が非でも押し通すという気持、こういうものが淫志であります。「子の驕気と多欲と態色と淫志を去れ。是《こ》れみな子の身に益なし」。お前さんに益がないと教えたということが書いてある。

それで浅はかな儒者は、大事な元祖・孔先生を頭ごなしにやっつけたというので、こんなものは老荘派の捏造《ねつぞう》だと否定するのですけれども、私は何もそんなにけなす必要はないと思う。あれだけの人ですから、孔子も若い時は随分生意気で、驕気もあったろう、あれもこれもという欲もあったろう。どこかキザなところもあったろうし、是が非でもというような意地っぱりでもあったろう。若い日の孔子まで神様みたいにしてしまう必要はない。これは面白い話だと思う。

ところがその孔子様は、老子のもとを去って、弟子に謂いて曰く、「鳥は吾其の能く飛ぶを知る。魚は吾其の能く游ぐを知る。獣は吾其の能く走るを知る。走る者は以て網を為す可く（網を引っ掛ければとれる）、游ぐ者は以て綸《りん》を為す可く（釣り上げることができる）、飛ぶ者は以て矰《そう》を為す可し」。矰はいぐるみで、糸に矢をつけて吹矢のようにして鳥にあてる。魚でも獣でも鳥でも、施すに術を以てすればどうにでもなる。「竜に至りては、吾知ること能わず。其れ風雲に乗じて天に上らん」。どうも竜というものはどういうものかわからん。風雲に乗じて天に上る。とても地上のものではない。「今老子を見るに、其れ猶《な》お竜のごときか」。どうも捕捉しようのない人物だと、まあ讃嘆でしょうね。そういう感想をもらしたという伝説であります。

その老子は、「周の衰うるを見て、去りて関に至る。関の令」、山海関ですか、何関ですか、関守の尹喜が曰く、「『子将《まさ》に隠れんとす。我が為に書を著わせ』」。何とか一つ先生のご意見を書物にして書いていってくださいというので「乃ち道徳五千余言を著して去る。其の終る所を知るもの莫《な》し」。これが今日残っております『老子』です。

シナの文化、その文化の中心を成しております思想学問というものは、孔子系と老子系に二大別することができます。孔子系が儒家になり、老子系が道家になります。しかし戦国末から漢代になりますと、この二派はお互いに交流しまして、どこからどこまでが儒家で、どこからどこまでが道家とほとんど区別できぬほど、例えば儒家の四書の一つである『中庸』を見ますと明らかに道家、老子系統の思想や議論が入っておりまして、『中庸』と『老子』と『易経』は甚だ相通ずるところが多い。だからこれらは、儒書であることはもちろんでありますが、道書でもあるわけであります。のち仏教が伝来して、仏教の中にこの二つが渾然《こんぜん》として吸収されておりますから、後になりますと儒・仏・道、三教になるわけですけれども、これは相《あい》俟《ま》って一大潮流を成したということができます。そこで、この老子の影響を受けたものの最も有名なものが、列子と荘子《そうじ》であります。

◆列子と荘子

列子と荘子《そうし》では、列子の方が先輩であります。しかるにこの人の事蹟《じせき》もわかりません。列子の思想、その書物も非常に考証しにくいものでありまして、『荘子《そうじ》』の中にも随分混入しております。そのほかに墨子《ぼくし》とか楊朱《ようしゅ》がありますが、墨子は墨翟《ぼくてき》といい、今日でいいますと広い意味の社会主義、平和主義者、非戦論者で、反戦運動、生活改善運動などに偉大な業績を上げた人です。楊朱は為我《いが》主義といいまして、我をおさめる主義、つまり徹底的な個人主義者、自由主義者です。そして一種の快楽主義者でありますが、これらは思想史でいいますとやかましいのですけれども、『十八史略』は史書ですから、触れておりません。ただ簡単に列子と荘子について「そののち鄭人《ていひと》に列禦寇《れつぎょこう》、蒙人《もうひと》に荘周あり。また老子の学を為《おさ》む。荘周書を著して孔子を侮《あなど》り、而して諸子を誚《そし》る」ということくらいしか書いておりません。

識者の間に評判の木鶏の話は『列子』の黄《こう》帝編、『荘子』では外編の「達生」という編があります。その両方に木鶏が出て参ります。こういう話が『列子』『荘子』の中には豊富に書かれております。

木鶏はご承知のように、ある王が闘鶏が好きで、紀渻子《きせいし》という闘鶏を飼う名人に託して蹴合鶏《けあいどり》を飼育させておりました。ある時にぼつぼつやらせたらどうかといったら、まだいけません。「虚憍にして気を恃《たの》む」。この憍は気分の驕《おご》りで、それが虚でありますから、つまり空威《から》張りであります。空威張りをして客気が鼻についていかんというのが「虚憍にして気を恃む」。空威張り、従って空元気でだめでございます。「そうか」と言って、しばらくたって「もうどうだ」と言いますと、いやまだいけません。「なお嚮景《きょうけい》に応ず」。嚮景とは相手のことですね。相手の気分に支配される。相手に動かされるところがある。まだだめです。またしばらくして、「もうどうだ」と催促したところが、「まだいけません」とまた許さない。どういうわけだと聞くと、「疾視《しっし》して気を盛んにす」。これは相手を「何を此奴《こやつ》が」といった風ににらみつける。そして大いに気を盛んにして嵩《かさ》にかかるところがある。まだ相手に関わり合うからだめです、と答えた。その中にしびれを切らした王様が、もうどうだと言いました時に、やっと四段階で、まあまあいいでしょう。「幾《ちか》し。これを望むに木鶏に似たり」。ちょっと見るとまるで木彫の鶏みたいで「その徳全《まった》し」。どんな鶏でももう応戦するものはございません、みな退却するでしょう、と言うておる。『列子』でも『荘子』でもこの話は有名でありまして、この話に双葉山がまだあれほど有名になる前でありましたが、非常に感動してこの木鶏の修行をして、あんなに彼は偉くなった。彼が偉くなった大いなる一つの原因はこの木鶏です。柏戸の同郷で柏戸をひいきにしておられた三菱の伊藤保次郎さんが木鶏の説に感動しましてね。柏戸にこれを修行させようと思って随分苦心したそうですけれども、柏戸はあまり応えなかった。つまりそれだけの精神的要求がなかったのでしょうか。自分の手に負えんから、一つ先生、柏戸に木鶏を双葉山みたいに教えてやってくださいと口説《くど》かれたことがありますけれども、いや、それはそういうわけにはゆかん。双葉山で成功したから柏戸もというわけには、こういうものは参らないのだといってだめたことがあります。

◆子思

孔子には伯魚という息子がありました。その伯魚の子供、つまり孔子の孫が子思《しし》で、名前は伋《きゅう》。子思はその字《あざな》であります。孔子の弟子の曾子《そうし》に大変影響を受けた、孔門の曾子派といってよい。この曾子と子思の学統がずっと続きます。四書の一つの『中庸《ちゅうよう》』はこの子思の作であるといわれております。もとより子思の個人的な作品ではなく、いろいろな物の入った編纂《へんさん》ですが、曾子・子思の思想学問が強くそこに筋を通しておることは事実であります。

(一)二卵を以て干城の将を棄つ

戦国の時、子思衛《えい》に居り、苟変《こうへん》の将とすべきを言う。衛侯曰く、「変嘗《かつ》て吏と為《な》り、民に賦《ふ》して、人の二雞子《にけいし》を食う。故に用いず」と。子思曰く、「聖人の人を用うるは、猶お匠《しょう》の木を用うるがごとし。其の長ずる所を取りて、其の短なる所を棄つ。故に杞梓連抱《きしれんぽう》にして、数尺《すうせき》の朽《きゅう》有るも、良工は棄てず。今君戦国の世に処《お》り、而《しか》も二卵《にらん》を以て干城《かんじょう》の将を棄つ。此れ鄰国《りんごく》に聞えしむべからざるなり」と。

戦国の時に子思が衛に居りました。衛と申しますのは、今の河北から河南の懐慶《かいけい》に至る地域です。子思がその衛におった頃、彼は衛侯に「苟変《こうへん》（という人物）の将とすべきを言う」。苟変を将軍として推挙した。ところが衛侯が言うには、苟変はかつて役人であった頃、「民に賦して（人民に租税を課して）人の二雞子《にけいし》を食う」。一軒から卵を二個ずつ徴発して自分の私収入にしたことがある。「故に用いず」と。なかなか厳しいものです。苟変はそんな嫌疑で用いられなかった。

ところが子思曰く、「聖人の人を用うるは、猶《な》お匠《しょう》の木を用うるがごとし」。大工・職人が木を取り扱うようなもので、「其の長ずる所を取りて、其の短なる所を棄つ。故に杞梓《きし》連抱にして」、杞《やなぎ》も梓《あずさ》も大事な用材であります。連抱は幾抱えもあるような大木です。その大木に「数尺《すうせき》の朽《きゅう》有るも、良工は棄てず」。幾かかえもある大木に、腐った所が何尺かあっても、そんなものは問題ではないので、良工はその大木を棄てるようなことはいたしません。「今君戦国の世に処《お》り、而《しか》も二卵を以て干城の将を棄つ」。たかだか卵一個ぐらいの理由を以て、国を守る干《たて》となり城となる干城の将を棄てたなどとは、「これ鄰国に聞えしむべからざるなり」。とても隣国には聞かせられません。――この説き方がうまい。「二卵を以て干城の将を棄つ」なんていうことは、奇想天外な譬喩《ひゆ》である。「そんなことでどうして人が使えますか」とか、「そんなことであなた王になれますか」と言われたのでは癇《かん》に触りますけれども、「この話は隣国に聞かせられませんよ」と言われたんではこれはちょっとこたえます。こういうところに子思の思慮深いところがある。

こういう表現法、表現法はすなわち思考法ですね。これは実にシナに発達しておる。ああいう戦争・侵略・反乱・革命というものを絶えず繰り返した国、二十四史、五史の中に数え切れないほどの治乱興亡を体験しておりますから、日本と違ってとにかく向こうは複雑怪奇ですが、従って物の言い方、表現方法というものが実に発達しておる。それは日常個人の間でも中国人は言い廻しが上手です。そこへゆくと日本人は実に単純率直で、これは明らかな対照、コントラストをなしております。従って日本人からいうと、向こうの人間は油断も隙《すき》もならん。率直な日本人からいうと、向こうの人間は非常にうそに長じておるというてよろしい。大体人間のすることはうそが多いというので、「人が為す」と書いて「偽」という字ができておる。この偽という字は、一つの意味は人為という意味で、その次の意味はうそです。人間のすること、技術、これは大事なものですが、けれどもこれはやがて往々にしてうそになる、これは今日においても参考になる。

その一番適切な例は、科学技術の発達による今日の機械文明・工業文明です。これは自然の意味の人為、良い意味の技巧です。それが今日みるところの公害を発するというのは、いかにこれが自然からいうと工業文明というものがうそがあったかということを表すわけです。この偽という字は、人為・技巧という意味と、その中に含まっておるものが出てきたいわゆるうそ、偽りという意味とが両用されております。特にその意味において、今日の中国などは厳しい評価を受けております。

反共でもあり反蔣《しょう》でもある、いわゆる中立系の学者などを通じて、今の中国を表す四つの偽〝四偽〟という説がある。四偽の第一は「偽装」、偽りの装《よそお》い、カモフラージュです。中国の対日工作は徹底的に偽装しておる。次は「偽叫」。すごい勢いで怒鳴りつける。日本などは怒鳴りつけられて動転しておる。脅かされて周三原則なんていうものを他愛なく受け入れておりますが、これを向こうの目のある人々は偽叫という。だから、中国の声を大にしていうようなことを頭から信じてはとんでもないことになる。更に彼らは必要があれば「偽怒」、偽って怒る。だから本当に怒っておると思ったら大間違い、偽って怒っておるのです。同じように偽で笑う、「偽笑」。今日の中国は偽装し、偽叫し、偽怒し、偽笑しておる。これは今日の中国対日工作の実態を表す標語になっております。これ隣国に聞かしむべからざるなり、日本は中国からいうならば隣国ですから、これ日本に聞かしむべからざるなりなんですが、日本人は聞いてもわからん。

(二)誰か烏の雌雄を知らん

衛《えい》侯計《けい》を言う、是《ぜ》に非ず。而《しか》るに群臣和する者、一口《いっこう》に出《い》ずるが如《ごと》し。子思曰く、「君の国事は、将《まさ》に日に非ならんとす。君言を出《いだ》して自ら以て是と為《な》し、而して卿《けい》・大夫敢えて其の非を矯《た》むる莫《な》し。卿・大夫言を出して、自ら以て是と為し、而して士・庶人敢えて其の非を矯むる莫し。詩に曰く、『具《とも》に予《よ》を聖なりと曰う。誰か烏《からす》の雌雄《しゆう》を知らん』と」。

当時の衛の国情は、「衛侯計を言う、是に非ず」。衛侯が提案した政策や計画が妥当でない、良くない場合でも、「群臣和する者、一口に出ずるが如し」。衛侯のご機嫌を取る家来共が異口同音に賛成する。一口に出ずるがごとく、猫も杓子《しやくし》もみな結構です、結構ですという。あたかも中国に対する今日の左翼政治家やマスコミのようなもので、和する者一口に出ずるがごとし。

子思曰く、「君の国事は、将《まさ》に日に非ならんとす」。国政は一日一日と悪化しております。「君言を出《いだ》して自ら以て是と為し、而して卿《けい》・大夫敢えてその非を矯むる莫し。卿・大夫言を出して、自ら以て是と為し、而して士・庶人敢えてその非を矯むる莫し。詩（経）に曰く、『具《とも》に予を聖なりと曰う。誰か烏の雌雄《しゆう》を知らん』と」。これはよく「人はみな自分を聖人であると思っているが」と解釈されておりますが、これは妥当でありません。自分を聖人だなんて思っている人はまあないでしょう。この場合の聖はそういう意味ではなくて「頭がいい」という意味です。日本人は聖賢ということを極端に取りやすいのですけれども、ここではそれほどの意味ではありません。「具に予を聖なり」、自分の方が頭がいい、自分の方が正しいと皆考えておるという意味です。しかし「誰か烏の雌雄を知らん」。烏の雌雄のわかる者がおるか。どちらが正しいか、どちらが真実かということは、誰もわかるものではないということで、どうも昔の話とは思えませんね。

今日の政局を見ても、議論紛々としていますけれども、みな自分の言うことを

「具に予を聖なり」と思っている。しかし「誰か烏の雌雄を知らん」、本当のことは何だかわからん。これは今日の時局にもぴったり当てはまる話です。

第三章

春秋覇者の台頭

◆斉の桓公

次は斉《せい》の桓《かん》公が出ております。斉は桓公の時に一番盛んで天下に覇をとなえております。

(一)斉の内紛と桓公

斉《せい》は姜《きょう》姓、太公望呂尚《たいこうぼうりょしょう》の封《ほう》ぜられし所なり。後世桓《かん》公に至りて諸侯に覇たり。五覇は桓公を始と為《な》す。名は小白《しょうはく》。兄襄《じょう》公、無道なり。群弟禍《わざわい》の及ばんことを恐れ、子糾《しきゅう》は魯《ろ》に奔《はし》り、管仲《かんちゅう》、之に傅《ふ》たり。小白は莒《きょ》に奔り、鮑叔《ほうしゅく》、之に傅たり。襄公は弟無知《むち》の弑《しい》する所と為り、無知も亦《また》人の殺す所と為る。斉人《せいひと》小白を莒より召《まね》く。而して魯も亦《また》兵を発して糾を送る。管仲嘗《かつ》て莒の道を遮《さえぎ》り、小白を射て、帯鉤《たいこう》に中《あ》つ。小白先ず斉に至りて立つ。鮑叔牙《ほうしゅくが》、管仲を薦めて政《まつりごと》を為さしむ。公、怨《うらみ》を置きて之を用う。

斉の王は姜姓。苗字が姜であります。斉は周の文王・武王・成王をたすけた太公望呂尚が山東省に封ぜられた国でありますが、「後世桓公に至りて諸侯に覇たり」。太公望呂尚から十五代を経て、桓公の時に、名宰相・管仲の輔佐《ほさ》よろしきを得て天下に覇をとなえました。春秋五覇、すなわち斉の桓公、秦《しん》の穆《ぼく》公、宋の襄《そうじょう》公、晋《しん》の文《ぶん》公、楚《そ》の荘《そう》王（一説には宋襄公と晋文公を除いて、呉《ご》王闔廬《こうりょ》と越王勾践《こうせん》を入れる）の五大勢力に覇をとなえました。いわゆる「春秋五覇」は桓公を始とするわけであります。

その桓公は名は小白といった。兄の襄公が無道であったため、襄公の弟たちは災禍の及ぶことを恐れて国外に亡命した。小白（後の桓公）の兄の「子糾《しきゅう》は魯《ろ》に奔《はし》り、管仲、之に傅《ふ》たり」。管仲が子糾のお守り役、「小白は莒《きょ》に奔り、鮑叔《ほうしゅく》、之に傅たり」。この小白が後の桓公となるわけであります。

ところが祖国の斉では、無道の襄公が弟の無知に殺され、無知もまた殺されました。そこで、斉では小白を莒から召《まね》きました。ところが、「魯も亦《また》兵を発して糾を送る」。つまり斉の人たちは小白を莒から招こうとしたが、一方、魯も自分が世話をし面倒を見てきた糾を護衛付きで斉に送り込もうとしたわけであります。そこで、小白のお傅役《もり》をしておりました鮑叔に対して、魯から入ろうとした子糾の方は、管仲が傅でありましたから、期せずして競争になったわけです。管仲は莒の道を遮り、小白を射殺しようとした。たまたま小白を射たところが帯鉤《がね》に当たって命はまあ助かった。

結局、「小白先ず斉に至りて立つ」。何しろ小白の側には魯のような強力なバックアップはありませんでしたが鮑叔の助けをかりて、一足早く帰国して斉の王位に即いたわけであります。そこで憎さも憎い管仲、自分を射殺しようとしたが、幸いにも矢が帯鉤に当たって辛うじて助かったというのですから、普通なら管仲を誅戮《ちゅうりく》してもおかしくないところですが、そこを、お傅役の鮑叔が逆に管仲を薦めて、「あなたが本当に斉を救い、善政を布こうと思われますなら、管仲を大事にしなければだめです。他に人はありません」と熱心に薦めたので、「怨を置きて」之を用いたと、これは有名な話であります。

(二)管鮑貧時の交

仲《ちゅう》字《あざな》は夷吾《いご》。嘗《かつ》て鮑叔《ほうしゅく》と賈《こ》し、利を分つに多く自ら与う。鮑叔以て貪《たん》と為さず、仲が貧しきを知ればなり。嘗て事を謀りて窮困す。鮑叔以て愚と為さず。時に利と不利と有るを知ればなり。嘗て三たび戦いて三たび走る。鮑叔以て怯《きよう》と為さず。仲に老母有るを知ればなり。仲曰く、「我を生む者は父母、我を知る者は鮑子なり」と。桓公、諸侯を九合し、天下を一匡《いっきょう》せるは、皆仲の謀なり。一にも則《すなわ》ち仲父《ちゅうほ》、二にも則ち仲父といえり。

「仲字《ちゅうあざな》は夷吾《いご》。嘗て鮑叔と賈《こ》し、利を分つに多く自ら与う」。一緒に商売をして、利益は管仲がたくさん取ってしまった。ところが「鮑叔以て貪《たん》と為さず」。鮑叔は管仲を欲ばりとは言わなかった。仲が貧しいことを知っていたからである。「嘗て事を謀りて窮困す」。この二人が事を謀って窮困した。苦しんで行き詰まった。しかし「鮑叔以て愚と為さず。時に利と不利と有るを知ればなり。嘗て三たび戦いて三たび走る」。管仲が三たび戦って三たび逃げた。「鮑叔以て怯《きょう》と為さず。仲に老母有るを知ればなり。仲曰く、『我を生む者は父母、我を知る者は鮑子なり』と」。

これを〝管鮑《かんぽう》の交《まじわり》〟とか〝管鮑貧時の交〟という。昔から相許した親友といえば管鮑が挙げられる所以《ゆえん》です。

「桓公、諸侯を九合し、天下を一匡《いっきょう》せるは、皆仲の謀なり」。桓公が諸侯を統一し、天下をただし治めたのはみな管仲のはかりごとである。かつては怨敵《おんてき》であった管仲を、桓公は後には「一にも則ち仲父《ちゅうほ》、二にも則ち仲父といえり」。何でも仲父、仲父で、管仲でなければ夜も日も明けなかった。仲父の仲は管仲の仲で、父《ほ》は敬称であります。これは名高い〝管鮑の交〟の由って来る出典であります。これについては「貧交行」という杜甫《とほ》の詩があります。

翻手作雲覆手雨　　手を翻せば雲となり手を覆えば雨となる。
紛紛軽薄何須数　　紛紛たる軽薄何ぞ数うるを須《もち》いん。
君不見管鮑貧時交　　君見ずや管鮑貧時の交。
此道今人棄如土　　此の道今人棄てて土の如《ごと》し。

「数うる」は「せむる」と読んでも間違いではありません。「何ぞせむるを須いん」。せめてみたところでナンセンスだ。どうせ軽薄な人間同士のこと、文句言ってみたところで始まらん。君見ずや管鮑貧時の交、この道今人棄てて土の如し。――人口に膾炙《かいしゃ》した詩の一つであります。

しかし世の移り変わりはわからんものでありまして、この頃杜甫の詩がアメリカではやっておる。李白《りはく》や杜甫の詩はある程度翻訳されているのですが、ビートルズの連中が、もう我々の西洋の詩はつまらん。詩はリーハイ（李白）、トウフウ（杜甫）に限ると、えらく李白や杜甫の詩を愛唱しておるそうです。どれだけわかるのか、そもそも翻訳ができるのかできないのか、恐らく翻訳は困難だと思うのですが、それでも李白や杜甫を愛唱するというのは、面白い現象だと思います。

◈晏子

一狐裘三十年、豚肩豆を掩わず

桓《かん》公より八世にして、景公に至る。晏子《あんし》という者有り之に事《つか》う。名は嬰《えい》、字《あざな》は平仲《へいちゅう》。節倹力行を以て斉《せい》に重んぜらる。一狐裘《いっこきゅう》三十年、豚肩豆《とんけんとう》を掩《おお》わず。斉国の士、待ちて以て火を挙《あ》ぐる者七十余家。晏子出《い》ず。其《そ》の御《ぎょ》の妻、門間《もんかん》より窺《うかが》うに、其の夫、大蓋《たいがい》を擁し、駟馬《しば》に策《むち》ち、意気揚々として自得す。既《すで》にして帰る。妻去らんことを請いて曰く、「晏子は身《み》斉国に相《しょう》として、名諸侯に顕《あら》わる。其の志を観るに、嘗《つね》に以て自ら下ること有り。子《きみ》は人の僕御《ぼくぎょ》と為《な》り、自ら以て足れりと為す。妾是《しょうこ》を以て去らんことを求むるなり」と。御者乃《ぎょしゃすなわ》ち自ら抑損《よくそん》す。晏子怪みて之《こ》を問う。実《じつ》を以て対う。薦めて大夫と為せり。

桓公から八代を経て、景公の治世になりました。この景公には有名な晏子という名宰相が仕えて輔佐《ほさ》しました。晏子、名は嬰、字は平仲、勤倹努力をもって斉国で重んぜられました。

この晏子という宰相は「一《いっ》狐《こ》裘《きゅう》三十年」、一着の狐の皮衣を三十年も着つづけ、「豚肩豆《とんけんとう》を掩《おお》わず」、お祭りに供える豚肩が、豆(お供え物を盛る祭器)に満たぬというほどつつましやかな生活でした。ところが「斉国の士、待ちて以て火を挙ぐる者七十余家」。火を挙げるということは炊事をするということで、つまり生活《くらし》を樹てるという意味です。この名宰相は「一狐裘三十年、豚肩豆を掩わず」といったつつましい倹約家であったけれども、彼のお蔭《かげ》で生活をした者が七十余家もあったという。

大体シナ人という者は、身内から誰か一人偉い者が出ると一族ことごとくこれにぶらさがる。今でもそうです。そういう一家一族の面倒を見ないようでは大人といわれない。軽蔑《けいべつ》されます。だからシナにおける賄賂《わいろ》は日本人の考える賄賂と非常に違う。シナでは偉くなると賄賂を取る。取った賄賂で、日本でいうならば社会政策費を自弁するわけです。元来いわゆる福祉政策費で賄うべきものを、個人がそれぞれ自分の縁辺の者を自分で弁ずる。だから向こうの賄賂は日本の賄賂と違って意味がある。

そこで賄賂にも賄賂の取り方、使い方がある。泥棒にも泥棒の道がある。これを向こうでは陋規という。陋規《ろうき》に対して表向きの道徳を清規という。彼らの信念では清規、つまり支配階級の道徳というものは、これはいくら堕落しても、それは堕落しては困るけれども、これは大したことではない。革命をやればどうにでもなる。問題は陋規というものだ。つまり目に見えない裏面の庶民の道徳を失ったらおしまいだ。どうにも手のつけようがない。だから支配階級が腐敗するよりも、一般庶民、或いは支配階級なら裏面の賄賂をどう取るか、どう使うかというような、賄賂に限りませんけれども、そういう陋規の方が大事だ。

日支事変で、日本が八年間にわたり中国大陸を蹂躙《じゅうりん》していろいろと乱暴狼藉《ろうぜき》を働いたことは、これは困ったことではあるけれども、長い目で見ると、これは今までシナにおいては何べんもあったこと、何千年も繰り返しやってきたことだ。だから時がたてば何とか始末ができる。しかし、どうにも我慢がならんのは、日本人が入ってきて我々民族の陋規を破ったことだと、これは向こうのある学者がしみじみと一夕、私に訴えた。実は私の知っておったのは清規ばかりで、陋規を知らなかった。なるほど言われてみれば泥棒には泥棒の道徳がある。賄賂には賄賂の取り方があるはずで、こんな賄賂は取らん、取った賄賂はどう使うか、この方がもっと必要な道徳だと思うて、感心しました。

日本人は取るべからざる賄賂でも何でもかんでも取る。取った賄賂をわけがわからんような使い方をする。さっぱり賄賂の意義・効用を成さんということをいろいろ実例を挙げました。それで私は南京で軍人の集まりにわざとこの話を講釈してやった。そうしたらみな辟易《へきえき》しましたね。「いやあ痛い。しかし今夜はいい学問をしました」と、皆言っておりました。話が脇道《わきみち》にそれましたが、本文に戻りましょう。

ある時に晏子が外出しました。御者の妻が「門間より窺《うかが》うに、其の夫、大蓋《たいがい》を擁し、駟馬《しば》に策《むちう》ち」、宰相の乗用車ですから、上に立派な日除《ひよ》けがかかっている。馬は四頭立てである。「意気揚々として自得す。既《すで》にして帰る。妻去らんことを請いて曰く」、別れたい、離縁してくれと申し出た。御者の亭主がびっくりして理由を聞きましたら、「晏子は身斉国に相として、名諸侯に顕《あら》わる。其の志を観るに、嘗に以て自ら下ること有り」。旦那様は宰相の地位にありながら、大変謙遜《けんそん》なお方です。しかるに、お前さんは「人の僕御と為り、自ら以て足れりと為す。妾是《ここ》を以て去らんことを求むるなり」。あんたはこんなつまらん仕事をして威張っておる。肝《かん》腎《じん》の旦那《だんな》さんはまことに謙遜なお方だ。もう話にならんから離縁してくれと申し出た。それで亭主は参ってしまって「御者乃ち自ら抑損《よくそん》す」。態度を改めたわけです。「晏子怪みて之を問う。実を以て対《こた》う。薦めて大夫と為せり」。えらい抜擢《ばってき》をした。

〝晏御揚々〟という。

この晏子については、伝説ですけれども、斉に孔子が遊んだ時に、景公が孔子を登用しようとした。その時に晏子がこれを承知しなかったという話が伝わっておる。ところが『論語』の中に、孔子は「晏平仲よく人と交わる。久しうして人これを敬す」。晏平仲はよく人と付き合ったが、付き合うこと久しうして自然に人は晏平仲を尊敬するようになった。付き合えば付き合うほど敬意を抱かしむる人であったと、孔子が評しておる。これは名高い『論語』の中の一節です。斉といえば管子・晏子。諸葛孔明《しょかつこうめい》も管仲・晏子を尊敬しております。やがてその斉に革命が起こり、田氏が政権を奪い、田斉、田氏の斉になるのですが、とりあえずこの辺で終わっておきましょう。

◆田氏斉――威王

斉はいわば家老の田氏が政権を簒奪《さんだつ》して建てた国であるから、田氏の斉、田斉というのですが、その威《い》王の時代の物語です。

(一)威王の勇断

(威《い》王因斉《いんせい》立つ)。時に斉国幾《ほと》んど振わず。王乃《すなわ》ち即墨《そくぼく》の大夫を召し、之に語《つ》げて曰く、「子《し》の即墨に居りしより、毀言《きげん》日に至る。然《しか》れども、吾、人をして即墨を視しむるに、田野辟《ひら》け、人民給《きゅう》し、官事《こと》無く、東方寧《やす》し。是れ子《こ》が吾が左右に事えて、以て助《たすけ》を求めざるなり」と。之を万家《ばんか》に封ず。阿《あ》の大夫を召し、之に語げて曰く、「子の阿を守りしより、誉言《よげん》日に至る。吾、人をして阿を視しむるに、田野辟けず、人民貧餒《ひんだい》す。趙《ちょう》、鄄《けん》を攻むれども、子救わず。衞、薛陵《せつりょう》を取れども、子知らず。是れ子が幣《へい》を厚くし、吾が左右に事えて、以て誉《ほまれ》を求むればなり」と。是の日、阿の大夫と嘗《かつ》て誉《ほ》めし者とを烹《に》る。群臣聳懼《しょうく》し、敢《あ》えて飾詐《しょくさ》するもの莫《な》し。斉大いに治まる。諸侯敢えて復《ま》た兵を致さず。

当時、斉では桓公・午が亡くなり、その子の威王・因斉が即位しました。その頃、斉は国力が衰退して、はなはだ振わなかった。王はそこで即墨の知事を召喚し、これに語《つ》げて曰く、「君が即墨に赴任して以来〝毀言日に至る〟。君に対する悪口が毎日のように集まってきておった。ところが、わしが人を派遣して即墨の実際を視察させたところ、田畠はよく開墾されておるし、物資は豊か（給）で、人民は何不自由なく暮らしておる。そして役所（官）も事務がスムーズに滞りなく行われて、わが東方の領土は安泰である。これは君がわしの側近に取り入ってご機嫌とりをし、わしにうまく取りつくろうて報告するように助力を求めるようなことをしなかったせいである」と。こうして、その知事を「万家」一万戸の大名に封じた。

次に阿の知事を召し、これに語《つ》げて曰く、「お前が阿を治めてからというものは、お前に対する〝誉言〟ほめ言葉が毎日のようにわしの耳に入ってきた。そこでわしは人を派遣して阿を視察させたところが、田野は荒れはてておるし、人民は貧乏で饑《う》えておる。しかも趙の国が鄄《けん》を攻めてきた時にも、お前は救おうともせず、衛が薛陵《せつりょう》を占領しても、お前は知らん顔だ。これはお前が贈り物をたくさん積んで、わしの側近に巧く取り入り、自分を誉めるように仕向けたからだ」と。そして即日、阿の知事と嘗て彼を誉めた側近の臣とを釜《かま》ゆでの刑に処した。

かくて「群臣聳懼《しょうく》し、敢えて飾詐《しょくさ》（飾りいつわる）するもの莫《な》し。斉大いに治まる。諸侯敢えて復《ま》た兵を致さず」。この頃の日本を連想せしめるものがあります。いつの時代にもこういうことが形を変えて繰り返し繰り返し行われておるようです。

(二)恵王の宝と威王の宝

伝教《でんぎょう》大師の「道心有る者、国宝と為《な》す」という、「一隅を照す」、すなわち師友会の一つの標語であります「一灯照隅」の関係出典にもなる、面白い物語であります。

威《い》王、魏《ぎ》の恵《けい》王と、郊《かう》に会田《かいでん》す。恵王曰く、「斉《せい》に宝有るか」と。王曰く、「有ること無し」と。恵王曰く、「寡人の国小なりと雖《いえど》も、猶《な》お径寸《けいすん》の珠、車の前後各〻十二乗を照す者十枚有り」と。威王曰く、「寡人の宝は王と異なり。吾が臣に檀《たん》子《し》という者有り。南城《なんじょう》を守らしむれば、楚《そ》敢えて寇《あだ》を泗上《しじょう》に為さず。十二諸侯皆来朝す。盻子《へんし》という者有り。高唐《こうとう》を守らしむれば、趙人《ちょうひと》敢えて東のかた河《か》に漁《ぎょ》せず。黔夫《けんぷ》という者有り。徐州を守らしむれば、則《すなわ》ち燕《えん》人北門に祭り、趙人西門に祭る。種首《しょうしゅ》という者有り。盗賊に備えしむれば、道遺《お》ちたるを拾わず。此の四臣は、将《まさ》に千里を照らさんとす。豈《あに》に特《ただ》十二乗のみならんや」と。恵王慚《は》ずる色有り。

斉の「威王、魏の恵王と、郊に会田す」。こういう場合の田は狩という意味でありまして、田圃の田ではありません。田圃にも関係がありますけれども、本来これは狩という文字です。田という字の周囲の四角は境界線、その間に十が入っておりますが、これは道路です。ある一区画の土地に道をつける。そこで初めて畦道《あぜみち》ができ、耕作することもできる。それが自然の原野でありますとそこで狩をする。そこで狩→耕作→田圃という意味になってゆくわけですね。そこで男という文字は、そういう未開墾の荒蕪地《こうぶち》に先ず道をつけて、これを開墾するという、開拓の努力をする野の男というわけです。この場合には狩であります。「郊に会田す」。「恵王曰く、『斉に宝有るか』と。王曰く、『有ること無し』と」。いや、そんな物はありません。「恵王曰く、『寡人の国小なりと雖《いえど》も、猶《な》お径寸の珠（直径一寸の珠）、車の前後各〻十二乗を照す者十枚有り』と」。私の国には直径一寸もある珠があって、その珠の光が、車の前後十二乗先まで見えたというから、よほどの名玉と見える。

中国人は西洋人のようにキラキラする物を好かない。むしろ光を内に蓄《たくわ》えてそれがほのかに外に映ずるというようなのを好む。それがつまり西洋の宝石に対する宝玉であります。西洋は宝石趣味、中国の方は宝玉、宝珠趣味。従って人間でも才智の煥発《かんぱつ》しておるというのは東洋人物学ではあまり好まない、取らない。徳を内に含んで穏やかにそれが外に反映して、言うに言えない含蓄された光を漂わせておるという徳の姿を尊ぶわけであります。

「威王曰く、『寡人（私）の宝は王と異なり。吾が臣に檀子《たんし》という者有り。南城を守らしむれば、楚敢えて寇《あだ》を泗上《しじょう》に為さず。（周辺の）十二諸侯皆来朝す』」。泗水のほとり、斉国の南方を流れる河であります。「『盼子《へんし》という者有り。高唐《こうとう》（同じ山東省の西南にある要衝）を守らしむれば、趙人《ちょうひと》敢えて東のかた河《か》に漁《ぎょ》せず』」。東方の黄河に漁せずというのは、侵入・侵略してこない。昔は漁師に化けてスパイに入ってくるわけですから……。「『黔夫《けんぷ》（キンと読んでもよろしい）という者有り。徐州を守らしむれば、則ち燕人北門に祭り、趙人西門に祭る』」。徐州は支那事変で有名になった江蘇《こうそ》の要衝であります。お祭をして、いかにものどかに平和をことほいでおる。「『種首という者有り。盗賊に備えしむれば、道遺ちたるを拾《お》わず。此の四臣は、将に千里を照らさんとす。豈《あに》に特《ただ》十二乗のみならんや』と。恵王慚《は》ずる色有り」。

有名な物語であります。これに伝教大師が感動して、お説教に用いられた。珠が自ずから周囲をほのかに照らすような徳を養え。何も車十二乗を照らす必要はない。その徳を以て一隅を照らせ。これが国宝である。なるほど一人一隅を照らし、それが千人となれば千隅を照らす。これは遍照、遍ねく照らすということになる。それは一隅を照らすことから生ずる。何も大きなことを考えなくとも、一人それぞれの道心という自らの徳を以て一隅を照らしさえすれば世の中は救われるのだという、伝教大師の名訓の一つであります。我々それを戴《いただ》いて「一灯照隅」ということを提唱してきた、その出典であります。大変好い話であります。

◆孟嘗君

斉《せい》で有名な豪傑は孟嘗君《もうしょうくん》であります。

(一)食客三千人――雞鳴狗盗の客

靖郭君田嬰《せいかくくんでんえい》は、宣王の庶弟なり。薛《せつ》に封《ほう》ぜらる。子有り、文《ぶん》と曰《い》う。食客数千人。名声諸侯に聞ゆ。号して孟嘗君《もうしょうくん》と為《な》す。秦《しん》の昭王其の賢を聞き、乃《すなわ》ち先ず質《ち》を斉に納《い》れ、以て見《まみ》えんことを求む。至れば則ち止《とど》め囚《とら》えて、之を殺さんと欲す。孟嘗君、人をして昭王の幸姫《こうき》に抵《いた》り、解かんことを求めしむ。姫曰く、

「願わくは君の狐白裘《こはくきゆう》を得《え》ん」と。蓋《けだ》し孟嘗君嘗《かつ》て以て昭王に献じ、他の裘無し。客に能《よ》く狗盗《くとう》を為す者有り。秦の蔵中《ぞうちゆう》に入り、裘を取りて以て姫に献ず。姫為に言いて釈《ゆる》さるるを得たり。即《すなわ》ち馳《は》せ去り、姓名を変じて、夜半函谷関《かんこくかん》に至る。関の法、雞鳴いて方《はじ》めて客を出だす。秦王の後に悔《く》いて之を追わんことを恐る。客に能く雞鳴《けいめい》を為す者有り、雞尽《ことごと》く鳴く。遂《つい》に伝《でん》を発す。出でて食頃《しよくけい》にして、追う者果たして至るも、及ばず。孟嘗君帰りて秦を怨《うら》み、韓《かん》・魏《ぎ》と之を伐ち、函谷関に入る。秦、城を割《さ》きて以て和す。

「靖郭君田嬰は、宣王の庶弟なり」。靖郭君というのは亡くなってから贈られる尊称、諡《おくりな》です。宣王の腹違いの弟である。薛に封ぜられた。この人に文という子があった。「食客数千人。名声諸侯に聞ゆ。号して孟嘗君《もうしようくん》と為す」。居候を数千人も置いた。田文といっても誰も知る者はありませんが、孟嘗君というと、少々漢文を読んだ人は皆知っております。「秦《しん》の昭王其の賢を聞き、乃《すなわ》ち先ず質《ち》を斉に納れ、以て見《まみ》えんことを求む」。質はしつという時は性質のしつですが、質物の場合はちという音になります。人質のことであります。徳川家康も幼い時には織田氏、今川氏に質《ち》となっておる。この場合、秦の昭王が質を斉に入れ、孟嘗君に会見を申し込んだ。昭王は孟嘗君が秦に「至れば則ち止《とど》め囚《とら》えて、之を殺さんと欲す。孟嘗君、人をして昭王の幸姫に抵《いた》り、解かんことを求めしむ」。そこで窮地に陥れられた孟嘗君は、昭王の寵愛する美姫に款を通じて、何とか危地を脱出しようと画策した。ところが「姫曰く、『願わくは君の狐白裘《こはくきゅう》を得ん』と」。狐の腋《わき》は毛が白い。狐白、これを裏地にして裘《かわごろも》を作るのでこれを狐白裘という。

その辺がシナ人と日本人と違う。日本人は立派な着物、皮革で作ってもそうですが、外に出す、表に出して使いますが、シナ人は裏に使う。表はそれこそ中国の、あの革命服みたいなもので、みな同じ青ざめたみすぼらしい便服のようにして、豊かな人間は裏地に贅沢な虎の皮や狐の皮を使います。こういうところに両民族の差が、従っていろいろの文化の差があるわけです。特に狐白裘というのは、何匹もの狐の皮を集めなければいけませんから贅沢なものです。

幸姫がその狐白裘を欲しいというが、「蓋《けだ》し孟嘗君嘗《かつ》て以て昭王に献じ、他の裘無し」。その狐白裘は孟嘗君がすでに昭王に献じて、他に狐白裘がない。そこで「客に能《よ》く狗盗《くとう》を為す者有り。秦の蔵中に入り、裘を取りて以て姫に献ず」。居候の中に泥棒のうまい奴がちゃんとおった。何だか鞍馬天狗《くらまてんぐ》か何かの小説に出てきそうな話ですが、その男が秦王の蔵に忍びこんで、まんまと裘を盗み出して姫に献じた。そこで「姫為に言いて釈《ゆる》さるるを得たり」。姫が進言して釈放されることができた。

しかし、ここでぐずぐずしていたら危いものですから、一目散に「即《すなわ》ち馳《は》せ去り、姓名を変じて、夜半函谷関に至る」。今の河南省の端、黄河の果てにある函谷関まで逃げたところ、「関の法、雞鳴いて方《はじ》めて客を出だす」。関の法として、雞が鳴いてはじめて客を出だす。「秦王の後に悔いて之を追わんことを恐る。客に能く雞鳴を為す者有り。雞尽《ことごと》く鳴く」。雞の鳴き声のうまい者がおった。そいつが真似をして鳴いたところが、よほど物真似のうまい男と見えまして、雞がだまされてみな鳴き出した。そこで門が開いて「遂に伝を発す。出でて食頃にして」、宿場を逃げ出して、ちょっと弁当を使うくらいの短時間で、「追う者果たして至るも、及ばず。孟嘗君帰りて秦を怨《うら》み、韓・魏と之を伐ち、函谷関に入る。秦、城を割《さ》きて以て和す」。孟嘗君は韓・魏の二国と共謀して秦を征伐し、函谷関に攻め入りました。秦は自国の城を与えて和睦しました。

これがいわゆる雞鳴狗盗《けいめいくとう》の出典であります。雞鳴狗盗も使いようによってはこんなに役に立つ。日本で雞鳴狗盗をうまく使いこなした代表的人物、第一人者は大楠《だいなん》公《こう》、楠木正成《くすのきまさしげ》だといわれております。

(二)長鋏帰らんか

食客を愛し、常時多勢の食客を養って有名になったのが〝戦国の四君〟といわれた斉の孟嘗君、趙《ちょう》の平原君、魏《ぎ》の信陵君、楚《そ》の春申君ですが、中でも楚の春申君は『史記』によれば「客三千余人、その上客は皆珠履を躡《は》く」、一番偉い食客は珠で造った履物を履かせたという。同じ食客でもよほど格差があったようであります。ところで、孟嘗君の食客の中に馮驩《ふうかん》という男がおりました。

初め馮驩《ふうかん》、孟嘗君の客を好むを聞きて来り見《まみ》ゆ。伝舎《でんしゃ》に置くこと十日。剣を弾じ歌を作って曰く、「長鋏《ちょうきょう》帰りなん、食に魚無し」と。之を幸舎《こうしゃ》に遷《うつ》す。食に魚有り。又歌いて曰く、「長鋏帰りなん。出《い》ずるに輿《よ》無し」と。之を代舎《だいしゃ》に遷す。出ずるに輿有り。又歌いて曰く、「長鋏帰りなん。以て家を為《おさ》むる無し」と。孟嘗君悦《よろこ》ばず。時に邑の入《ゆう》以《にゅう》て客に奉ずるに足らず。人をして銭《ぜに》を薛《せつ》に出ださしむ。貸る者多く息《そく》を与うること能わず。孟嘗君乃ち驩を進めて之を責めんことを請う。驩往き、与うる能わざる者は、其の券《けん》を取りて之を焼く。孟嘗君怒る。驩曰く、「薛の民をして君に親しましむ」と。孟嘗君、竟《つい》に薛公と為り、薛に終る。

「初め馮驩、孟嘗君の客を好むを聞きて来り見《まみ》ゆ。伝舎に置くこと十日」。宿舎に十日間も置かれっ放しになっておった。「剣を弾じ歌を作って曰く、『長鋏《ちょうきょう》帰りなん、食に魚無し』と」。長鋏、腰にたばさんでおる長い剣であります。その剣の柄を叩《たた》いて歌った。「おい刀よ、帰ろうか。食膳に魚もつかない。冷飯扱いだ」。こう言って慨嘆した。面白い奴だというので一級上の幸舎に遷した。やっと食に魚が付くようになった。

ところが馮驩は「又歌いて曰く、『長鋏帰りなん。出ずるに輿《よ》無し』と」。外出するのに車もない。輿というのは今日でいえば車であります。ますますこれは変わり者だなというので試みに更に上級の客を泊める代舎に遷した。「出ずるに輿有り」。初めて乗物が付いた。ところが彼は「又歌いて曰く、『長鋏帰りなん。以て家を為《おさ》むる無し』と」。おいこら刀よ。もう帰ろうか。まだ家も持てん。「孟嘗君悦《よろこ》ばず」。こう横着をきめられると、いかな孟嘗君も面白くなかったでしょう。

「時に邑《ゆう》の入（収入）以て客に奉ずるに足らず。人をして銭《ぜに》を薛《せつ》に出ださしむ」。孟嘗君の経済状態を以てしては、領地の薛から上がる税収入だけでは多勢の食客をまかなって行くことは難しい。そこで部下に命じて薛の人民に金を貸しつけさせ、その利息を食客の費用にあてようとした。

ところが、「貸る者多く息を与うること能わず」。住民たちは利息が払えない。「孟嘗君乃ち驩を進めて之を責めんことを請う」。馮驩をして利息を督促させる使者の役目を割り当てた。ところが馮驩先生、「驩往き、与うる能わざる者は、其の券を取りて之を焼く」。利息の払えない者はその証文を持ってこさせてみな焼いてしまった。これは喜ばれたことでしょう。それを聞いて孟嘗君は大いに怒った。ところが、「驩曰く、『薛の民をして君に親しましむ』と」。私は薛の住民が主君《あなた》に親しみ慕うようにしただけです。――果たして孟嘗君は薛で非常な人望を博したので、最後には「孟嘗君、竟《つい》に薛公と為り、薛に終る」。

これが「長鋏帰りなん」という故事になっております。孟嘗君は田文でありますが、のち、もう一人魏の田文という人物があり、よく間違えられます。これは呉起将軍のところで後で出てきます。

◆趙簡子

趙《ちょう》は河北《かほく》から山西《さんせい》の方に発展した国であります。その趙の簡子、名は鞅《おう》、簡子は諡《おくりな》です。秦〝はたしん〟に対して晋《しん》は〝すすむしん〟と申しますが、その晋に代表的な三家老があります。その三家老が独立して晋を三分して晋は亡びるのですが、その三分した国が趙・魏《ぎ》・韓《かん》という三国を造った。その晋が分裂して三国となった一つの趙の簡子という大名上がりの王であります。

(一)千羊の皮、一狐の腋

(趙)簡子《かんし》臣有り、周舎《しゅうしゃ》と曰う。死す。簡子朝を聴く毎《ごと》に、悦《よろこ》ばずして曰く、「千羊の皮は、一狐《いっこ》の腋《えき》に如《し》かず。諸大夫の朝する、徒《た》だ唯々《いい》を聴くのみ。周舎の鄂々《がくがく》を聞《き》かざるなり」と。

簡子には周舎という賢臣があったが、死んでしまった。それ以来、「簡子朝を聴く毎に」朝廷に出て政務を執るごとに「悦《よろこ》ばずして曰く、『千羊の皮(千匹の羊の皮)

は、一狐の腋《えき》に如《し》かず（いわゆる狐白裘《こはくきゅう》を作る狐の腋の下の白毛）。諸大夫の朝する、徒《た》だ唯々《いい》を聴くのみ。周舎の諤々《がくがく》を聞かざるなり』と」。家来たちは何でもはいはいと言うだけで、事に臨んで遺憾なく議論をし、諫言《かんげん》をしたあの周舎の忌憚《きたん》のない正論を、遂《つい》に彼が亡くなってから聞かなくなった。諸大夫の朝するや、何でも唯々諾々、命をこれ聞くだけだというて甚だ喜ばなかった。

(二) 簡子と後継者

簡子の長子を伯魯《はくろ》と曰い、幼を無恤《むじゅつ》と曰う。訓戒の辞を二簡《かん》に書し、以て二子《し》に授けて曰く、「謹《つつし》みて之を識《しる》せ」と。三年にして之を問う。伯魯は其の辞を挙《あ》ぐること能《あた》わず。其の簡を求むれば、已《すで》に之を失えり。無恤は其の辞を誦《しょう》すること甚だ習う。其の簡を求むれば、諸《これ》を懐中より出して之を奏せり。是に於て無恤を立てて後と為《な》す。

簡子の長兄を伯魯といい、次男を無恤といった。簡子はある時、二人を呼んで、それぞれに訓戒を書いた竹簡を手渡して言った。「謹《つつし》みて之を識《しる》せ」。よく頭に入れて置けと。「三年にして之を問う。伯魯は其の辞を挙ぐること能わず。其の簡を求むれば、已《すで》に之を失えり」。いかにもぼんやりした倅《せがれ》の面目彷彿《ほうふつ》たるものがある。ところが無恤は「その辞を誦《しょう》すること甚だ習う」。

この習という字は大変面白い文字でありまして、上は羽で下は胴体であります。つまり雛鳥《ひなどり》が親鳥の真似をして羽ばたき、飛ぶことを覚える。体で習うことを習と申します。『論語』に「学んで時に之を習う」とありますが、これは時にと読んではいけません。「学んで之を時《こ》れ習う」と、時という字は「これ」と読むべきです。或いは「時習《じしゅう》す」と音読する。要するに〝その時その時〟という意味で、時々、サム・タイムズという意味ではない。

「甚だ習う」ということは、ただ勉強するという意味ではなくて、よくこれを体得したということ。「その簡を求むれば、諸《これ》を懐中より出して之を奏せり」。是に於て無恤を立てて後と為す」。ぼんやりして迂闊《うかつ》な長男ではなく、次男の無恤を後継ぎにした。いかにも戦国乱世の時代らしい後継者の決め方です。

(三) 繭糸か保障か

簡子尹鐸《いんたく》をして晋陽《しんよう》を為《おさ》めしむ。請いて曰く、「以て繭糸《けんし》を為さんか、以て保障を為さんか」と。簡子曰く、「保障なるかな」と。尹鐸其の戸数を損す。簡子無恤に謂いて曰く、「晋国、難有らば、必ず晋陽を以て帰と為せ」と。簡子卒《しゅっ》し、無恤立つ。是を襄子《じょうし》と為す。知伯《ちはく》地を韓・魏に求む。皆之を与う。趙に求む。与えず。韓・魏の甲を率いて、以て趙を攻む。襄子出でて晋陽に走る。三家囲んで之に灌《そそ》ぐ。城浸《ひた》さざる者三板《ばん》。沈竃《ちんそう》、鼃《あ》を産すれども、民に叛意《はんい》無し。襄子陰《ひそ》かに韓と約し、共に知伯を敗り、知氏を滅して其の地を分つ。襄子知伯の頭《こうべ》に漆《うるし》して、以て飲器と為す。

簡子は尹鐸という家来を晋陽の知事に任命しました。この時、尹鐸は施政方針について指示を「請いて曰く、『以て繭糸を為さんか、以て保障を為さんか』と。簡子曰く、『保障なるかな』と」。繭糸というのはまゆの糸ですから、ずるずるといくらでも引っぱり出せる。蚕の繭糸のように搾取するか、それとも民を保障するか。つまり保護政策を取るか、搾取政策を取るか。もちろん、簡子はそれは保障の方だと言った。保障の保は堡《とりで》、障も要衝に築いた防禦《ぼうぎょ》のための城のことで、租税を軽くして人民を保《やす》んずる仁政のことであります。

そこで「尹鐸其の戸数を損す。簡子（は息子の）無恤に謂いて曰く、『晋国、難有らば、必ず晋陽を以て帰と為せ』と」。尹鐸は戸籍面の人数を実際より少なくし、税金を思い切って軽減したのであります。そのために民衆が潤った。簡子は無恤、すなわち後取りの伜に、「もし、わが国に国難があった時には、必ず最後は晋陽に拠《よ》れ。あそこの民がついておる」と言った。やがて「簡子卒《しゅっ》し、無恤立つ。是を襄子と為す」。

当時、勢力を強化していた晋の家老の「知伯地を(同じ晋の家老の)韓・魏に求む。皆之を与う。趙に求む。与えず」。韓氏も魏氏も知伯の勢力を恐れてその要求を容れたが、趙襄子は断乎としてこれを拒否した。

そこで知伯は「韓・魏の甲(軍兵)を率いて、以て趙を攻む。襄子出でて晋陽に走る。三家囲んで之に灌ぐ」。水攻めしたわけです。「城浸《ひた》さざる者三板《ばん》(一板は二尺)」という所まで水浸しになり、城壁も水上六尺を剰《あま》すだけという危地に陥った。「沈竈《ちんそう》、鼃《あ》を産すれども、民に叛意《はんい》無し」。水の中に沈んだかまどに蛙が生まれるほどになったが、長年の仁政に恩義を感じた人民は最後まで叛《そむ》かなかった。

そのうちに「襄子陰《ひそ》かに韓と約し、共に知伯を敗り、知氏を滅して其の地を分つ。襄子知伯の頭に漆《うるし》して、以て飲器と為す」。凄《すご》いですね。頭蓋骨《ずがいこつ》で杯を造ったという。シナ民族、漢民族にはどうもこういうちょっと日本人の想像できない深刻味があることが一つの特徴です。

第四章

戦国時代の英傑

◆蘇秦

(一)雞口となるとも、牛後となることなかれ

秦人《しんひと》諸侯を恐喝《きようかつ》して、地を割《さ》かんことを求む。洛陽《らくよう》の人蘇秦《そしん》というもの有り。秦の恵王に游説《ゆうぜい》して用いられず。乃《すなわ》ち往《ゆ》きて燕《えん》の文《ぶん》侯に説き、趙《ちょう》と従親《しょうしん》せしむ。燕之に資《し》して、以て趙に至らしむ。粛侯に説きて曰く、「諸侯の卒《そつ》、秦に十倍す。力を幷《あわ》せて西に向わば、秦必ず破れん。大王の為に計るに、六国《りくこく》従親して以て秦を擯《しりぞ》くるに若《し》くは莫《な》し」と。粛侯乃ち之に資して、諸侯に約せしむ。蘇秦鄙諺《ひげん》を以て諸侯に説きて曰く、「寧《むし》ろ雞口《けいこう》と為《な》るとも、牛後と為ること無《なか》れ」と。是《ここ》に於て六国従合《しょうごう》す。

趙襄《ちょうじょう》子《し》から数えて七代目の粛侯の頃、当時西の方、陝西《せんせい》を中心にして勃興《ぼっこう》したのが、新興武断国家の秦です。これに対して中原には六大国が成立しておりました。それは晋《しん》、今の山西《さんせい》から河北河南《かほくかなん》へかけての国、その南に河南から湖北《こほく》にかけて楚《そ》の国があります。それから今の河北、直隷《ちょくれい》にありましたのが燕《えん》、山東《さんとう》が斉《せい》と

魯《ろ》。そこで秦と楚・燕・斉・趙・魏《ぎ》・韓《かん》の六国が成立しておりまして、虚々実々、離合聚散《しゅうさん》を繰り返すのが戦国の歴史であります。秦が代表的な侵略国家で、この秦とどう対応するかということが六国の死活の問題であった。そこに縦横《じゅうおう》・合従《がっしょう》連衡《れんこう》の戦略が生まれました。合従の従は縦《たて》であり、連衡の衡は〝はかりの棹《さお》〟ですから横で、横に連なるということ。合従というのは六国が縦に共同戦線を張って秦と対抗しようというもの、これに対して連衡というのは六国が横に和平政策で秦と共存してゆこうという、昔も今も変わらない、戦国対立国家の根本政策の問題です。

　その一番恐るべき侵略国家であった秦が、「諸侯を恐喝《きょうかつ》して、地を割《さ》かんことを求む。洛陽《らくよう》の人蘇秦《そしん》というもの有り。秦の恵王に游説《ゆうぜい》して用いられず。乃《すなわ》ち往《ゆ》きて燕《えん》の文《ぶん》侯に説き、趙と従親《しょうしん》せしむ」。従親は合従和親で、蘇秦は文侯を説得して平和共存政策を取らせ、趙と提携して秦に対抗させることの利なることを勧めた。「燕之に資《し》して（旅費を出して）、以て趙に至らしむ。粛侯に説きて曰く、『諸侯の（兵）卒、秦に十倍す』」。諸侯が共同すれば兵力は秦に十倍する。「『力を幷《あわ》せて西に向わば（秦に対抗すれば）、秦必ず破れん。大王の為に計るに、六国《りくこく》従親して以て秦を擯《しりぞ》くるに若《し》くは莫《な》し』と」。六国が同盟してこれに対抗するにしくはないと。「粛侯乃ち之に資して、諸侯に約せしむ」。諸侯に合従の盟約を結ばせた。「蘇秦鄙諺《ひげん》を以て諸侯に説きて曰く」、この時に蘇秦が俗な諺《ことわざ》で諸大名に説いて曰く、「寧《むし》ろ雞口《けいこう》と為《な》るとも、牛後と為ること無《なか》れ」と。鶏の嘴《くちばし》になっても牛の尻尾《しっぽ》になるなという諺《ことわざ》がある。秦に仕えるのは牛後になることだ。我々は雞口となって大いにやろうじゃないかという、極めて通俗な諺を引いて説得しました。「是《ここ》に於て六国従合《しょうごう》す」。或いは逆さまに合従す。どちらでもよい。これが六国の共同戦線政策であります。

(二)洛陽負郭の田二頃あらしめば

蘇秦は鬼谷《きこく》先生を師とす。初め出游《しゅつゆう》するや、困《くる》しみて帰る。妻は機《き》を下らず、嫂《そう》は為に炊《かし》がず。是《ここ》に至りて従約《しょうやく》の長と為《な》り、六国に幷《あわ》せ相《しょう》たり。行きて洛陽《らくよう》を過ぐ。車騎輜重《しちょう》、王者に擬《ぎ》す。昆弟妻嫂《こんていさいそう》、目を側《そば》めて敢《あ》えて視《み》ず。俯伏《うつぶ》して侍して食を取る。蘇秦笑いて曰く、「何ぞ前《さき》には倨《おご》りて後には恭しきや」と。嫂曰く、「季子《きし》の位高く金多きを見ればなり」と。秦喟然《きぜん》として歎《たん》じて曰く、「此《こ》れ一人《いちにん》の身なり。富貴なれば則ち親戚も之を畏懼《いく》し、貧賤なれば則ち之を軽易《けいい》す。況《いわ》んや衆人をや。我をして洛陽負郭《ふかく》の田二頃《でんにけい》有らしめば、豈《あ》に能《よ》く六国の相印《しょういん》を佩《お》びんや」と。是に於て千金を散じ、以て宗族朋友《そうぞくほうゆう》に賜う。既《すで》に従約を定めて趙に帰る。粛侯封じて武安君と為す。其の後秦、犀首《さいしゅ》をして趙を欺かしめ、従約を敗らんと欲す。斉・魏、趙を伐つ。蘇秦恐れて趙を去る。而して従約解けたり。

さて、そこで蘇秦なる者はいかなる人物であったか。「蘇秦は鬼谷《きこく》先生を師とす」。鬼谷先生というのは、これはどうも今日もよくわかりません。河南省の鬼谷という所に居った人らしい。それで鬼谷先生といったのだろうということになっておりますが、蘇秦はこの鬼谷先生を師として勉強した。

「初め出游《しゅつゆう》するや、困《くる》しみて帰る」。諸国を放浪し、尾羽打ち枯らして帰った。その時に「妻は機を下らず、嫂《そう》は為に炊《かし》がず」。機を織っていた女房は亭主が帰ってきても機織台から下りてもこない。兄嫁は飯を炊いてもくれなかった。

「是《ここ》に至りて従約《しょうやく》の長と為《な》り、六国に幷《あわ》せ相《しょう》たり」。それほど落ちぶれて貧乏した蘇秦が、一転して合従、すなわち六国共同して秦と対決するという、外交舞台の華やかな指導者の〝従約の長〟となって、六国に幷相、六国に共通の大臣になった。大臣という時は「そう」と読まずに「しょう」と読みます。面白い文字で、その第一の意味は、木をよく見るという意味、第二の意味は、目を木の上にもっていって「目十《プラス》木」、すなわち高い所から向こうを見通すことができる、つまり先がわかる、国家十年、百年の先々を見通す。それではじめて国民を助けることができるというので、木偏の上に目を書いたんでは長すぎるから右へ下して、相という字を作って、この字を〝たすける〟という意味と〝大臣〟という意味に使うようにしたというのが文字学の説です。だから時局問題がよくわからん、或いは先々がわからないというのは大臣ではないわけです。文字通り相であってくれれば国家は問題ない。不相が相になるものだから問題が起こる。

　六国共通の大臣になった蘇秦は「行きて洛陽を過ぐ。車騎輜重《しちよう》、王者に擬《ぎ》す。昆《こん》弟《てい》（兄弟）妻嫂《さいそう》、目を側《そば》めて敢《あ》えて視《み》ず。俯伏《うつぶ》して侍して食を取る」。顔を上げてまっすぐに見ることをようしないで、恐れ入って給仕をした。「蘇秦笑いて曰く、『何ぞ前《さき》には倨《おご》りて後には恭しきや』と」。以前に貧乏して帰ってきた時は威張りくさって目もくれなかったが、今になってむやみに丁重にするのはどういうわけだと。「嫂曰く、『季子の位高く金多きを見ればなり』と」。秦喟然《きぜん》として歎じて曰く、『此《こ》れ一人の身なり』」。以前も今も自分に変わりはないのだが、「富貴なれば則ち親戚も之を畏懼《いく》し、貧賤《ひんせん》なれば則ち之を軽易す（軽んじあなどる）。況《いわ》んや衆人をや」。親戚でさえこうなんだから、ましていわんや世間の多くの人間においては、富貴なれば畏懼し、貧賤だと馬鹿にする。これはもっともなことだと、感慨無量の態でありました。その結論が面白い。

「『我をして洛陽負郭《ふかく》の田二頃《でんにけい》有らしめば、豈《あ》に能《よ》く六国の相印《しょういん》を佩《お》びんや』と」。

洛陽、一番繁華な都市、その「郭を負う」というのですから、洛陽の隣接地区、都の真ん中とはいわん、洛陽郊外の田二頃あらしめば、一頃とは標準が時代によって説がありますが、当時の基準では一頃は百畝、わが国の約一町七反、五千百坪で、二頃といえば一万坪余。「我をして洛陽負郭《ふかく》の田二頃《でんにけい》有らしめば、豈《あ》に能《よ》く六国の相印《しょういん》を佩《お》びんや」。わしに都の郊外に一万坪の土地があれば、何も苦しんで六国の大臣になるなんていうことをしないだろうと、この慨歎は今に至るまで有名な故事になっております。

「是に於て千金を散じ、以て宗族朋友に賜う。既に従約を定めて趙に帰る。粛侯封じて武安君と為す。其の後秦、犀首《さいしゅ》をして趙を欺かしめ」、犀首（官名）は当時の謀略家、大スパイであった魏の公孫衍《こうそんえん》のことであります。「従約を敗らんと欲す。斉・魏（従約を破って）、趙を伐つ。蘇秦恐れて趙を去る。而して従約解けたり」。

この時に秦は、今日も同じことですが、歌舞・舞劇団を率いて乗り込ませ、大いに金を撒《ま》かせるのです。今日でもやっぱり舞劇団やサーカスなどを使っておる。どうも向こうの国は昔も今も同じ手口を使っておる。そうして盛んに金を撒く。こうした巧妙な謀略に乗ぜられて、対決主義、秦と大いに戦おうという主義の連中が、いつの間にか一人減り、二人減り、消えてなくなってしまったなどということが『戦国策』にも出ております。こういう物を読んでおりますと、昔も今もちっとも変わりませんね。

◈藺相如

この趙《ちょう》の粛侯《しゅくこう》の子が、自ら胡服《こふく》（北方異民族の服装）に身を固め、北方蛮族の土地を攻略して中山国を滅ぼし、更に南方の秦《しん》を衝こうとしたが、果たせぬままに終わった武霊王であります。この武霊王の後を継いだのが次に出てくる恵文王でありますす。趙と秦との間には依然として領土問題をめぐる紛争がつづいておりました。

(一)璧を完うして帰る

恵文《けいぶん》、嘗《かつ》て楚《そ》の和氏《かし》の璧《へき》を得たり。秦の昭王十五城を以て之に易《か》えんと請う。

与えざらんと欲すれば、秦の強きを畏《おそ》れ、与えんと欲すれば、欺かれんことを怒る。藺相如《りんしょうじょ》、璧を奉じて往《ゆ》かんことを願う。曰く、「城入らずんば、則《すなわ》ち臣請う璧を完《まっと》うして帰らん」と。既《すで》に至る。秦王城を償《つぐな》うに意無し。相如乃ち紿《あざむ》きて璧を取り、怒髪冠《どはつかんむり》を指し、柱下に卻立《きゃくりつ》して曰く、「臣が頭《こうべ》、璧と倶《とも》に砕けん」と。従者をして璧を懐《いだ》きて、間行して先ず帰らしめ、身は命を秦に待つ。秦の昭王、賢として之を帰す。

「恵文（王）、嘗《かつ》て楚《そ》の和《か》氏の璧《へき》を得たり」。和氏の璧といって名高い美玉であります。「秦の昭王十五城を以て之に易《か》えんと請《こ》う。与えざらんと欲すれば、秦の強きを畏《おそ》れ、与えんと欲すれば、欺かれんことを恐る」。秦に玉をやれば約束を実行しない、だまされることはわかっている。

恵文王の困っておったところへ藺相如《りんしょうじょ》が現れて、「璧を奉じて往《ゆ》かんことを願う」。私が璧を持って秦に使しましょう。「曰く、『城入らずんば、則《すなわ》ち臣請う璧を完《まっと》うして帰らん』と」。もし約束通り璧の代償として十五城を彼らが渡さない場合には、私が名玉を無事に抱いて帰りましょうと、こう約束して、「既に（秦に）至る。秦王城を償うに意無し」。果たして秦王は十五城を出す気なんかなかった。

それがわかると、「相如乃ち紿《あざむ》きて璧を取り」ちょっとお渡しください、この玉には疵《きず》がありますから、その個処《かしょ》をお教えしましょうと、だまして取り返し、「怒髪《どはつ》冠《かんむり》を指し、柱下に卻立《きゃくりつ》（或いはげき）して」柱を背にして突っ立って曰く、「臣が頭《こうべ》、璧と倶《とも》に砕けん」。約束を実行しなければこの璧と共に柱にぶっつけ死ぬだけだと威嚇した。秦王は驚いて一応許した。

その間に「従者をして璧を懐《いだ》きて、間行して先ず帰らしめ」、こっそり抜け出させて、自分は、「身は命を秦に待つ」。どうにでも処置するがいいと度胸を据えて敵のなすがままに任せた。「秦の昭王、賢として（賢者だ、殺すには惜しいといって）之を帰す」。さすがの秦王も、相如の決死の気魄《きはく》と度胸に圧倒されて、如何《いかん》ともすることができなかったわけです。非の打ちどころがない――「完璧《かんぺき》」という熟語は、これが語源であります。

(二)頸血を以て大王に濺ぐことを得ん

秦《しん》王、趙《ちょう》王に約して、澠池《べんち》に会す。相如《しょうじょ》従う。酒を飲むに及び、秦王、趙王に瑟《しつ》を鼓《こ》せんことを請う。趙王之を鼓す。相如復《また》秦王に缶《ふ》を撃《う》ちて秦声《しんせい》を為《な》さんことを請う。秦王肯《がえ》ぜず。相如曰く、「五歩の内、臣頸血《けいけつ》を以て大王に濺《そそ》ぐことを得ん」と。左右之を刃《じん》せんと欲す。相如之を叱《しつ》す。皆靡《なび》く。秦王為に一《ひと》たび缶《ふ》を撃つ。秦終《つい》に趙に加うること有る能《あた》わず。趙も亦《また》盛んに之が備を為す。秦敢《あ》えて動かず。

「秦《しん》王、趙《ちょう》王に約して、澠池《べんち》に会す」。秦の昭王と趙の恵文王とが約して澠池で会談した。「相如従う。酒を飲むに及び、秦王、趙王に瑟《しつ》を鼓せんことを請う。趙王之を鼓す。相如復《また》秦王に缶《ふ》を撃《う》ちて秦声《しんせい》を為さんことを請う」。秦の楽器は素朴な缶《ふ》という瓦《かわら》で作った打楽器です。趙王が瑟をひいたのだから、秦王もこれと対等に缶を叩いて秦の音楽を奏してくださいと要求した。

ところが「秦王肯《がえん》ぜず」。秦王は承知しない。「相如曰く、『五歩の内、臣頸血《けいけつ》を以て大王に濺《そそ》ぐことを得ん』」。臣《わたくし》はあなたと五歩と離れて居らん。いやだとならば、私は自分の頸《くび》の血を以てあなたにかけることができますぞ。ということは、差し違えますぞ、というところを「頸血を以て大王に濺ぐ」なんていうこの表現、これがシナ式です。

「左右之を刃《じん》せんと欲す。相如之を叱《しつ》す。皆靡《なび》く」。秦王の側近がこれを刺し殺そうとしたが、相如が叱咤《しった》したら皆辟易《へきえき》して引き退った。「秦王為に一たび缶《ふ》を撃つ」。仕方がないので、秦王はとにかく一ぺんだけ缶を撃った。「秦終《つい》に趙に加うること有る能わず」、趙が君臣ともにしっかりしておるので屈服させることができない。「趙も亦盛んに之が備を為す。秦敢《あ》えて動かず」。趙もこれに対抗の備えをしたのでは秦は形勢を観望して敢えて動かなかった。

(三)刎頸の交

趙《ちょう》王帰り、相如《しょうじょ》を以て上卿《じょうけい》と為《な》す。位、廉頗《れんぱ》の右に在り。頗曰く、「我《われ》趙の将と為《な》り攻城野戦の功有り。相如は素賤人《もとせんじん》なり。徒《た》だ口舌《こうぜつ》を以て、我が上に居る。吾之が下たるを羞《は》ず。我相如を見ば、必ず之を辱《は》ずかしめん」と。相如之を聞き、朝する毎に常に病と称して、与《とも》に列を争うを欲せず。出でて望見すれば、輒《すなわ》ち車を引きて避け匿《かく》る。其の舎人《しゃじん》皆以て恥と為す。相如曰く、「夫《そ》れ秦の威を以てするも相如之を廷叱《ていしつ》して其の群臣《ぐんしん》を辱ずかしむ。相如駑《ど》なりと雖《いえど》も、独り廉将軍を畏《おそ》れんや。顧念《おも》うに強秦の敢えて兵を趙に加えざる者は、徒《た》だ吾が両人の在るを以てなり。今両虎倶《とも》に闘わば、其の勢倶《とも》には生きざらん。吾此を為す所以《ゆえん》の者は、国家の急を先にして、私讎《ししゅう》を後にすればなり」と。頗之を聞き、肉袒《にくたん》して荊《けい》を負い、門に詣《いた》りて罪を謝し、遂《つい》に刎頸《ふんけい》の交を為せり。

こういうわけで秦趙会談を終えて趙王は帰国しますと、「相如を以て上卿（上席家老）となす。位、廉頗の右に在り」。有名な将軍の廉頗以上の上位を与えられた。ところが、「頗曰く、『我趙の将と為り攻城野戦の功有り。相如は素賤人《もとせんじん》なり』」。もとは身分の低い者だ。「徒《た》だ口舌を以て我が上に居る」。口が巧くて我輩の上位に坐った。「吾之が下たるを羞ず。我相如を見ば、必ず之を辱《は》ずかしめん」。相如とばったり出会ったら只《ただ》では置かんぞ。辱ずかしめてやるんだと。

ところが、「相如之を聞き、朝する毎に常に病と称して、与《とも》に列を争うを欲せず」。病と称して、参内しても序列を争うことを避けた。「出でて望見すれば、輒《すなわ》ち車を引きて避け匿《かく》る」。外出しても、向こうから廉頗の一行が来ると、その度《たび》に（輒ち）車を脇に引き入れて避け隠れた。

「其の舎人《しゃじん》（家来共）皆以て恥と為す。相如曰く、『夫《そ》れ秦の威を以てするも相如之を廷叱《ていしつ》して其の群臣《ぐんしん》を辱ずかしむ』」。秦王に対しても、わしは朝廷で叱咤して多勢の家来どもを辱ずかしめたのである。「相如駑《ど》なりと雖も、独り廉将軍を畏《おそ》れんや」。そのわしが、どうして廉将軍を恐れようか。「顧念《おも》うに（顧み思うに）強秦の敢えて兵を趙に加えざる者は、徒《た》だ吾が両人の在るを以てなり。今両虎倶《とも》に闘わば、其の勢倶には生きざらん。吾此を為す所以《ゆえん》の者は」、わしがこうして廉将軍を避けるのは、「『国家の急を先にして、私讎《ししゅう》（私のあだ）を後にすればなり』と」。「頗之を聞き、（大いに恥じて）肉袒《にくたん》して荊《けい》を負い、門に詣《いた》りて罪を謝し、遂に刎頸《ふんけい》の交を為せり」。肉袒して荊を負いとは肌ぬぎをして肩を出し、荊《いばら》を背負って罪を待つことです。とげのあるいばらの笞《むち》で叩かれる、これは笞罪《ちざい》の中でも一番痛いものです。どうぞいかようにも胸のすむまでこれで打ってくださいといって罪を謝した。そして遂に刎頸の交、首を刎《は》ねられても変わらぬという交わりをしたという、これは劇的な物語であります。

◆趙括

柱に膠して瑟を鼓す

恵文王の子、孝成《こうせい》王立つ。秦《しん》、韓《かん》を伐《う》つ。韓の上党、趙《ちょう》に降る。秦、趙を攻む。廉頗《れんぱ》長平に軍し、壁《へき》を堅くして出でず。秦人《しんひと》千金を行い、反間《はんかん》を為《な》して曰く、「秦は独《ただ》馬服君 趙奢《ちょうしゃ》の子《こ》・括《かつ》が将と為るを畏《おそ》るるのみ」と。王、括をして頗に代らしむ。相如曰く、「王、名を以て括を使う。柱《ことじ》に膠《にかわ》して瑟《しつ》を鼓《こ》するが若《ごと》きのみ。

括は徒《いたず》らに能《よ》く其の父の書を読むも、変に合するを知らざるなり」と。王聴かず。括少《わか》くして兵法を学ぶ。以《おも》えらく天下能く当るもの莫《な》しと。父の奢と言う。奢、難ずること能わず。然れども以て然りと為さず。括の母、故《ゆえ》を問う。奢曰く、「兵は死地なり。而《しか》るに括、易く之を言う。趙、若《も》し括を将とせば、必ず趙の軍を破らん」と。括、将《まさ》に行かんとするに及び、其の母上書して言う、「括、使う可《べ》からず」と。括、軍に至り、果して秦の将白起《はくき》の射殺《せきさつ》する所と為る。卒《そつ》四十万皆降り、長平に坑《こう》せらる。

「恵文王の子、孝成《こうせい》王立つ。秦《しん》、韓《かん》を伐つ。韓の上党、趙《ちょう》に降る。秦、趙を攻む。廉頗《れんぱ》長平に軍し、壁を堅くして出でず。秦人《しんひと》千金を行い、反間を為して（スパイを使って）曰く、『秦は独《ただ》馬服君趙奢《ちょうしゃ》の子・括《かつ》が将と為るを畏るるのみ』と」。こういう宣伝をさせたわけです。秦は何も趙を恐れるものではないが、ただ一人、馬服君という名前を贈られておった趙の名将軍・趙奢の子・括が将となることを恐れるのみだと。有名な老将軍・趙奢の伜《せがれ》の趙括、これは非常な秀才といわれた人物ですが、その括が大将軍になる、親父《おやじ》の跡を継ぐというとどうも苦手だ。秦の怖いのは趙括が総司令官になることだ。こういう宣伝を盛んにさせたのです。

ところが、その宣伝に乗って、「王、括をして頗に代らしむ」。つまり司令官の廉頗を罷免《ひめん》して趙括に代えた。「相如曰く、『王、名を以て括を使う』」。この場合の名は評判です。王は評判で趙括を使われる。有名な趙奢将軍の御曹司、しかもずば抜けた秀才だという評判だけを聞いて括を使われるということは、「柱に膠《ことじにかわ》して瑟《しつ》を鼓《こ》するが若《ごと》きのみ」。柱というのは、瑟の糸をのせることじ、これをあっちへやったりこっちへやったりして音楽を奏するわけですが、例えていえば括の才能は、柱を膠で張りつけてしまう、柱に膠して瑟を鼓するがごときのみ。彼は名門の秀才だけれども、実戦を知らないので机の上の戦術である。実際の戦争というものは千変万化するもので、そんな机上の戦術通りにゆくものではない。それをお使いになろうというのは、例えば柱《ことじ》を動かぬようにして琴を弾こうとするようなものだ。「『括は徒《いたず》らに能《よ》く其の父の書を読むも、変に合するを知らざるなり』と。王聴かず」。ところが王はすっかり宣伝に迷わされてしまって聴かなかった。「括少《わか》くして兵法を学ぶ。以《おも》えらく天下能く当るもの莫《な》し」と。天下無敵、俺ほどの秀才は居らんと大変な天狗であった。「父の奢と言う。奢、難ずること能わず」。親父の趙奢将軍とよく議論をした。ところが親父は伜を論破することができない。理論的には言い負かされてしまう。しかしいくら議論で詰《つま》っても「以て然《しか》りと為さず」。決して息子の括を許さなかった。

そこで「括の母、故《ゆえ》を問う」。こんなに伜の方が理路整然と議論して、あなたが返す言葉もないほど詰まっておられますのに、なぜ括に同意をなさらぬか、と質問した。ところが奢曰く、「兵は死地なり」。戦場は、まかり間違えば命がない舞台だ。「而《しか》るに括易く之を言う」。しかるに伜の奴はいかにも軽々しく議論する。易言という熟語もあります。「趙若《も》し括を将とせば、必ず趙の軍を破らん」。もしわが国が括を大将にしたならば必ず趙の軍隊を失敗させる、撃破されてしまう。こう言うた。

そして間もなく亡くなるのですが、親父の心配したその事が事実になって、括がまさに総司令官になって、千軍万馬から鍛え上げた廉頗将軍の代行をすることになった。「括、将《まさ》に行かんとするに及び、其の母上書して言う。『括、使う可からず』と」。夫がこう申しておりましたと上申したのですが、もとより「婆さん、何を言うか」と取り上げられなかった。「括、軍に至り、果して秦の将・白起の射殺する所と為る。(兵) 卒四十万、皆降り、長平に坑《こう》せらる」。一網打尽に殺されてしまった。坑《あな》に生き埋めにされてしまった。

◆平原君と毛遂

嚢中の錐

趙《ちょう》の相《しょう》、平原君《へいげんくん》公子勝《しょう》、食客常に数千人。客に公孫竜《こうそんりゅう》という者有り。堅白同異《けんぱくどうい》の弁を為《な》せり。秦《しん》、趙の邯鄲《かんたん》を攻む。平原君、救を楚《そ》に求む。門下の文武備具せる者二十人を択《えら》び、之と倶《とも》にせんとす。十九人を得たり。毛遂《もうすい》自ら薦む。平原君曰く、「士の世に処《お》るや、錐《きり》の嚢中《のうちゅう》に処るが若《ごと》く、其《そ》の末立《たちどこ》ろに見《あら》わる。今先生門下に処ること三年なるも、未だ聞ゆること有らず」と。遂曰く、「遂をして嚢中に処ることを得しめば、乃《すなわ》ち穎脱《えいだつ》して出でん。特《ただ》に末の見わるるのみに非ず」と。平原君乃ち以て数《かず》に備う。十九人之を目笑《もくしょう》す。楚に至って従《しょう》を定むるに、決せず。毛遂剣を按《あん》じ、歴階《れきかい》して升《のぼ》って曰く、「従《しょう》の利害は、両言にして決せんのみ。今、日出でて言い、日中して決せざるは何ぞや」と。楚王怒り叱《しっ》して曰く、「胡《なん》ぞ下らざる。吾《われ》而《なんじ》の君と言う。汝《なんじ》何《なん》為《す》る者ぞ」と。毛遂剣を按じて前《すす》みて曰く、「王の遂を叱する所以《ゆえん》は、楚国の衆を以てなり。今、十歩の内、楚国の衆を恃《たの》むを得ず。王の命は、遂が手に懸れり。楚の強を以てすれば、天下能《よ》く当るもの莫《な》し。白起《はつき》は小豎子《しょうじゅし》のみ。一戦して鄢《えん》・郢《えい》を挙げ、再戦して夷陵《いりょう》を焼き、三戦して王の先人を辱《は》ずかしむ。此《こ》れ百世の怨《うらみ》、趙の羞ずる所なり。合従《がっしょう》は楚の為にして、趙の為にするに非ざるなり」と。王曰く、「唯々《いい》。誠に先生の言の若《ごと》し。謹んで社稷《しゃしょく》を奉じて、以て従わん」と。遂曰く、「雞《けい》・狗《く》・馬《ば》の血を取り来れ」と。銅盤を捧げ、跪《ひざまず》き進んで曰く、「王当《まさ》に血を歃《すす》って従《しょう》を定むべし。次は吾が君、次は遂」と。左手に盤を持ち、右手に十九人を招き、血を堂下に歃らしめて曰く、「公等碌々《ろくろく》、所謂《いわゆる》人に因《よ》って事を成す者なり」と。平原君、従を定めて帰る。曰く、「毛先生一たび楚に至り、趙をして九鼎《きゅうてい》・大呂《たいりょ》よりも重からしむ」と。遂を以て上客と為す。楚、春申君《しゅんしんくん》を将として趙を救う。会々《たまたま》魏の信《しん》陵君《りょうくん》も亦《また》来りて趙を救い、大いに秦の軍を邯鄲《かんたん》の下《もと》に破る。

「趙《ちょう》の相《しょう》、平原君《へいげんくん》公子勝《しょう》、食客常に数千人」。趙の大臣・平原君は大名の御曹司《おんぞうし》で勝という。食客常に数千人。斉の孟嘗君など所謂〝戦国の四君〟と並び称せられた人であります。

「客に公孫竜《こうそんりゅう》という者有り。堅白同異《けんぱくどうい》の弁を為せり」。〝堅白同異の弁〟公孫竜の説といわれるもので、是を非とし、非を是とし、同を異とする一種の詭弁《きべん》でありまして、例えば「白馬は馬に非ず」とか何とかいうような議論、面白いものですが、くだらない概念・論理の遊戯であります。公孫竜というのは、つまり論理・概念の遊戯をやるので有名な男だった。

「秦、趙の邯鄲《かんたん》を攻む。平原君、救を楚《そ》に求む。門下の文武備具せる者二十人を択《えら》び、之と倶《とも》にせんとす。十九人を得たり」。二十人の文武の才のある者、できる人物を択んで連れて行こうと思って十九人を得たが、最後に「毛遂《もうすい》自ら薦む」。自薦した。

「平原君曰く、『士の世に処《お》るや、錐《きり》の嚢中《のうちゅう》に処るが若く、其の末立《たちど》ころに見《あら》わる。今先生門下に処ること三年なるも、未だ聞ゆること有らず』と」。士が世に処するのは、ちょうど錐が袋の中にあるようなもので、錐の先がすぐに見えるものである。あなたは聞けば、三年も食客として私の許《もと》にござるそうだけれども、私は未だあなたの名前を聞いたこともないと、こう言って拒否した。

すると、「遂曰く、『遂をして嚢中に処ることを得しめば、乃《すなわ》ち穎脱《えいだつ》して出でん。特《ただ》に末の見《あら》わるるのみに非ず』と」。穎脱とは錐が柄まで全部抜け出ること。私を嚢《ふくろ》の中に入れてくださるならば、そんな錐の先だけ見えるなんていうものではなくて、体中見えますよ、と豪語した。そこで面白い奴だと、「平原君乃ち以て数に備う。十九人之を目笑《もくしょう》す」。馬鹿な奴だというので、先に選ばれた十九人は目引き袖《そで》引いて、あざけり笑いました。

ところが「楚に至って従を定むるに、決せず」。従すなわち共同防衛・攻守同盟政策を協定しようとしたが、なかなか決まらない。「毛遂剣を按《あん》じ、歴階して升《のぼ》って曰く」、階段を昇っていって言った。「『従の利害は、両言にして決せんのみ。今、日出でて言い、日中して決せざるは何ぞや』と」。共同戦線の是非を決するこの問題は、賛成か賛成でないかという、たった両言《ふたこと》で決定するはずです。朝から日暮まで議論して決まらないというのは一体どういうわけですか。

「楚王怒り叱して曰く、『胡《なん》ぞ下らざる。吾而《われなんじ》の君と言う。汝何為《なんじなんす》る者ぞ』と」。

「下りろ、下りぬか。わしはお前の主君と話をしておるのだ。お前などに用はない。お前は何者だ」。「毛遂剣を按じて前《すす》みて曰く、『王の遂を叱する所以《ゆえん》は、楚国の衆を以てなり』」。あなたが私を叱咤《しった》されるのは、楚国の大勢の家来が付いているからであります。「今、十歩の内、楚国の衆を恃《たの》むを得ず」。今、私と王との間は十歩と離れておりません。楚国の衆がなんぼ居ったたって間に合いませんぞ。「王の命は、遂が手に懸れり」と、脅かしておいて、「楚の強を以てすれば、天下能《よ》く当るもの莫《な》し。白起は小豎子《しょうじゅし》のみ」。秦の将軍・白起など小僧に過ぎません。しかるにその白起が「一戦して鄢《えん》・郢《えい》を挙げ、再戦して夷陵《いりょう》を焼き、三戦して王の先人を辱《は》ずかしむ」。ほしいままに楚を侵略しておる。「此れ百世の怨《うらみ》、趙の羞ずる所なり」。わが趙にとってもこれは羞ずるところであります。「合従は楚の為にして、趙の為にするに非ざるなり」とたんかを切ったわけです。

そこで、「王曰く、『唯々。誠に先生の言の若し。謹んで社稷《しゃしょく》を奉じて、以て従わん』と」。いや、その通りその通り。全く先生の言の通り。最初は汝と叱咤《しった》したが、ここに至って先生の言に従い、国を挙げて同盟しましょう、と。

すかさず遂が申すには、「雞《けい》・狗《く》・馬《ば》の血を取り来《きた》れ」。雞《にわとり》と犬と馬の血を持ってきなさい、というわけで「銅盤を捧《ささ》げ、跪《ひざまず》き進んで曰く、『王当《まさ》に血を歃《すす》って従《しょう》を定むべし』」。血をすすって同盟の誓約をしなさい。「『次は吾が君、次は遂（私）』と。左手に盤を持ち、右手に十九人を招き、血を堂下に歃らしめて曰く、『公等碌々《ろくろく》、所謂《いわゆる》人に因《よ》って事を成す者なり』と」。君らは何も役に立たんいなもので、人の褌《ふんどし》で相撲をとる奴だ。こう頭ごなしにやっつけたわけです。石ころみたい。

「平原君、従を定めて帰る。曰く、『毛先生一たび楚に至り、趙をして九鼎《きゅうてい》・大呂《たいりょ》よりも重からしむ』と。遂を以て上客と為す。楚（は約束通り）、春申君を将として趙を救う。会々《たまたま》魏の信陵君《しんりょうくん》も亦《また》来りて趙を救い、大いに秦の軍を邯鄲《かんたん》の下に破る」。邯鄲夢の枕で有名な邯鄲の付近で大いに秦の軍を破った。

◆廉頗

一飯に斗米肉十斤

孝成王の子悼襄《とうじょう》王立つ。復《ま》た廉頗《れんぱ》を用いて将と為《な》さんと思う。時に頗奔《はし》りて魏《ぎ》に在り。人をして頗を視《み》しむ。頗の仇《あだ》・郭開《かくかい》、使者に金を与え、之を毀《そし》らしむ。頗、使者を見る。一飯《いっぱん》に斗米肉十斤《とべいにくじっきん》、甲《こう》を被《かぶ》り馬に上《のぼ》り、以て用う可《べ》きを示す。使者還《かえ》りて曰く、「廉将軍《れんしょうぐん》尚《な》お善く飯《はん》す。然《しか》れども臣と坐《ざ》すること頃《しばら》くにして、三たび遺矢《いし》す」と。王以て老いたりと為し、遂《つい》に召さず。楚人頗を魏に迎う。頗、魏の将と為り功なし。曰く、「我趙人を用いんことを思う」と。尋《つ》ぎて卒《しゅっ》す。

趙の孝成王の子・悼襄王が即位したが、また廉頗を軍司令官に登用しようとした。この時、失意の廉頗は趙を去って魏に滞在しておりました。王は人を遣ってまだ頗が役に立つかどうかを調べさせました。ところが、頗に恨みをもっていた

（仇）郭開が「使者に金を与え、之を毀《そし》らしむ」。廉頗を再び起用しようとしたが、郭開が使者に金をやって悪い報告をさせようとした。

「頗、使者を見る。一飯に斗米《とべい》（一斗の米）肉十斤《じっきん》」、まだこれくらい食欲旺盛《おうせい》と、「甲《こう》を被《かぶ》り馬に上り、以て用う可《べ》きを示す。使者還《かえ》りて曰く、『廉将軍尚《な》お善く飯《はん》す。然れども臣と坐すること頃《しばら》くにして、三たび遺矢《いし》す』と」。矢は小便でありす。これは小便を洩《も》らしたというのではなく、廁《かわや》に通ったこと。臣とほんのしばらく坐っておったその間に、三たび便所に通いました。

「王以て老いたりと為し、遂《つい》に召さず。楚人頗を魏に迎う。頗、魏の将と為り功なし」。ところが楚人は廉頗を魏に迎え、当てつけに大いに用いようとしたが功を立てなかった。

「曰く、『我、趙人を用いんことを思う』と。尋《つ》ぎて卒《しゅっ》す」。自分は趙の出身である。だから趙人、趙のためでなければ働く気がしない。まことに寂しい彼の心境ですね。しみじみと語っておる。つまり趙の兵隊を使って戦をしたい。楚のような他国で、他国の人間を使っての戦いというものは、わしはする気がしない。やるならもう一ぺん故郷の趙の人間を、趙の軍隊を使って戦ってみたい。こういう心境をもらした。その心境がしんみり表されておる物語であります。

◆魏の文侯

魏《ぎ》は紀元前四〇〇年頃、晋《しん》から分かれて趙《ちょう》や韓《かん》とともに独立した国でありまして、先祖は周の王室と同じく姫姓《き》であります。大体、現在の河北省《かほく》の北と山西省《さんせい》の西南部のあたりで、国の真ん中を黄河《こうが》が流れておる地域であります。この黄河の流域に沿うて、春秋《しゅんじゅう》時代には大体百を超す大小名がありましたが、それが興亡を繰り返して、大なるものに併呑《へいどん》されてゆきます。孔子の時代には十二ないし十五の大名の対立・抗争になっておった。それが戦国になりますと、戦国七雄といいまして、七大国に集約されました。それを最後に秦《しん》の始皇帝が統一したわけであります。

(一)賢人を重んじた文侯

文侯斯《ぶんこうし》と曰う者、周《しゅう》の威烈王の命を以て侯と為《な》る。卜子夏《ぼくしか》・田子方《でんしほう》を以て師と為す。段干木《だんかんぼく》の閭《りよ》を過ぐれば必ず式《しょく》す。四方の賢士多く之に帰す。

文侯の子撃《げき》、子方に道に遇《あ》い、車を下りて伏謁す。子方礼《れい》を為さず。撃、怒りて曰く、「富貴なる者人に驕《おご》るか、貧賤《ひせん》なる者人に驕るか」と。子方曰く、「亦《また》貧賤なる者人に驕るのみ。富貴なる者安《いず》くんぞ敢《あ》えて人に驕らんや。国君にして人に驕らば、其の国を失い、大夫にして人に驕らば其の家を失わん。夫《そ》れ士の貧賤なる者は、言用いられず行合わざれば、則《すなわ》ち履《くつ》に納《い》れて去らんのみ。安くに往くとして貧賤を得ざらんや」と。撃之を謝す。

魏の文侯は名を斯《し》と言い、周の威烈王の命によって諸侯となった人物でありますが、この文侯は卜子夏・田子方を師として学んだ人であります。卜子夏というのは孔子の弟子の子夏のことです。文侯はこの子夏とその門人の田子方という人、これまた非常な賢者として有名であった。その卜子夏と田子方を自分の師と仰いだ。同時に段干木という、大変な賢者がおりましたが、これは隠れて仕えなかった。文侯はその段干木の居る里を通り過ぎる時には車の中から必ず挨拶《あいさつ》をした。宮城前を通る時に宮城の方へ向かって礼をするのと同じことで、式、しょくとか、しきといいます。

そういう心掛けの好い人でしたから、四方の賢士が多くこれに帰した。ところが、「文侯の子撃《げき》、子方に道に遇《あ》い、車を下りて伏謁す」。文侯の子・撃が道で田子方にばったり出会って、車を下りて伏して謁したというのですから鄭重《ていちょう》に挨拶をしたわけです。ところが、田子方は答礼をしない。そこで大名の子ですから憤慨して、曰く、「富貴なる者人に驕るか、貧賤なる者人に驕るか」。そもそも金持や地位身分のある者が驕るのか、貧乏で地位も何もない者が人に驕るか。——ということは、おれがこれだけ富貴の身を以てお前に鄭重に挨拶をするのに、お前は何たる傲慢《ごうまん》無礼かということであります。人に驕るというのは富貴の者のするものか、貧賤の者のするものかと詰問した。

ところが子方の答えは意外、「子方曰く、『亦《また》貧賤なる者人に驕るのみ。富貴なる者安《いず》くんぞ敢《あ》えて人に驕らんや』」。人に驕るということは、地位も身分も金もない貧乏人のできることで、金があったり地位があったりする者がどうして人に驕るなんてことができようか。「亦」という字がなかなか利《き》いております。

「国君にして人に驕らば、其の国を失い、大夫にして人に驕らば其の家を失わん。夫《そ》れ士の貧賤なる者は、言用いられず行合わざれば、則《すなわ》ち履《くつ》に納《い》れて去らんのみ」。履に足を突っこんで、さっさとご免こうむるだけのことだ。「『安くに往くとして貧賤を得ざらんや』と。撃、之を謝す」。どこへ行ったって貧乏暮らし、浪人生活はできる。人に驕るというのは貧賤なる者の特権で、富貴なる者の成し得ることでないんだといって一喝した。そこは撃も一通り人間ができておったと見えて「之を謝す」。恐縮してお詫《わ》びをしたと『十八史略』には記しております。この撃は後に武侯となった人ですが、田子方に対しては快く思っていなかったようで、『史記』には「子撃懌《よろこ》ばずして去る」とありますから、或いはこの方が本当であったかも知れません。

(二)宰相を選ぶ基準

文侯、李克《りこく》に謂いて曰く、「先生嘗《かつ》て寡人《かじん》に教う。『家貧くしては良妻を思い、国乱れては良相《しょう》を思う』と。今相とせんとする所は、魏成《ぎせい》に非ざれば則ち翟璜《てきこう》なり。二子は何如《いかん》」と。克曰く、「居《い》ては其の親しむ所を視《み》、富みては其の与うる所を視、達しては其の挙ぐる所を視、窮しては其の為さざる所を視、貧くしては其の取らざる所を視る。五つの者以て之を定むるに足る。子夏・田子方・段干木は、成の挙げし所なり」と。乃ち成を相とす。

文侯、李克に謂いて曰く、「先生嘗て寡人に教う。『家貧しくては良妻を思い、国乱れては良相を思う』と。今相とせんとする所は」、宰相を置かねばならぬが、その候補者は、「魏成に非ざれば則ち翟璜《てきこう》なり。二子は何如《いかん》」。魏成は文侯の弟です。翟璜は家来。「二子は何如」。どちらが宰相たらしむるに適任であろうか。と李克に相談した。

春秋時代から有力な大名には必ず幕賓《ばくひん》というものがありました。これは当時、窮屈な出仕を好まない人物が多い。日本でも戦国時代にそういうのは随分多かった。有名なところでは後藤又兵衛。彼は黒田長政と合わなくて、さっさと浪人をした。諸大名が抱えようとしたがなかなか抱えられない。自分の気に入った主君でなければ主取りをしない。仕えてもなかなか普通の事務官僚のような決まりきった機械的生活はできないというような自由人がその頃多かったものですから、そこでそういう人間を賓客として遇した。ふだんは好きなようにさせて置いて、必要な時にこれを用いて仕事をさせるという、そういう客分の名士を幕賓といいます。どんな幕賓を持っておるかということで勢力者の人物がわかったというくらい幕賓というものはシナでは尊重されるものです。

武侯はその幕賓の李克に諮問《しもん》した。ところが「克曰く、『居《い》ては其の親しむ所を視』」、平生どういう者と親しむかというところを視る。「富みては其の与うる所を視」、金ができるとその金をどういう風に与えるか。「達しては其の挙ぐる所を視」、出世して地位が上がると、どういう部下を抜擢《ばってき》登用するかというところを視る。「窮しては其の為さざる所を視」、困窮した時には、何をしないか。何をするかではない、何をしないかという点を視る。「貧くしては其の取らざる所を視る」。貧乏しておるというと、何を取るかでなく、何を取らないかというところを視る。これは面白いですね。為すとか、取るとか積極的な方の逆の、しない、取らないというところを視る。この「五つの者以て之を定むるに足る」。

「子夏・田子方・段干木は、成の挙げし所なり」。これらの滅多に世に出て仕えない、そして賢者といわれておった人たちはみな魏成子が推挙した人物である。こう李克が答えた。そこで、「乃ち成を相とす」。魏成を宰相とした。

これを聞きまして翟璜が大変怒りました。李克が退出するのを待ち受けておって、「今日は侯があなたに次の宰相の相談をされたそうだが、宰相は誰に決まりましたか?」と聞いた。すると李克は平然として「それは魏成子だろう」と言うたものですから翟璜が怒りまして、これまでの自分のいろいろの業績を列挙して、「私のどこが魏成子に及ばぬか」と詰《なじ》った。最後に、「そもそもそういうあなたを推挙したのは私じゃないか」と、こういうことまで言ったわけです。

すると李克先生、平然として、「あなたはそういうことを言うけれども、あのト子夏・田子方・段干木先生のごときはみな魏成子が推挙された。彼はあれだけの地位、身分の人でありながら、収入の九割までそういう立派な人や立派な仕事に使っている。世のため、人のために使っている。あなたは一体彼に比べてどれだけの人を薦めたか。せいぜい我輩ぐらいじゃないですか」と言って、軽くいなしてしまったので、翟璜非常に恥じて謝ったといい、大変劇的な場面がこの後にあるのですが、このテキストに抜けているのは惜しいことです。

◆八観と六験

秦《しん》の始皇帝の実は本当の父親だといわれる呂氏《りょし》、呂不韋《りょふい》が撰《えら》んだので『呂覧』という戦国末期のエンサイクロペディアがある。『呂氏春秋《りょししゅんじゅう》』とも申します。これには、この五つの条件が更に詳しく説かれて八つになっております。

第一は「通ずればその礼する所を観る」。「みる」という字がこちらの方は視でなく観となっております。その次は、「貴《たか》ければその進む所を観る」。貴い地位に居るとどういう人物を推薦するかを観る。第三は「富みてはその養う所を観る」。〝与うる所〟が『呂氏春秋』では〝養う所〟となっております。これも面白いですね。

富みては何を養うか。犬を養うか猫を養うか、骨董品《こっとうひん》を養ったり、まあ書生を養うに至っては大いに良い方ですね。第四に「聴けばその行う所を観る」。聴いたらそれをすぐどう実行するかという所を観る。第五に「止《いた》ればその好む所を観る」。だから「止《とど》まる」と同時に、これはそこまで行きつく「いたる」という意味になる。役人になった、事業家になった、何になった、ある所まで行った、それが止。そうしたら何を好むか。その好む所を観る。第六「習えばその言う所を観る」。何事によらず、ある事に習熟した場合、どういうことを言うか。第七番目に「窮すればその受けざる所を観る」。〝為さざる〟が〝受けざる〟になっております。そして最後に、「賤《せん》にしてはその為さざる所を観る」という風に変わっております。窮しては受けざる所を観る、賤にしては為さざる所を観るもそれぞれまた意味があります。これを八観といいます。

この「八観」の対《つい》に「六験」というものが『呂覧』の中にあります。これがまた面白い。

六験というのは、「之を喜ばしめて以てその守を験す」。嬉《うれ》しくなると人間はついだらしがなくなります。ふだんはキチッと守っておったものを、いい気になるとついこれを失ってしまう。外してしまう。「楽しましめて以てその僻《へき》を験す」。喜ぶと楽しむと、どう違うかというと、喜ぶというのは自然の本能的感情です。楽しむというのは喜ぶに対して理知・理性の加わった感情である。そこで楽しむとなると理性・理知が加わりますから、そこにそれぞれの癖《くせ》が出てくる。それを僻というわけです。

私、このことをかつて講義の実例に引いたことがある。原敬さんがなかなかこういうことに通じておった人で、今と違って衆議院の上に貴族院があり、貴族院の上に枢密院がある。これは怖い爺さんばかりが集まっておって、憲法の番人を以て任じておった。これを統裁しておったのが伊東巳代治《みよじ》という、これは大変な難物で、頭が良くて弁が立って、長く伊藤博文公の書記官長をしておった。博文公よりも伊東巳代治の方を役人はもて余した。なかなか厄介な爺さんで癖のあった人と見えます。

大木遠吉さんと一夕懇談した時、たまたま伊東さんの思い出話が出て「あのくらい嫌《いや》な人はなかった。大臣をしてあの人くらい難物はなかった。彼の屋敷へ行っていろいろ話をして、辞去して門を出たら一ぺん羽織袴《はかま》をパッと振わないと気がすまなかった」というようなことを言っていましたから、よほど感じの悪かった人とみえる。原さんもその伊東巳代治にある案件でもて余しておった。誰も歯が立たん。原さんが一計を案じて、伊東巳代治は非常な骨董道楽です。彼がしょっ中行く骨董屋を呼んで、「お前の所に最近伊東伯が行って欲しがっておられる物はないか」と聞いた。「いや、これこれの壺《つぼ》がございます。何度も来てご覧になるんですが、あんまり値が張るものですから、さすがにお買い上げになりません」「よし。それを持ってこい」と、すぐ取り寄せて応接間に置いといた。そしてある時、何か伊東さんとの交渉があって、伊東伯が、「とにかく今日君の所へ寄るから……」。「そうですか。それはありがとうございます。お待ちします」ということで、伊東伯がやってきた。わざとしばらく待たせて置いて、そっと入っていったら、果たせるかな伊東伯はためつすがめつその壺を見ておる。「やって居るな」と、入って挨拶をしたら、ろくろく答えもせずに、いきなり、「君、この壺はどうしたんだ」と聞いた。原さんは例の調子で、「何ですか知りませんがね。ある奴が来てこれは良い物だからと言って置いていったんです。私は壺なんか見たって何にもわからん。いいもんだと言うからそこに置いてあるんです」。伊東伯はそれを聞いて、「君、それはもったいないなあ。そんなことを言うけれども、これは大した物なんだよ」「いや、何だか知りませんけど、その辺の鍋《なべ》も壺も私には同じようなもんで……」と、それから例の問題の話に入った。果たせるかな、どうも一向話が通らん。結局物別れになってしまった。ところが別れぎわに秘書官を呼んで、「おい、この壺を伯爵の車の中に入れて置け」と持たせせた。伊東さんびっくりして、「原君、これはね、君が言うような簡単なもんじゃない、大変な物なんだよ」「いや、大変か何か知りませんけれども、こんな物がお気に入ったら持っていってください」と、とうとう押しつけて持たせて帰した。「本当にいいのかね」とか言ってしきりにだめを押していたけれども、原さんしらばくれて、「いや、いいも悪いも、私は何だかわかりませんよ……」と。すると翌日、その案件がすぐ通ったそうです。これはまあ「之を楽しましめて以てその僻を験した」というわけです。

第三がまた手厳しい。「之を怒らしめて以てその節を験す」。節は締めくくりです。怒りというのは爆発的感情ですから、どうしても締めくくりを吹きとばすわけです。怒らしめて以てその節を験す。その次が更に心理学的に実によくできておる。「之を懼《おそ》れしめて以てその特を験す」。特、或いは独、同じことです。これは一人立ちということです。独立という意味は、多くのものに対する孤立という意味ではない。絶対という意味です。誰にも屈しない、誰の指図も受けない、自分が絶対性を持つということです。だから古人が、金だ、地位だ、名誉だと、そういう一切の制約を受けない、自分自身に生きるという場合に、独立とか独山とか、雅号に独という字をつけた所以です。人間は脅迫され、懼れるというとすぐ独立心を失ってしまう。今の日本みたいなもので、中国やソ連に叩頭拝跪《こうとうはいき》するというようなことでは独立性がないわけです。第五が「之を苦しましめて以てその志を験す」。人間苦しくなると一廉《ひとかど》の志や理想を持っておっても投げ出すわけですが、どんなに苦しくとも自分の志を失わんという、それを苦しめることによって験す。六番目が「之を悲しましめて以てその人を験す」。人柄、その人の全体性ですね。悲しみというのは一番よく人柄そのものを表す。小人は小人らしい悲しみ方をする。大人は大人らしい悲しみ方をする。

以上を六験といいます。八観と並んで、八観・六験ということが『呂氏春秋』の「論人」篇にありまして、その八観のうち、五つがここの李克の所に出ておるわけです。

◆呉起

(一)用兵の奇才・歴戦の武将

衛人《えいひと》呉起《ごき》という者あり、初め魯《ろ》に仕う。魯、起をして斉《せい》を撃たしめんと欲す。而して起、斉の女を娶《めと》る。之を疑う。起、妻を殺して以て将を求め、大いに斉の師を破る。或ひと曰く、「起は残忍薄行《はくこう》の人なり」と。起罪を得んことを恐れ、魏《ぎ》に帰す。文侯以て将と為し、秦《しん》の五城を抜く。起、士卒と衣食を同じくす。卒に疽《そ》を病むものあり。起之を吮《す》う。卒の母聞きて哭《こく》して曰く、「往年呉公其の父を吮う。踵《きびす》を旋《めぐ》らさずして敵に死す。今又其の子を吮う。妾《しょう》其の死所を知らず」と。

孫氏と並び称せられる呉起は衛の人でありますが、初め魯に仕えた。魯は呉起を軍司令官として斉を攻略させようとしたところが、呉起の妻が斉の人間だという。そこで魯君は、あいつの女房が斉の女だから、斉を攻撃するのに果たしてあいつは思い切って斉を攻略できるかどうかと、呉起と斉との関係に疑念を持ちました。ところが、呉起はそれを察知し、妻を殺して身の証《あか》しを立て、将軍の地位を手に入れて、大いに斉軍を撃破しました。

こういうことはちょっと日本人にはできないことですけれども、中国では屢〻《しばしば》あることです。前にも申しましたが、周恩来だってそうで、彼は人を殺してすぐ平気で隣の部屋で人に会うことができたといわれておる。これは昔からよくある複雑な漢民族の民族性の一面です。だから佐藤（栄作）をいじめたり、田中（角栄）を喜ばせたり、更に一転して脅迫したり、何でも平気でできる。そこへゆくと日本人は単純で、生《うぶ》で、善良です。

とにかく呉起は、地位のためには自分の妻をさえ殺すような残酷な男でしたから、呉起に対しては「残忍薄行の人なり」という非難があった。そこで呉起は「罪を得んことを恐れ、魏に帰す」。魯を去って魏に亡命してしまいました。

魏では、文侯が呉起を抜擢《ばってき》して軍司令官として秦を攻略し、「秦の五城を抜く。起、士卒と衣食を同じくす」。呉起はいつも兵士と同じものを著《き》、同じものを食べた。あるとき「卒に疽《そ》を病むものあり」。疽というのは、背中にできる悪性の腫物《はれもの》です。「起之を吮《す》う」。軍司令官自ら一兵卒の膿《うみ》を吸い出してやった。卒の母聞きて哭して曰く、「往年呉公其の父を吮《す》う」。その兵卒の親父、つまりこの婦人の亭主に悪性のできものができた時、呉将軍が親しく吸って膿を出してくださった。感激してこの兵卒の父は、「踵《きびす》を旋《めぐ》らさずして敵に死す。今又其の子を吮う。妾《しょう》其の死所を知らず」。息子もおそらく感激して勇敢に戦って死に、もう帰ってこないでしょう。

これは名高い逸話であります。呉起の酷薄な性格については、魯の国で曾子《そうし》に仕えたとき、母が亡くなったけれども国に帰ろうとしなかったので、曾子に破門されたという話によってもわかる。とにかく徹底して功利を求めた人のようでありますが、それでも呉起は単なる武弁一筋ではなく、なかなか多面的な性格の持主であったことが、次の話からうかがわれます。

(二)徳こそ宝

文侯卒《しゅっ》し、子撃立つ。是《これ》を武侯と為《な》す。武侯西河《せいか》に浮びて下《くだ》る。中流にして顧みて呉起に謂《い》いて曰く、「美なるかな山河の固《かため》、魏《ぎ》国の宝なり」と。起曰く、「徳に在りて険に在らず。昔三苗《さんびょう》氏、洞庭を左にし、彭蠡《ほうれい》を右にせしが、禹《う》之を滅す。桀《けつ》の居、河・済《せい》を左にし、泰《たい》・華《か》を右にし、伊闕《いけつ》其の南に在り、羊腸其の北に在りしが、湯《とう》之を放てり。紂《ちゅう》の国、孟門を左にし、太行を右にし、恒山《こうざん》其の北に在り、大河其の南を経しが、武王之を殺せり。若《も》し徳を修めずんば、舟中の人皆敵国なり」と。武侯曰く、「善し」と。

文侯が亡くなられて、子の撃が即位した。これが武侯でありますが、その「武侯西河《せいか》に浮びて下《くだ》る」。山西省《さんせい》と陝西省《せんせい》の間を黄河が縦に流れている。これを西河といいます。「中流にして顧みて呉起に謂《い》いて曰く、『美なるかな山河の固《かため》、魏国の宝なり』と」。何とみごとではないか、この山河の要害堅固なこと、これ実に魏国の宝であると。

ところがこれに対して、呉起曰く、「徳に在りて険に在らず」。国の宝というものは徳にあって、そんな険――地形にあるのではありません。むかし三苗氏（苗族）は、洞庭を左にし、彭蠡を右にして要害の地を占めていましたが、徳を修めなかったので、夏の禹王に滅されました。彭蠡というのは、洞庭湖と並んでいる鄱陽湖《はようこ》であります。また夏の桀王の都は、黄河と済水を左にし、泰山と華山を右にし、伊闕という要塞《ようさい》がその南に在り、羊腸の険が、北に在りましたが、殷《いん》の湯王に放逐されました。「羊腸」というのは、箱根の山の歌にも「羊腸の小径は……」と謳《うた》われているあの羊腸です。また殷の紂王の国は、孟門山を左にし、太行山を右にし、恒山がその北に聳《そび》え、黄河がその南を流れていたが、やはり紂はその徳を失ったために、周の武王に殺されました。

「『若《も》し徳を修めずんば、舟中の人皆敵国なり』と。武侯曰く、『善し』と」。呉起は一面、このように堂々と諫言《かんげん》もした人のようです。ところがここに前の文侯の時の李克などと好一対《こういっつい》の逸話があります。

武侯の時に宰相を選任するについて問題が起こりました。それは宰相に呉起と田文との二人が候補者に上った（斉の孟嘗君《もうしょうくん》も田文というのですけれど、それとは別の魏《ぎ》の田文であります）。呉起は当然、自分が宰相にあげられるものと任じておったところが、彼の期待に反して田文が宰相に選任された。甚だ面白くない。直情径行の人物ですから、直接田文に文句を言った。戦争にかけてはお前とおれとどちらが優れているか。政務を裁くのにはどっちだ、財政にかけてはお前とおれとどうだと、いろいろの条件をあげて詰問した。するとすべて田文は「それは君だ」と、呉起の優れている点を認めて悠然たるもので、一事もお前に負けぬと言わない。拍子抜けがして彼は「今挙げたどの問題でも君はおれに劣るじゃないか。それを何でおれを差し置いて君が宰相になるか」。こう言ったところが、田文はしばらく考えて、今は先君が亡くなられて後継ぎは幼少で在られる。国を挙げてどうなるかと、群臣も民衆も非常な不安の中におる。このように、国を挙げて不安・動揺しておる時に宰相たる任は君がいいか、僕がいいかと静かに問うた。するとやはり呉起もさるもので、しばらく考えておったが彼は唸《うな》るように、「そうだ、そうなるとおれより君の方が適任だ」と答えた。

これは呉起に関する美談として伝えられております。主若くして、国疑い、大臣未だ就かず、百姓信ぜず。この時に当たって宰相の任は何れぞや。呉起黙然たること久しうして曰く、「君、可なり」と。——これが『史記』の原文です。読むだけでも気持がいい。こういう佳話は、現代何べんも内閣が代わるが、今や無くなってしまった。こういうところに時代と人間の堕落があると思う。

◆張儀

張儀と蘇秦——連衡と合従

魏人《ぎひと》張儀《ちょうぎ》という者あり。蘇秦《そしん》と師を同じくす。嘗《かつ》て楚《そ》に遊び、楚の相《しょう》の辱《は》ずかしむる所と為《な》る。妻慍《いか》りて語有り。儀曰く、「吾《わ》が舌を視よ。尚《な》お在りや否や」と。蘇秦従《しょう》を約する時、儀を激《げき》して秦に入らしむ。儀曰く、「蘇君の時、儀何ぞ敢《あ》えて言わん」と。蘇秦趙《ちょう》を去りて従解《しょうと》く。儀、専ら横《おう》を為《な》し、六国《りくこく》を連ねて以て秦に事《つか》えしむ。秦の恵王の時、儀、嘗て秦の兵を以て魏を伐ち、一邑《いちゆう》を得、復《ま》た以て魏に与う。而して魏を欺き地を割《さ》きて以て秦に謝せしむ。帰りて秦の相と為る。已《すで》にして出でて魏の相と為る。実は秦の為にするなり。襄《じょう》王の時、復た帰りて秦に相たり。已にして復た出でて、魏に相として以て卒《しゅっ》す。

魏に張儀という者がいた。彼は若い頃、蘇秦と同じく鬼谷《きこく》先生を師として学びました。嘗て楚の国に遊説した時、楚の大臣の璧《へき》を盗んだという嫌疑を受けて鞭《むち》打ちの刑にあい、侮辱されたことがあります。その時、彼の女房がそれを聞いて口惜《くや》しがって「貴方がなまじっか書を読んで政治に首を突っこんだばかりに……」と文句を言ったところが、張儀曰く、「吾が舌を視よ。尚《な》お在りや否や」と。まだ舌があるか。おれにこの三寸の舌がある間は心配するなと、これまた有名な話であります。『史記』には、その妻が「嘻《ああ》、子《きみ》、書を読みて遊説することなくんば、いずくんぞこの辱あらんや」と張儀をののしったとあります。

この張儀は、同門の蘇秦が合従《がっしょう》政策を唱えたのに対して、連衡《れんこう》説を唱導したことで有名な人物であります。周の初めには千八百ともいわれた諸侯の国々が、弱肉強食による分裂統合を繰り返して、やがて戦国時代にはいわゆる戦国七雄と称される国々が生き残るのでありますが、その中の新興武断政治で鳴ったものが、西のかた陝西《せんせい》から甘粛《かんしゅく》へかけて、勢力を張っていた秦です。のちに秦の始皇帝が出て天下を統一するわけです。

それに対して東方には六国あった。すなわち北方の燕《えん》、それから斉《せい》、今の河北から山西にかけて晋《しん》がありましたが、戦国になって晋の三家老がそれぞれ独立して趙《ちょう》・魏《ぎ》、韓《かん》という三国になった。更に南方の楚《そ》と、こういう七国になったわけです。

その楚と燕・斉・趙・魏・韓の六国が共同戦線を張って秦と対決するというのは、六国は縦に連なっておるわけですから縦に合す、すなわち合従という。それに対して秦は、あらゆる政治戦略を使って六国を離間するために随分手を尽くした。その代表的な役割をしたのが張儀であります。六国を合わせて連盟を作り、西の秦と対決させようとした蘇秦に対して、この六国が秦と妥協し、友好親善政策を取らせて平和を実現しようという政策の立役者が同じ鬼谷先生門下の張儀であります。

現代においても、少しく内容と形が変わりますけれども、やはり合従、縦に合す。連衡、横に連なる。これが形を変えて行われておるわけです。中国と友好親善関係を結び、平和国交回復をしようというのは、張儀の政策です。タカ派の方は蘇秦ほどには行かぬけれども、とにかく自由諸国が連携して、ソ連や中国と対峙《たいじ》してゆこうという行き方、これは蘇秦の政策です。歴史というものは、形や調子は変わりますけれども、中身は実によく似ております。

そこで「蘇秦従を約する時、儀を激して秦に入らしむ」。――ここのところは少し解説が必要です。蘇秦が合従政策を企図した時、彼は秦国が自分の唱える合従政策を妨害することを危懼《きく》していました。そこでこれを牽制《けんせい》するために同門の張儀を秦にやって、合従政策を破らないように仕向けたのであります。そのために随分手のこんだ謀略をたくらんでおります。

『史記』によれば、「乃《すなわ》ち人をして微《ひそ》かに張儀を感（憤）せしめて曰く『子《きみ》始め蘇秦と善し（昔は同門の仲だ）。今（蘇）秦すでに（要）路に当る。子《きみ》何ぞ往いて游《あそ》び、以て子の願いを通ずることを求めざる』と」。今を時めく六国の宰相・蘇秦に会いに行って、出世の手だてを求めてはどうだ、というわけです。「張儀ここにおいて趙に之《ゆ》き、謁（名刺）を上《たてまつ》り、蘇秦に見《まみ》ゆることを求む」。面会を求めた。ところが、「蘇秦すなわち門下の人を誡《いまし》め、為に通ぜしめず。また去るを得ざらしむること数日」。蘇秦は旧友の張儀を待たせて、わざと何日も会わなかった。数日後に、「已《すで》にして之を見るや、之を堂下に坐せしめ、僕妾の食を賜う」。傲然《ごうぜん》と構えて、旧友を侮辱したわけです。そして儀を面詰して「曰く『子の材能（才能）を以てして、乃ち自ら困辱《こんじょく》すること此《ここ》に至らしむ。吾れ寧《なん》ぞ言って子を富貴にすること能《あた》わざらんや。（しかも）子は収むる（挙用する）に足らざるなり』と。謝して之を去らしむ」。

昔馴染《なじ》みのよしみで就職を求めてきた張儀を、蘇秦は侮辱して追い返した。そこで激怒した張儀は「念《おも》えらく、諸侯、事《つか》うべきものなし。独《ひと》り秦のみ能《よ》く趙を苦しめんと。乃ち遂に秦に入る」。すなわち張儀は大いに腹を立てて、蘇秦に報復しようとして秦に乗り込んだわけです。

ところが、「蘇秦、已にして舎人（家来）に告《つ》げて曰く、『張儀は天下の賢士なり。吾れ殆《ほとん》ど（儀に）如《し》かざるなり。今、吾れ幸いにして先に用いらる。而して能く秦の柄（生殺与奪の権力）を用いん者は、独り張儀可なるのみ。然《しか》れども貧にして、因《よ》って以て進むるなし（貧窮のために、秦に取り入るべき旅費も運動費もない）。吾れその小利を楽しんで（志を）遂げざらんことを恐る。故に召して之を辱《はずか》しめ、以てその意を激す。子、吾が為に陰《ひそか》に之を奉ぜよ』と。さすがに張儀の偉さを知る者は蘇秦、これこそ知己です。「乃《すなわ》ち趙王に言って、金幣車馬を発し、人をして微《ひそ》かに張儀に随い、与《とも》に（宿）舎に同宿せしむ。稍〻《ようやく》近づいて之に就き、奉ずるに車馬金銭を以てす。（儀が）用いんと欲するところは、（舎人）為に給を取りて而《しか》も告げず」。真のスポンサーは蘇秦だということをまだ知らせなかった。かくして、「張儀、遂に以て秦の恵王に見《まみ》ゆるを得たり。恵王以て客卿（客分の大臣）となし、ともに諸侯を伐つことを謀る。蘇秦の舎人、乃ち辞し去らんとす。張儀曰く『子に頼《よ》って顕《あらわ》るるを得たり。方《まさ》に且《まさ》に徳に報いんとす。何の故に去るや』と。舍人曰く、『臣《われ》、君を知れるに非ず、君を知れるは乃ち蘇君なり。蘇君、秦の趙を伐ち従約（合従同盟）を敗らんことを憂え以為《おも》えらく、君に非ずんば能く秦の（権）柄を得るもの莫《な》からんと。故に君を感怒（感激憤怒）せしめ、臣をして陰かに君に資（金）を奉給せしむ。尽《ことごと》く蘇君の計謀なり。今、君すでに用いらる。請う、帰りて報ぜん』と」。これまた男性的交友の一形態、蘇秦もなかなか偉いですね。

かくして、漸《ようや》く蘇秦の友情と恩誼《おんぎ》に感激した「張儀曰く、『嗟乎《ああ》、これ吾れ（蘇秦の）術中に在りて而も悟らず。吾れ蘇君に及ばざること明らかなり。吾れまた新たに用いらる。安《いず》くんぞ能く趙を謀らんや。吾が為に蘇君に謝せよ、蘇君の時、儀、何をか敢えて言わん。且《か》つ蘇君在り。儀、寧渠《なん》ぞ能くせんや』と」。

以上が『史記』の張儀列伝の一節であります。ここの箇所が『十八史略』では「蘇君の時、儀何ぞ敢えて言わん」（蘇秦が生きている限り、彼の不利になるような献策はするまい）という一句に要約されておるのです。

ところが、「蘇秦趙を去りて従解く《しようと》」。蘇秦が失脚して趙を去って合従が解けてしまった。六国協力して秦に当たろうという軍事同盟が解散してしまった。このことが『戦国策』にも出ております。これはやかましい朱子さえ、男らしい痛快な書だとほめておりますが、この『戦国策』を読みますと実に面白い。今の日中関係や国際情勢が、こうも同じものかと思われるくらい興味津々ですが、この時になぜ蘇秦が失脚したかと言いますと、秦は思い切って六国にスパイを入れて、買収・妥協工作をやっておる。各国の策士たちがよく魏に集まる。現在の河南の開封《かいほう》や洛陽《らくよう》といった所へ集まっていろいろ協議をした。魏の都が合従政策を画策するための中心になりました。そこへ秦は舞劇団を送り、莫大な金を持たせて買収・懐柔工作をやらせた。秦の宰相は、「金はどうせ足るまい。足りなかったらなんぼでも補給するから言うてこい」と言って舞劇団や、歌舞音曲の美人団などを派遣し、裏面で盛んに買収工作をやりました。そうするうちに、だんだん形勢軟化してしまって、初め持っていった金で足らんどころか、まだ半分も使わぬ中に、合従工作の集まりが解消してしまったなどということが書いてある。読んでおったらくすぐったいくらいに今日の情況に似ておる。そういうことがあって蘇秦は脱落しました。蘇秦が趙を去って、合従は空中分解してしまった。そこで秋《とき》こそ到れと、儀が乗り出します。これから以後は張儀の独擅場《どくせんじょう》であります。

「儀専ら横《おう》（連衡策）を為《な》し」、つまり秦と対決の逆、妥協工作であります。「六国を連ねて以て秦に事《つか》えしむ」。今日で言うならば、自由諸国を連ねて以て中国に事えしむというところです。「秦の恵王の時、儀、嘗て秦の兵を以て魏を伐ち、一邑を得、復た以て魏に与う。而して魏を欺き地を割《さ》きて以て秦に謝せしむ」。つまり、魏の一都邑を占領しながら、それを一旦、魏に返還して恩を売り、これに対する返礼という名目で、魏を欺いて、別に新たに魏の五県を割譲させる、といった手の込んだ老獪《ろうかい》な策略を行っております。

やがて「帰りて秦の相と為る。已《すで》にして出でて魏の相と為る。実は秦の為にするなり」。張儀は魏から帰ると秦の宰相となったが、間もなくこれを辞めて魏に行き、魏の宰相となりました。しかし、これも実は儀の深謀遠慮で、秦の利益のために計った策略でありました。こういう反復常ならざる策士であります。

「襄《じょう》王の時、復た帰りて秦に相たり。已にして復た出でて、魏に相として以て卒《しゅっ》す」。こういう風に虚無的なオポチュニスト。そこで合従連衡、縦横家といいますと、主義も信念もない、行き当たりばったり、謀略で世を渡ってゆく者のことと解されるわけであります。こうして秦は和平工作、友好親善政策を一応取って、戦争を避け、形の上の平和を一応つくろって、あとは各個撃破で一つ一つつぶしていって、最終的に秦の始皇帝の天下統一となるわけです。こうした戦国の史書を読んでおりますと、あまりにも現代と相通ずるところが多いのに、本当に感慨無限であります。

◆楚の荘王

楚《そ》という国は揚子江《ようすこう》の中流の武昌《ぶしょう》・漢口《かんこう》・武漢《ぶかん》を中心に発展した国で、この地域の人々は元来は漢族ではない。東夷《とうい》・西戎《せいじゅう》・南蛮《なんばん》・北狄《ほくてき》のうちの南蛮の方でして、これが春秋《しゅんじゅう》末期、戦国の初めになりますと、中原の第一の大国になりました。この楚に対して、その北方、主として河北から山西にかけて発展した晋《しん》、河北・北京中心の燕《えん》、その南の魯《ろ》、山東の斉《せい》、それから河南の鄭《てい》とか衛《えい》・宋《そう》・陳《ちん》・蔡《さい》というように、大体春秋末期には十カ国くらいに発展している。元来これらの地域の住民が漢民族です。そして当時は一種の貴族政治の時代に入っております。

その頃、人口でいいますと、楚は大国ですけれども、人口ほぼ五百万くらいといわれております。戦国七雄といいまして七大国あったわけですが、その合計が大体二千数百万、三千万足らずです。それが今日七億（昭和四十七年）といわれておりますが、随分増えたものです。が、戦国の当時はまだ三千万足らず、そのうち楚国が五百万、五百万の人口で歩兵が約百万といわれております。それからこの頃発達しました戦車が大体千乗、百万の歩兵に対して騎馬兵が一万というくらいの戦力です。この楚の国に荘王（ショウ・ソウ、どちらでもよろしい）という大名が出まして、中原に覇を称した。この荘王は大変面白い人物でして、今日こういう人物がおったら会ってみたいような魅力のある豪快な人物です。

三年蜚《と》ばず鳴かず

（楚の）荘《しょう》王、位に即《つ》きて、三年令を出さず、日夜楽《たのしみ》を為《な》す。国中に令し、敢えて諫《いさ》むる者は死せんと。伍挙《ごきょ》曰く、「鳥有り阜《おか》に在り、三年蜚《と》ばず鳴かず。是《こ》れ何の鳥ぞや」と。王曰く、「三年蜚ばず、蜚ばば将《まさ》に天を衝《つ》かんとす。三年鳴かず、鳴かば将に人を驚かさんとす」と。蘇従《そじゅう》も亦《また》入りて諫む。王乃ち左に従が手を執り、右に刀を抽《ぬ》きて、以て鐘鼓《しょうこ》の懸《けん》を断つ。明日《めいじつ》政《まつりごと》を聴き、伍挙・蘇従に任ず。国人大いに悦《よろこ》ぶ。又孫叔敖《そんしゅくごう》を得て相《しょう》と為す。遂《つい》に諸侯に覇《は》たり。

楚は荘王の時代になりましたが、荘王は位に即《つ》いて三年間、政令一つ出さず、「日夜楽《たのしみ》を為《な》す。国中に令し、敢えて諫《いさ》むる者は死せんと」。昼となく夜となく酒宴の享楽にふけって、諫言《かんげん》立てなどする奴は殺すぞという乱暴な布告を出す有様でした。『十八史略』にはありませんが、『史記』には「荘王、左に鄭姫を抱き、右に越女を抱き、鐘鼓の間に坐す」。鐘鼓は楽器ですね。楽器の間に坐って、左右に鄭国や越の美女を抱いてどんちゃん騒ぎをした——と書いてあります。

そこで伍挙という、これはなかなか隅に置けぬ家来の中の人材がおりまして、こういう謎をかけた。「鳥有り阜《おか》に在り、三年蜚《と》ばず鳴かず。是《こ》れ何の鳥ぞや」と。三年間一向政務に精出さぬ、それを謎かけたわけです。「三年蜚ばず鳴かず」、この言葉は後世有名な故事として随分はやりましたね。「王曰く、『三年蜚ばず、蜚ばば将《まさ》に天を衝かんとす。三年鳴かず、鳴かば将に人を驚かさんとす』と」。なかなかふとい返事をしたわけです。続いて蘇従《そじゅう》という家来も宮中に入って諫めました。すると、「王乃ち左に従が手を執り、右に刀を抽《ぬ》きて、以て鐘鼓の懸を断つ」。宴遊のための鐘や太鼓をぶらさげておる掛け紐《ひも》を断ち切ってしまいました。それで従来の放《ほう》蕩《とう》生活をプッツリと断ち切って、「明日《しょう》（明くる日）政《まつりごと》を聴き、伍挙・蘇従に任ず。国人大いに悦《よろこ》ぶ。又孫叔敖《そんしゅくごう》を得て相と為す。遂《つい》に諸侯に覇たり」。こういう面白い人間です。

「三年蜚ばず、蜚ばば将に天を衝かんとす。三年鳴かず、鳴かば将に人を驚かさんとす」。この言葉は後世随分はやり、怠け者が引用して「今に見ておれ」と言ったものです。ともかく荘王は、こういう豪放磊落《らいらく》の中に道義的な感激心を備えて、逸話の多かった人物として、戦国の大名の中でも聞こえた人であります。

ここに引用してありませんけれども、有名な話が『左伝』の宣公三年の項に記載されております。当時周王朝は有れども無きがごとき形式的存在にまで落ちぶれておった。ご承知のように王権を象徴する物は日本の三種の神器みたいなもので、鼎《かなえ》であります。ある時に荘王は洛陽《らくよう》の周王室に参内《さんだい》して、周の王権の象徴であります鼎の軽重を問うた。歴代の王権を象徴する宝鼎《ほうてい》というのはどのくらいのものですか。「大小軽重を問う」と書いてある。というのは、内々もう周王室なんかどうなるかわからんという意を含んでおるのですが、その時、王孫満という大変な人材が宮廷におりまして、これが言下に荘王に答えて曰く、「徳に在り。鼎に在らず」。問題はあなたの問うような鼎ではない。徳にある。「周の徳衰えたりと雖《いえど》も、天命未だ改まらず。鼎の軽重未だ問うべからざるなり」。「周の徳は衰えておりますが、天命は未だ改まって居りません。まだ天から見放されていない。鼎の軽重など今お尋ねになることは無用です」とぴしっとやられて、「王則《すなわ》ち帰る」とあります。感心したのでしょうね。「うん。そうじゃ」とさっさと帰った。まあ、こういう人でありまして、「鼎の軽重を問う」ということが故事になっております。

ある時は鄭《てい》を攻撃し、ある時は宋《そう》を大いに攻撃して、丁度秀吉の高松城水攻めのように徹底的に攻め上げて、城を守る連中がもう食う物もなく、お互いに子を換えて肉を食ったという悲惨な状況に入った。その時に城から使者が出て率直にその状況を述べて和を乞《こ》う話がありますが、その使者がいかにも人物だというので、「君は偉い、人物だな」と感心して、囲みを解いて軍を帰した、許してやったというようなことが一再ならずありまして、小説の種になるような人物です。この荘王というのは……。

◈燕の昭王

楚《そ》に対して北方の燕《えん》、これは周《しゅう》の武《ぶ》王を輔《たす》けた二人の兄弟、周公旦《たん》と召《しょう》公奭《せき》と。この二人は武王亡き後の甥《おい》の成王を輔《たす》けて、周の王室の基礎を定めた。この召公の封ぜられたのが燕でありまして、この人は仁政を敷いて民をして長くその徳を慕わしめたというので名高い。その召公から三十余世を経て文公の治世となった頃の話です。当時、文公は例の縦横の政客・蘇秦の説を入れて六国と合従同盟を結び、西の強国・秦と対抗していた時代のことです。

先ず隗より始めよ

（燕の）易《い》王噲《かい》立つ。十年にして、国を以て其《そ》の相《しょう》・子之《しし》に譲り、南面して王事を行わしめ、而して噲老《かいろう》して政《まつりごと》を聴かず、顧《かえ》りて臣と為《な》る。国大いに乱る。斉《せい》、燕《えん》を伐《う》ちて之を取り、子之を醢《かい》にして噲《かい》を殺す。燕人《えんひと》・太子平《たいしへい》を立てて君と為す。是を昭《しょう》王と為す。死を弔い生を問い、辞を卑くし幣を厚くし、以て賢者を招く。郭隗《かくかい》に問いて曰く、「斉、孤《こ》の国の乱れしに因《よ》りて、襲いて燕を破る。孤、極めて燕の小にして以て報ずるに足らざるを知る。誠に賢士を得て、与《とも》に国を共にし、以て先王の恥を雪《すす》がんこと、孤の願なり。先生可なる者を視《しめ》せ、身《み》、之に事《つか》うるを得ん」と。隗《かい》曰く、「古《いにしえ》の君、千金を以て涓人《けんじん》をして千里の馬を求めし者あり。死馬の骨を五百金に買いて返る。君怒る。涓人曰く、『死馬すら且つ之を買う。況《いわ》んや生者をや。馬今に至らん』と、期年《きねん》ならずして、千里の馬至る者三。今王必ず士を致さんと欲せば、先ず隗より始めよ。況んや隗より賢なる者、豈《あに》千里を遠しとせんや」と。是《ここ》に於て昭王、隗の為に、改めて宮を築き之に師事す。是に於て、士争いて燕に趨《おもむ》く。楽毅《がくき》は魏《ぎ》より往く。以て亜卿《あけい》と為し、国政に任ず。已にして毅をして斉を伐たしめ、臨淄《りんし》に入る。斉王出でて走る。

毅、勝に乗じ、六月《ろくげつ》の間に斉の七十余城を下《くだ》す。

やがて文王が亡くなって易王噲《い》が即位しました。この噲がすなわち合従同盟のリーダー・蘇秦《そしん》を殺した人です。この蘇秦の唱えた合従政策に対して、連衡は横に連なる、すなわち六国共同妥協して西の秦と平和友好しようという政策ですが、この連衡の主導者が張儀です。

問題の屈原《くつげん》はここへ出てきませんが、屈原は合従論者で、斉と提携して秦と対決しようという主戦論者であって、これに対する張儀は反対に、秦と友好親善政策を提唱し、楚の国にだんだん秦との妥協政策・友好親善政策というものが力を占めていって、主戦論者・対決論者である屈原は孤立に追いやられて汨羅《べきら》に投ずるのです。

その屈原の作品を中心にした『楚辞』、これに朱子が註《ちゅう》をした『楚辞集註《そじしっちゅう》』を毛沢東が田中首相に贈ったというのでえらく問題になった。どういう意味だろうかというのでシナの学者や、シナ通の思想家たちが大変興味を持ったのですが、日本は田中首相をはじめとして問題にしなかった。が、この故事来歴からゆくと、毛沢東が『楚辞』を贈ったということは、『楚辞』は屈原が中心ですから、考えようによっては斉は楚の東方です。屈原が提携して秦と対決しようとした斉は、田中首相の日本からいうとアメリカに該当する。「お前、アメリカと組んでおれたちと対決しようとしたら、結局汨羅に投身自殺するようなことになるぞ」ということを諷刺《ふうし》したともいえる。

これに対して秦、後に始皇帝が出るわけですが、秦は当時最強の武力国家で、その猛烈な政治謀略が効を奏して屈原の楚の国はすっかり致されてしまった。それに対して終始抵抗したのが屈原ですから、仮に秦を擬するに、今のソ連に当てると、考えようによっては、「お前は日本の宰相として、ソ連の言うことを聞いたら結局身を亡ぼすことになるぞ」、「日本の国にソ連の勢力を導入したらろくな事はないぞ」ということにもなるし、もっと気を廻すと、「おれの言うことを聞かなければ、これを要するに汨羅だぞ」ということにも受け取れる。

要するに汨羅に投身自殺をした屈原を中心にした楚の代表的文学作品が『楚辞』ですから、そんな物は一国の主権者として他国の宰相に贈るべき物ではない。そんな物をどうして彼は贈ったのだろうか。偶然贈ったというにしては余りにどうも凝りすぎる。それをまた、「どうしてこれを下さるのか」と尋ねないでありがたく頂戴して帰るというのも愚かなことだという議論もある。田中首相あたりも屈原のことを知っておったら少し開き直っただろうと思う。

それはしばらく措《お》いて、その蘇秦を殺したのが易王噲ですが、その噲は即位後「十年にして、国を以て其《そ》の相《しょう》（大臣）・子之に譲り、南面して王事を行わしめ」、王者は南面、臣下は北面、臣下に南面して王事を行わせ、「而して噲、老して政を聴かず」。この場合の「老して」は位を譲って隠居するという意味です。隠居して一向政務を執らない。「顧りて臣と為る。国大いに乱る」。そこで燕の内乱につけ込んで隣国の「斉、燕を伐ちて之を取り、子之を醢《かい》にして噲を殺す」。醢というのは「ししびしお」などといいますが、乾肉を刻《きざ》んで、麹《こうじ》と塩《しお》と酒に漬けたもので、この場合は人体を塩づけにする刑罰です。けしからん奴だというので子之を醢にして、易王噲を殺した。

そこで、「燕人・太子平を立てて君と為す。是を昭王と為す」。ここにおいて昭王は戦後収拾と再建のため、「死を弔い生を問い、辞を卑くし幣を厚くし、以て賢者を招く」。戦死者を弔い、生存者を慰問し、礼を尽くし、禄《ろく》を厚くして、人材を招致しようとして、側近の郭隗《かくかい》に相談しました。「斉、孤（自分）の国の乱れしに因りて、襲いて燕を破る。孤、極めて燕の小にして以て報ずるに足らざるを知る。誠に賢士を得て、与《とも》に国（政）を共にし、以て先王の恥を雪《すす》がんこと、孤の願なり。先生可なる者を視《しめ》せ、身、之に事《つか》うるを得ん」。こうなると、結局偉い人物を得て共に国を治めるほかはない。そうすることによって先王の恥を雪ぐことが私の願いであるが、ついては適材が居ったならば紹介していただきたい。自分は喜んでこれに師事したいと思う――と。

これに対する郭隗の答えが面白い。「古《いにしえ》の君、千金を以て涓人《けんじん》（側近の召使）をして千里の馬を求めし者あり」。ところがその召使は死んだ馬の骨を五百金で買って帰りました。王が怒ったところが、その召使が「曰く、『死馬すら且《か》つ之を買う。況《いわ》んや生者をや。馬今に至らん』と、期年《きねん》ならずして（一年もしない中に）千里の馬至る者三。今王必ず士を致さんと欲せば、先ず隗より始めよ。況んや隗より賢なる者、豈《あに》千里を遠しとせんや」と。王が本気で人材を招こうとなさるなら、先ず私（隗）からお始めください。私のような者でも重用されるということが聞こえると、私より優れた人物は、千里を遠しとせずして馳せ参ずることでしょう。「是に於て昭王、隗の為に、改めて宮を築き之に師事す。是に於て、士争いて燕に趨《おもむ》く。楽毅《がくき》は魏より往く」。

この楽毅は斉の管仲と共に賢者の代表とされた人で、諸葛孔明《しょかつこうめい》も若い時にこの管仲・楽毅に私淑したというので知られております。……果たせるかな、人材が四方より集まり、特に「楽毅は魏より往く。以て亜卿《あけい》（副総理）と為し、国政に任ず。已にして毅をして斉を伐たしめ、臨淄《りんし》に入る（斉の都を陥落させた）。斉王出でて走る。毅勝に乗じ、六月《ろくげつ》の間に斉の七十余城を下す」。というくらいに大成功をしたわけであります。

◆燕の太子丹

(一)荊軻と樊於期

恵《けい》王の後、武成《ぶせい》王・孝《こう》王ありて、王喜《おうき》に至る。喜《き》の太子丹《たん》、秦《しん》に質《ち》たり。秦《しん》王政《せい》、礼せず。怒りて亡《に》げ帰る。秦を怨《うら》みて之に報いんと欲す。秦の将軍樊於期《はんおき》、罪を得て亡げて燕に之《ゆ》く。丹《たん》受けて之を舎《しゃ》す。丹、衛人荊軻《えいひとけいか》の賢を聞き、辞を卑《ひく》くし礼を厚くして之を請う。奉養《ほうよう》至らざる無し。軻を遣《つかわ》さんと欲す。軻、樊将軍の首及び燕の督亢《とくこう》の地図を得て以て秦に献ぜんと請う。丹、於期を殺すに忍びず。軻自ら意を以て之に諷《ふう》して曰く、「願わくは将軍の首を得て、以て秦王に献ぜん。必ず喜びて臣を見ん。臣左手に其の袖《そで》を把《と》り、右手に其の胸を揕《さ》さば則ち将軍の仇《あだ》報いられて、燕の恥雪《すす》がれん」と。於期慨然《がいぜん》として遂に自刎《じふん》す。

燕では恵王の後、武成王・孝王を経て、王喜の代になりました。あたかも「喜の太子丹、秦に質《ち》たり」。秦の人質になっておった。ところが「秦王政、礼せず」。秦王・政は礼を以て丹を遇しなかったので丹は「怒りて亡《に》げ帰る。秦を怨みて之に報いんと欲す」。たまたま「秦の将軍樊於期、罪を得て亡げて（亡命して）燕に之《ゆ》く。丹受けて之を舎《しゃ》す」。かくまってやった。

さて一方、「丹、衛人《えいひと》荊軻《けいか》の賢を聞き、辞を卑くし礼を厚くして之を請う」。丹は荊軻を招き寄せて「奉養《ほうよう》至らざる無し」。至れり尽くせりのもてなしをし、「軻を遣さんと欲す」。刺客として秦に荊軻を派遣しようとした。

シナでは春秋戦国時代から人材を探し求めて、これを帷幕《いばく》に備えて遊ばせて置く。これを幕賓《ばくひん》といいます。帷幕の客。不断は遊ばせて置く。その幕賓を万一の際に役立てるわけです。そういう立派な幕賓を持っておるということが当時大名の一つの自慢であり、また大名その人の人物やその国政を観察する基準にしておったものでありまして、日本も戦国時代にはそういうところがありました。戦国時代は幕賓が最も活躍した時で、荊軻はその一人であります。衛人荊軻の賢なるを聞いた太子丹は彼を幕賓として召し抱え、今こそというので荊軻を秦に派遣しようとした。

ところが荆軻は「樊将軍の首及び燕の督亢《とくこう》の地図を得て以て秦に献ぜんと請う」。樊将軍、すなわち亡命して燕にかくまわれて居りました樊於期将軍の首、及び燕の督亢の地図、今で申しますと河北、北京の近く、燕国の最も重要な地域の地図とを持って、それをお土産に秦に参りましょう。――こういう条件を願い出た。

しかるに、太子丹は「於期を殺すに忍びず」。そこで荆軻は、丹の気持を察すると、ひそかに樊於期に会って、「自ら意を以て之に諷《ふう》して曰く」、それとなく諷刺して、「願わくは将軍の首を得て、以て秦王に献ぜん。必ず喜びて臣を見ん」。将軍の首をお土産に持って秦王に献じたなら、秦王は必ず喜んで自分を引見するであろう。その時に、「臣左手に其《そ》の袖《そで》を把《と》り」、秦王の袖をつかんで、「右手に其の胸を揕《さ》さば則ち将軍の仇《あだ》報いられて、燕の恥雪《すす》がれん」と。こういう案を立てた。そこで、「於期慨然《がいぜん》として遂に自刎《じふん》す」。樊於期は太子丹の知遇に感じておりましたし、かつまた秦王に対する自分の恨みも晴らせるので、慨然として自らその首を刎《は》ねて自決をした。

戦国時代の史書にはこういう深刻な劇的な光景が往々にして描かれております。

(二)風蕭々として易水寒し

丹奔《はし》り往き伏して哭《こく》す。乃《すなわ》ち函《はこ》を以て其の首を盛る。又嘗《かつ》て天下の利《り》匕首《ひしゅ》を求め、薬を以て之を焠《さい》して、以て人に試みるに、血、縷《る》の如《ごと》くにして立《たちどこ》ろに死す。乃ち軻《か》を装遣《そうけん》す。行きて易水《えきすい》に至り、歌いて曰く、「風蕭々《しょうしょう》として易水寒し。壮士一たび去って復《ま》た還《かえ》らず」と。時に白虹《はくこう》日を貫《つらぬ》く。燕人《えんひと》之を畏《おそ》る。

樊於期の自決の報を聞いた太子丹は、「奔《はし》り往き伏して哭《こく》す」。かけつけて慟哭《どうこく》し、「乃《すなわ》ち函《はこ》を以て其の首を盛る。又嘗《かつ》て天下の利《り》匕首《ひしゅ》を求め」、切れ味のいい匕首、短刀を求め、「薬を以て之を焠《さい》して、以て人に試みるに、血、縷《る》の如《ごと》くにして立《たちどこ》ろに死す」。短刀に毒薬を塗って焼きを入れ、試し斬《ぎ》りをしてみたところ、ちょっと傷を付けて血が糸のようににじむくらいで、たちどころに死んだ。それほどの猛毒を匕首に塗って、ちょっとでも秦王の体に触ったらたちどころに死ぬような利剣を用意したわけです。

「乃ち軻を装遣す」。このようにして旅支度もととのい荊軻を出発させました。易水まで来たとき、荊軻は歌った。「風蕭々《しょうしょう》として易水寒し。壮士一たび去って復《ま》た還《かえ》らず」と。「時に白虹《はくこう》日を貫く。燕人《えんひと》之を畏《おそ》る」。その時、美しい虹《にじ》ではない、白い虹が現れて太陽を貫きました。燕の人々はこの只事《ただごと》ではない現象を見て、兵乱の前兆として恐れたといわれます。

㈢荊軻の最期――燕の滅亡

軻《か》咸陽《かんよう》に至る。秦《しん》王・政《せい》、大いに喜びて之を見る。軻、図を奉じて進む。図、窮りて匕首《ひしゅ》見《あら》わる。王の袖《そで》を把りて之を揕《さ》す。未だ身に及ばず。王驚き起ちて袖を絶《た》つ。軻、之を逐《お》う。王、柱を環《めぐ》りて走る。秦の法に、羣臣《ぐんしん》殿上に侍する者は尺寸《せきすん》の兵を操《と》るを得ず。左右手を以て之を搏《う》つ。且つ曰く、「王剣を負《お》え」と。遂《つい》に剣を抜きて其の左股《さこ》を断つ。軻、匕首を引きて王に擿《なげう》つ。中《あた》らず、遂に体解《たいかい》して以て徇《とな》う。秦王大いに怒り、益《ますます》兵を発して燕《えん》を伐《う》つ。喜《き》、丹《たん》を斬りて以て献ず。後《のち》三年、秦の兵、喜を虜にす。遂に燕を滅して郡と為す。

そこで「軻《か》、咸陽《かんよう》に至る」。陝西《せんせい》省の黄河の支流・渭水《いすい》のほとりにある秦の都・咸陽に参りました。「秦王・政、大いに喜びて之を見る」。引見した。「軻、図を奉じて進む」。すなわち督亢の地図でありますところが、巻物の地図を繰りひろげて行くと、終わりに近づいて「図、窮りて匕首見《あら》わる」。地図の奥に隠していた匕首の先が見えた。すかさず荊軻は匕首を取り、「王の袖《そで》を把《と》りて之を揕《さ》す。未だ身に及ばず。王驚き起ちて袖を絶つ」。袖を引きちぎった。「軻之を逐《お》う。王柱を環《めぐ》りて走る。秦の法に、羣臣《ぐんしん》殿上に侍する者は尺寸の兵（武器）を操《と》るを得ず」。殿上に侍する家来共は、ちょっとした武器も所持できなかった。丸腰、素手であった。

そこで、「左右手を以て之を搏《う》つ。且つ曰く、『王剣を負《お》え』と」。王は飾りの剣を持っております。長い物です。日本も平安朝時代、みなそうでありました。剣を負えというのは、その剣をぐっと背中の方へすり上げると抜けるわけです。そこで、「遂に剣を抜きて其の左股《さこ》を断つ」。荊軻の左の股を刺した。万事休す。もはや最後だと、「軻、匕首を引きて王に擿《なげう》つ。中《あた》らず、遂に体解して以て徇《とな》う」。膾《なます》のように五体をズタズタに切り刻まれ、見せしめとして曝《さら》しものにされてしまった。

かくて「秦王大いに怒り、益《ますます》兵を発して燕を伐つ。（燕王）喜、丹（太子）を斬りて以て献ず。後三年、秦の兵、喜を虜にす。遂に燕を滅して（秦の一）郡と為す」。まあこういう燕の悲劇であります。

◆秦の孝公

秦《しん》という国は、いわゆる戦国七雄の中でも大陸の西の奥地に蟠踞《ばんきょ》した大国であります。春秋時代《しゅんじゅう》、穆公《ぼく》が賢人百里傒《ひゃくりけい》や蹇叔《けんしゅく》を登庸して大いに国力を強化し、中原の諸国に対抗して隠然たる勢力を蓄積したのでありますが、やがて戦国時代に入ると、孝公が商鞅《しょうおう》を宰相に抜擢《ばってき》して一大改革を断行し、飛躍的に国力を強化して〝虎狼《ころう》の国〟として周辺の諸国から畏怖《いふ》されたことは周知のことであります。そして、紀元前二二一年、秦王政（始皇帝）が初めて天下を統一し、五百五十年間にわたる戦国時代に終止符を打つのであります。この章は商鞅の革新政治、実はいわゆる法治主義・全体主義の強行による富国強兵政策について記述されております。

(一)商鞅の革新政治

孝公《こうこう》に至る。河山《かさん》以東の強国六、小国十余あり。皆夷狄《いてき》を以て秦《しん》を遇し、擯《しりぞ》けて諸侯の会盟に与《あずか》らしめず。孝公令を下す。「賓客羣臣《ひんかくぐんしん》、能《よ》く奇計を出《いだ》して秦を強くする者有らば、吾《われ》其れ官を尊くし之に分土《ふんど》を与えん」と。衛の公孫鞅《こうそんおう》、秦に入り、嬖人景監《へいじんけいかん》に因《よ》りて以て見《まみ》え、説くに帝道・王道を以てし、三変して覇道と為《な》し、而《しか》る後に強国の術に及ぶ。公大いに悦《よろこ》び、法を変ぜんと欲するも、天下の己を議せんことを恐る。鞅曰く、「民は与《とも》に始を慮《はか》る可《べ》からず、而して与に成《せい》を楽しむ可し」と。卒《つい》に令を定め、民をして什伍《じゅうご》を為して、相収司連坐《あいしゅうしれんざ》せしめ、姦《かん》を告げざる者は腰斬《ようざん》し、姦を告ぐる者は敵を斬《き》ると賞を同じくし、姦を匿《かく》す者は敵に降ると罰を同じくす。軍功有る者は各〻率を以て爵を受け、私闘をなす者は各〻軽重《けいじゅう》を以て刑せらる。大小力を戮《あわ》せ、畊織《こうしょく》を本業とし、粟帛《ぞくはく》を致すこと多き者は其の身を復す。末利《まつり》を事とし、及び怠りて貧しき者は挙げて以て収孥《しゅうど》と為す。

「孝公に至る。河山《かさん》以東の強国六、小国十余あり」。孝公の時代、河山（河は黄河、山は華山）以東に強国が六つ、小国が十余りあった。ところが中原のこれら大小の諸国は当時「皆夷狄《いてき》を以て秦《しん》を遇し、擯《しりぞ》けて諸侯の会盟に与《あずか》らしめず」。秦を対等の待遇を以て礼せず、夷狄・蛮族扱いにして、中原の諸大名の会盟に参加させなかった。そこで「孝公令を下す。『賓客羣臣《ひんかくぐんしん》、能く奇計を出して秦を強くする者有らば、吾其れ官を尊くし之に分土を与えん』と」。賓客群臣の中に、奇計妙策を出して秦を強くする者があったら、思い切って厚遇し官職を高くし、領地も与えようという令を出した。

そこで「衛の公孫鞅《こうそんおう》、秦に入り」、衛国、鄭《てい》国というのは、周の王室に近い。小国ですけれども名誉は高かった。その衛の王室の血を引く一人であります公孫鞅が、これを聞いて秦に入り、「嬖人《へいじん》（お気に入りの側用人）景監に因《よ》りて以て見《まみ》え、説くに帝道・王道を以てし、三変して覇道と為《な》し、而《しか》る後に強国の術に及ぶ」。

中国の政道、これを一言にしていえば王道という。これは中国の最高の政治哲学です。この王道すなわち徳を根本にして政治をするという行き方に対して、どこまでも力を以て政治を行うのが覇道、これを〝王覇の弁〟といいますが、その王道を詳しくいいますと、皇道・帝道・王道という三つになる。皇道というのは最高の理想的な政道で、これはちょっと及ぶべくもない。下って帝道、その次が王道といわれる。

公孫鞅は孝公に対して、最初は理想政治論の帝道・王道を説いた。しかし、こういう高尚な政治論は、孝公には十分に理解されない。ピンと来なかった。そこで三変して、三度目に覇道、極めて現実的・功利的・武力的な覇道を挙げ、富国強兵政策に及んだ。すると「公大いに悦び、法を変ぜんと欲するも」、政策・法令を一変しようと考えたが、「天下の己を議せんことを恐る」。こういう富国強兵政策は、帝国主義・侵略主義だといって、天下の非難が集まりはせんかということを恐れた。何分にも中国は昔から王道政治、徳を以て政《まつりごと》を行うということが政治の原則になっていましたから、最初からいきなり覇道を標榜《ひょうぼう》するとどういう非難が集まるかも知れんと孝公は少々憚《はば》かっておった。

それに対して「鞅《おう》曰く、『民は与《とも》に始を慮《はか》る可《べ》からず、而して与に成を楽しむ可し』と」。民衆というものは、共に始めをはかるべきものではない。民衆に政策を相談したところで、相談にならない。民衆というものは、政策を現実に実施してのちにその成果を共に楽しむべきものだ。やってのけた後の成功を共に楽しむもので、事を成そうという当初に、いかに成すべきかなんていうことを民衆に相談したって仕方がない。公孫鞅はこう答えております。今の議会民主制というものは逆で、〝民は与《とも》に始を慮るべくして、与に成を楽しむべからず〟ということにもなるわけです。

「卒に令を定め、民をして什伍《じゅうご》を為して、相収司連坐《あいしゅうしれんざ》せしめ」、戦時中の隣組ですね。十軒、或いは五軒を一組にする。つまり什伍。中国の人民公社のようなものを作って「相収司連坐」すなわち共同責任制度を作らせ、「姦《かん》を告げざる者は腰斬《ようざん》し」、密告をしない者は腰から斬って捨てる。「姦を告ぐる者は敵を斬ると賞を同じくし、姦を匿《かく》す者は敵に降ると罰を同じくす」。

中国の人民公社制度はこの通りやっておる。中国の制度を何か新しいもののように言う者が多いが、こういうシナの歴史を読んで見ると一つも新しくないですね。

シナの歴史の中に、中国が今やっているような事はいくらでも例がある。これなどもその一つであります。中国の密告制度は甚《はなはだ》しきに至っては家族、すなわち親子・兄弟・夫婦が密告し合う。燕京大学の学長は娘に密告されて捕らえられ、強制労働に追いやられた。そして密告したその娘は車に乗せられ、革命の英雄として北京の街をまるで花形女優か何かのように巡回させた。時代が変わっても一向中身は変わらんもので、こういう風にして紅衛兵も跋扈《ばっこ》させたわけです。

「軍功有る者は各〻率を以て爵を受け、私闘をなす者は各〻軽重を以て刑せらる」。軍功ある者にはそれだけの地位・名誉・待遇を与える。私闘をすると刑罰を受けた。「大小力を戮せ、畊織《こうしょく》を本業とし」、農耕と機織を本業とし、「粟帛《ぞくはく》を致すこと多き者はその身を復す」。穀物と織物をたくさん上納した者は強制労働を免除し、奴隷的生活から身分を回復し、自由を与えた。そして「末利を事とし、及び怠りて貧しき者は挙げて以て収孥《しゅうど》と為す」。末利というのは、当時は農業を本業としたので、商工業に携わる者や、怠けて貧乏な者は、皆奴隷に入れてしまった。これが公孫鞅の執った強権政治の一端であります。

公孫鞅は別に商君、或いは商鞅と申しますが、『商君書』という書物が今残っております。なかなか面白いことが書いてあります。ここには、「民は与に始を慮《はか》る可《べ》からず、而して与に成を楽しむ可し」ということがありますが、『商君書』には例えば、「愚者は成事に昏《くら》く、智者は未だ萌さ《きざ》ざるに見る」。愚かな者はできあがったことに暗い。智者は未萌《みほう》の中にちゃんと見て取る。例えば日中友好ができあがった。これは成事です。どうしてそういうことになったかというようなことは、愚者にはわからない。けれども智者は未萌、そんな事が始まらん前に、未だ萌さざるにちゃんとそれを見て取る。

「常人、故習に安んじ、学者は諸聞に溺《おぼ》る」。普通の人間は故習、コンベンショナリズム、在来からの習慣に安んじる。いわゆる思想家・学者というような者は、在来の学説に惑溺《わくでき》して真実がわからない。だから、何が本当の徳であるかという、至徳を論ずる者は、そんな俗習に和するものではない。

「大功を為す者は、衆に計らず」。大いなる業績を上げる者は多勢の者に相談なんかしない。無責任な大衆に相談なんかすればろくでもないことになってしまう。「大功を為す者は、衆に計らず」。なかなか手厳しいです。

それから、人間は自信のない、疑わしいこと、よくわからんけれども皆やるから仕方がないというようなそういう行為「疑行は成《な》るなく、疑事は功なし」。こういうことも論じております。一々いかにも現実的であり、辛辣《しんらつ》な功利主義者であるということが、この商鞅、公孫鞅の書の特徴であります。

(二)信賞必罰の強行

令既《すで》に具《そなわ》りて未だ布《し》かず。三丈の木を国都《こくと》の南門に立てて、民を募《つの》る。「能《よ》く北門に徙《うつ》す者有らば、十金を予《あた》えん」と。民之を怪しみて、敢《あ》えて徙すもの莫《な》し。復《ま》た曰く、「能く徙す者には五十金を予えん」と。一人有りて之を徙す。輒《すなわ》ち五十金を予う。乃ち令を下す。太子《たいし》、法を犯す。鞅《おう》曰く、「法の行われざるは、上より之を犯せばなり。君の嗣《し》は刑を施《ほどこ》すべからず」と。其の傅《ふ》・公子虔《けん》を刑し、その師・公孫賈《こうそんか》を黥《げい》す。秦人《しんひと》皆令に趨《おもむ》く。

このようにして、「令既《すで》に具《そなわ》りて未だ布かず」。新しい法令はできあがったが、すぐ公布したわけではありません。彼はまず「三丈の木を国都の南門に立てて、民を募《つの》る。『能《よ》く北門に徙す者あらば、十金を予えん』と」。この木を首都の南門から北門に運ぶ者には十金、金十両を与えるという布告を出した。「民之を怪しみて、敢《あ》えて徙すもの莫し」。ところが、こんな木をちょっと移すくらいのことで、大金を与えるなんて、そんな馬鹿なことはないというので怪しんで誰も移す者はない。そこで「復た曰く、『能く徙す者には五十金を予えん』と」。十金を五十金にふやした。すると中には物好きな奴がおって、〝こんなに言うから或いは本当かも知れん〞というので、「一人有りて之を徙す。輒《すなわ》ち五十金を予う」。こういうことをして、やっぱり本当だった、うそじゃないんだと民衆に予備知識を与えて「乃ち令を下す」。そこで痛烈な革新政策に基づく法令を下した。

ところが、「太子、法を犯す。鞅曰く、『法の行われざるは、上より之を犯せばなり』」。法令が実行されないのは上からこれを犯すからだ。上に立つ者が法を破れば、下は服さない。しかしながら「君の嗣《し》は刑を施《ほどこ》すべからず」。王の後嗣《あとつぎ》の太子であるから刑罰を適用するというわけにもゆかぬ。そこで「其の傅《ふ》・公子虔《こうしけん》を刑し、その師・公孫賈《こうそんか》を黥《げい》す」。お守り役の公子虔を死刑にし、太子の師である公孫賈を入墨の刑に処した。

「秦人皆令に趨《おもむ》く」。人民は皆びっくりし、たちまち秦の政令を遵法した。「賞を信《まこと》にし、罰を必する」、大変極端な方法で、いわゆる信賞必罰を厳酷に実行したわけであります。

(三)道遺ちたるを拾わず

之を行うこと十年。道遺《お》ちたるを拾わず。山に盗賊なく、家々給し人々足り、民、公戦に勇に、私闘に怯《きょう》に、郷邑《きょうゆう》大いに治まる。初め令の不便を言いし者、来りて令の便を言う。鞅《おう》曰く、「皆法を乱すの民なり」と。尽《ことごと》く之を辺に遷《うつ》す。民敢《あ》えて議するもの莫し。民に令し、父子兄弟《けいてい》、同室内息《ないそく》する者は禁と為す。井田《せいでん》を廃し、阡陌《せんぱく》を開き、更《あらた》めて賦税《ふぜい》の法を為す。秦人《しんひと》富強なり。鞅を商・於《お》の十五邑に封《ほう》じ、号して商君《しょうくん》と曰《い》う。

このようにして、「之を行うこと十年。道遺《お》ちたるを拾わず。山に盗賊なく、家々給し人々足り」、人々の経済生活は充足し、「民、公戦に勇に、私闘に怯《きょう》に」、公けの戦争、国のための戦争には勇敢だが、私闘をすると罰せられますから皆恐れてやらなくなった。すなわち「郷邑大いに治まる」。そこで「初め令の不便を言いし者、来りて令の便を言う」。最初は商鞅の定めた新しい法令は不便だ、人情に合わん、しっくりしないと言うた者も、そうなると皆結構だと言った。「鞅《おう》曰く、『皆法を乱すの民なり』と」。初めにぶつぶつ文句を言っておった奴が、結果を見て賛同する。こういうような奴が法を乱す民だと言うて、「尽く之を辺に遷す」。中国のいわゆる下放で、ことごとく辺境の地へ強制労役に送り込んでしまった。そこで、「民敢《あ》えて議するものなし」。もう誰も批評したり、文句を言わなくなった。「民に令し、父子兄弟、同室内息する者は禁と為す」。家族でも同じ家で一緒に暮らすことを禁じ、別居させてどんどん戸数をふやし、その戸ごとに税を課した。「井田《せいでん》を廃し、阡陌《せんぱく》を開き」、周以来の原則であった井田法を廃し、「阡陌を開き」、南から北に走るのを阡、東西を陌と言う。つまり縦横の畔道《あぜみち》まで開拓して、田地をひろげ、「更《あらた》めて賦税《ふぜい》の法を為す」。新しい税法を作った。かくして、「秦人《しんひと》富強なり。鞅を商・於《お》の十五邑に封じ、号して商君と曰う」。それで公孫鞅のことを商鞅というのであります。

(四)法治万能の弊

孝公薨《こう》じ、恵文《けいぶん》王立つ。公子虔《けん》の徒、鞅《おう》、反せんと欲すと告ぐ。鞅、出亡《しゅつぼう》し、客舎に止《とど》らんと欲す。舎人曰《しゃじんいわ》く、「商君の法、人の験《けん》なき者を舎《しゃ》すれば、之に坐す」と。鞅歎《たん》じて曰く、「法を為すの弊、一に此に至るか」と。去りて魏《ぎ》に之《ゆ》く。魏受けずして、之を秦に内《い》る。秦人車裂《しゃれつ》して以て徇《とな》う。鞅、法を用うること酷なり。歩、六尺《りくせき》に過ぐる者は罰あり。灰を道に棄つる者は刑せらる。嘗《かつ》て渭《い》に臨みて囚を論ず。渭水尽《ことごと》く赤し。

「孝公薨《こう》じ、恵文王《けいぶん》立つ。公子虔《けん》の徒、鞅《おう》、反せんと欲すと告ぐ」。さきに商鞅のために処刑され痛い目にあわされた公子虔の徒が、商鞅が反逆を企てていると密告した。極めて簡単な言葉ですけれども、これは『史記』や『資治通鑑《しじつがん》』などを詳しく読んでみますと、今の中国がやっていることがその通りです。劉少奇《りゅうしょうき》がやられた、林彪《りんぴょう》が粛清されたと聞くと、こういう先例がちょっと形が変わっておるだけのことでありまして、原則的には昔の例の繰り返しに過ぎません。

商鞅も昨日までは権勢の衝にあたって威権を振ったが、一転して逃げ隠れしなければならなくなった。「鞅、出亡《しゅつぼう》し、客舎に止《とど》まらんと欲す」。宿屋に泊まろうとすると、宿屋の主人「舎人曰く、『商君の法、人の験《けん》なき者を舎《しゃ》すれば、之に坐す』」。手形の無い者、通行許可証が無い者を泊めると同罪になるから泊めることはできないという。「鞅歎じて曰く、『法を為すの弊、一に此に至るか』と」。法令万能で叩き上げてきた商鞅が自縄自縛、自ら作った法によって自ら窮することになったわけです。

「去りて魏《ぎ》に之《ゆ》く」。ところが「魏受けずして、之を秦に内《い》る」。秦に送り返した。「秦人車裂して以て徇《とな》う」。車裂きの刑、両手・両足・首を五つの車に縛りつけ、馬に鞭《むち》打《う》って走らせ、五体を引き裂く、残酷な刑にして見せしめにした。「鞅、法を用うること酷なり。歩、六尺《りくせき》に過ぐる者は罰あり」。一歩は六尺、田地を申告するのに、一歩が六尺を少しでも超えると容赦なく罰せられた。「灰を道に棄つる者は刑せらる」。これくらいやれば公害などもどんどん処理できるわけですが……。まあ、これほど徹底的な法治主義で強権を以て臨んだ。

「嘗《かつ》て渭《い》に臨みて囚を論ず。渭水尽《ことごと》く赤し」。渭水は、咸陽《かんよう》の都を流れる河、渭水のことです。〝囚を論ず〟というのは、裁判のことです。中国でも、人民裁判にかけて人民を大量に粛清し殺しております。文化大革命の頃、香港の沖合には毎日のように血まみれの死体が流れついた時期がありましたことは日本の新聞にも報道されました。それと同じように、渭水尽く赤し。随分反則者を殺したわけです。

◆范雎

(一)遠交近攻《えんこうきんこう》の策

魏人范雎《ぎひとはんしょ》という者あり。嘗《かつ》て須賈《しゅか》に従いて斉《せい》に使す。斉王其《そ》の弁口《べんこう》を聞きて、乃《すなわ》ち之に金及び牛酒を賜《たま》う。賈、雎が国の陰事《いんじ》を以て斉に告げしかと疑い、帰りて魏《ぎ》の相《しょう》・魏斉《ぎせい》に告ぐ。魏斉怒りて、雎を笞撃《ちげき》し、脅《きょう》を折り歯を拉《くじ》く。雎佯《いつわ》り死す。巻くに簀《さく》を以てし、廁《し》中に置き、酔客《すいかく》をして更《かわるがわる》之に溺《にょう》せしめ、以て後を懲《こら》す。雎、守者《しゅしゃ》に告げて出ずるを得、姓名を更めて張禄《ちょうろく》と曰う。秦の使者王稽《おうけい》、魏に至り、潜《ひそか》に載せて与《とも》に帰り、昭襄《しょうじょう》王に薦めて以て客卿《かくけい》と為す。教うるに遠交近攻《えんこうきんこう》の策を以てす。時に穣《じょう》侯魏冉《ぎせん》事を用う。雎、王に説きて之を廃せしめ、而して代りて丞相《じょうしょう》と為り、応《おう》侯と号す。

「魏人范雎《ぎひとはんしょ》という者あり」。（ハンショ、ハンスイ、どちらでもよろしい）「嘗て（魏の大夫）須賈《しゅか》に従いて斉《せい》に使す。斉王其の弁口《べんこう》を聞きて、乃《すなわ》ち之に金及び牛酒を賜う」。范雎は雄弁で辞令に巧みであったので、〝あいつはなかなか使える〟と、斉王から金品と牛肉と酒を賜った。

そこで「賈、睢が国の陰事を以て斉に告げしかと疑い」、范睢を連れて行った須賈が、范睢が魏の国の秘密を通謀・密告したんではないかと疑って、「帰りて魏の相《しょう》・魏斉《ぎせい》に告ぐ」。魏の大臣・魏斉に報告した。「魏斉怒りて、睢を笞撃《ちげき》し、脅《きょう》（肋骨）を折り歯を拉《くじ》く。睢佯《いつわ》り死す」。睢は死んだ真似をした。「巻くに簀《さく》を以てし、廁《し》中に置き、酔客をして更《かわるがわる》之に溺《にょう》せしめ」、睢を簀巻《すま》きにして便所に放置し、酔客に小便をかけさせた。「以て後を懲《こら》す」。機密を漏洩《ろうえい》する者はこの通りだと見せしめにした。「睢、守者《しゅしゃ》に告げて出ずるを得」、番人に言って何とか買収したのでしょう、辛うじて助け出されて「姓名を更めて張禄《ちょうろく》と曰う。秦の使者王稽《おうけい》、魏に至り、潜《ひそ》かに載せて与《とも》に帰り、昭襄《しょうじょう》王に薦めて以て客卿《かくけい》と為す」。秦の使者・王稽がこれを救って、昭襄王の客分の一番高い地位を与えた。

その范睢が、秦に「教うるに遠交近攻《えんこうきんこう》の策を以てす」。これはシナの戦国以降の常套《じょうとう》的な政策・政略の一種であります。遠い国と付き合って、近い国を攻める。先ずアメリカと国交を回復して置いて、そして日本に迫る。これもいわゆる遠交近攻であります。そういう遠交近攻策を昭襄王に教えたのが范睢であります。

「時に穣《じょう》侯魏冉《ぎせん》事を用う」。当時、秦では穣侯魏冉が政局を担当していた。「睢、王に説きて之を廃せしめ」、王に説いて、魏冉を罷免させて、「而して代りて丞相《じょうしょう》と為り、応侯と号す」。范睢が代わって総理大臣になり、応という地に封ぜられて応侯と号した。

(二) 綈袍恋々《ていほうれんれん》

魏《ぎ》、須賈《しゅか》をして秦に聘《へい》せしむ。睢、敝衣間歩《へいいかんぽ》して、往きて之を見る。賈驚きて曰く、「范叔《はんしゅく》固《まこと》に恙《つつが》なきか」と。留め坐して飲食せしめて曰く、「范叔一寒此《いっかんかく》の如《ごと》きか」と。一綈袍《ていほう》を取りて之に贈る。遂《つい》に賈の為に御《ぎょ》して相府《しょうふ》に至り、曰く、「我《われ》君の為に先ず入りて相君《しょうくん》に通ぜん」と。賈其の久しく出でざるを見て、門下に問う。門下曰く、「范叔というもの無し。郷《さき》の者は吾が相《しょう》張君なり」と。賈、欺《あざむ》かれたるを知り、乃ち膝行《しっこう》して入りて罪を謝す。睢、坐して之を責譲《せきじょう》して曰く、「爾《なんじ》が死せざる所以《ゆえん》の者は、綈袍恋々《ていほうれんれん》として尚《な》お故人の意あるを以てのみ」と。乃ち大いに供具《きょうぐ》し、諸侯の賓客《ひんかく》を請い、莝豆《ざとう》を其の前に置きて、之を馬食《ばしょく》せしめ、帰りて魏王に告げしめて曰く、「速《すみやか》に魏斉の頭《こうべ》を斬りて来れ。然《しか》らずんば且《まさ》に大《たい》梁《りょう》を屠《ほふ》らんとす」と。賈帰りて魏斉に告ぐ。魏斉出で走りて死す。睢、既に志を秦に得、一飯の徳も必ず償い、睚眦《がいさい》の怨《うらみ》も必ず報ゆ。

「魏、須賈をして秦に聘せしむ」。かつて須賈が魏の使節として斉を訪れた時、范睢がお供に加わって行きましたが、その須賈が今度は秦に派遣されたわけです。ところがその范睢が今は秦の宰相・応侯になっているわけです。その応侯、元《もと》の范睢が「敝衣間歩《へいいかんぽ》して、往きて之を見る」。わざとぼろ着物を着て、人目に付かぬようにして須賈を訪ねた。賈は思いがけなく范睢が現れたものですから「驚きて曰く、『范叔固《はんしゅくまこと》に恙《つつが》なきか』と」。叔は親しみの言葉、〝お前無事だったか〟と大変驚いて、「留め坐して飲食せしめて曰く、『范叔一寒此の如《かく》きか』と」。酒を飲ませ、飯を食わせて、ぼろ着物を着ているものですから、「范君、お前、そんなに貧乏しておるのか」と、「一綈袍《ていほう》を取りて之に贈る」。綈袍は綿入れの着物です。「遂に賈の為に御して相府に至り」、范睢は須賈の車の御者になって、総理府に行って、「曰く、『我君のために先ず入りて相君に通ぜん』と」。私が先に行って、総理閣下に取り次ぎましょうと言って下りて行った。

ところが、「賈其の久しく出でざるを見て、門下に問う」。一向出て来ないものですから、門番に聞いた。「門下曰く、『范叔というもの無し。郷《さき》の者は吾が相張君なり』と」。さっき入って行かれたのは総理大臣の張君だという。「賈、欺かれたるを知り、乃ち膝行《しっこう》して入りて罪を謝す。雎、坐して之を責譲して曰く」、責も譲もせ、めるであります。「爾《なんじ》が死せざる所以《ゆえん》の者は、綈袍《ていほう》恋々として尚《な》お故人の意あるを以てのみ」。本当なら貴様は生かしておけぬ奴なんだが、さっき変装して行った時に、「范叔一寒此の如きか」と優しいことを言うて綈袍を贈ってくれた。この綈袍恋々、お前がくれたこの綿入れ、古友達（故人）を懐しむこの気持があるというのは嬉しかった。それでお前を殺さずに許すのだと、この「綈袍恋々」という言葉は昔なじみから歓待された時によく使う言葉で、明治時代には生きておりました。『綈袍恋々として尚お故人の意あるを以てのみ』と。乃ち大いに供具し」、大いにご馳走をした。

それはいいんですけれども、「諸侯の賓客を請い」、諸国の使者として秦国に滞在しているいわば駐秦大使たち、諸侯の外交団を一堂に招待し、「莝豆を其の前に置きて、之を馬食せしめ」、莝というのは馬に食わせるまぐさ、切藁《きりわら》です。それから豆、そういう馬の飼料を須賈の前に置いて、馬と同じように食わせた。徹底的に辱しめたわけです。

「帰りて穣王に告げしめて曰く、『速に（魏の宰相）魏斉の頭《こうべ》を斬りて来れ。然《しか》らずんば且《まさ》に（魏の都）大梁《たいりょう》を屠《ほふ》らんとす』と」。自分をひどい目にあわせた魏斉の首を持って来なければ、都の大梁を攻め落とすぞと脅かした。「賈帰りて魏斉に告ぐ。魏斉出で走りて死す。睢既に志を秦に得、一飯の徳も必ず償い、睚眦《がいさい》の怨《うらみ》も必ず報ゆ」。彼は一飯に有りついたというくらいのものでも、人から受けた恩恵に対しては必ずそれだけ償《つぐな》った。それと同時に睚眦というのはちょっと睨む、「この野郎」といって睨むのが睚眦であります。そういうちょっとした怨みにも必ず返報した。「一飯の徳も必ず償い、睚眦の怨みも必ず報ゆ」。これは心理学的にも面白い問題です。

この応侯が莫大な金を出して、魏の都・大梁、今日でいうと河南の開封《かいほう》に当たります。そこへ上海舞劇団のようなものを派遣したことがある。その頃、魏の都大梁には、秦と対決しようという蘇秦《そしん》派の各国の策士が多勢集まっておった。そこへ舞劇団のようなものを送って、客を呼んでもてなし、思い切って金をばらまかせた。すると次第にそういう主戦論が買収されたり、変節改論したり、いつの間にか散りぢりばらばらになってしまった。その時に「金が要るならいくらでも出してやる」といって応侯、すなわち范睢が命令を出しておいたのですが、初めに持たしてやった金を半分も使わないうちに、主戦論者がみんな消滅したということが『史記』に書かれております。

これがいわゆる政治戦 political warfare というもので、先頃から行われているピンポン外交などはその小手調べのようなもので、中国はこの通り工作、いわゆる友好政策を日本に働きかけておるわけです。

(三)周の滅亡——范雎の退隠

王既《すで》に雎《しょ》の策を用い、歳《とし》ごとに兵を三晋《しん》に加え首を斬《き》ること数万。周《しゅう》の赧《たん》王恐れて、諸侯と従《しょう》を約し、秦《しん》を伐《う》たんと欲す。秦、周を攻む。赧王秦に入り、頓首《とんしゅ》して罪を請い、尽《ことごと》く其の邑《ゆう》三十六を献ず。周亡ぶ。秦の将・武安君《ぶあんくん》白起《はくき》、范雎と隙あり。廃せられて士伍《しご》と為《な》り、剣を賜いて杜郵《とゆう》に死す。王、朝に臨みて歎《たん》じて曰く、「内に良将なく、外に強敵多し」と。雎懼《おそ》る。蔡沢《さいたく》曰く、「四時の序、功を成《な》す者は去る」と。雎病と称す。沢之に代る。

「王既《すで》に雎《しょ》の策（すなわち遠交近攻政策）を用い、歳《とし》ごとに兵を三晋《しん》（趙《ちょう》・魏《ぎ》・韓《かん》）に加え首を斬《き》ること数万。周の赧《たん》王恐れて、諸侯と従《しょう》（合従政策）を約し、秦《しん》を伐《う》たんと欲す」。そこで「秦、周を攻む。赧王秦に入り、頓首《とんしゅ》して罪を請い、尽《ことごと》くその邑《ゆう》三十六を献ず。周亡ぶ」。

「秦の将・武安君白起、范雎と隙あり」。仲が悪かった。そのために将軍の地位を「廃せられて士伍《しご》（一兵卒）と為り、剣を賜いて杜郵《とゆう》に死す」。秦の都・咸陽の西方にある国境の田舎の宿場で名将と謳《うた》われた白起が自殺させられた。「王、朝（廷）に臨みて歎《たん》じて曰く、『内に良将なく、外に強敵多し』と」。頼みにしていた名将を殺してしまうと心細くなったのでしょう。これを聞いて「雎懼《おそ》る」。范雎は内心大いに不安を感じた。すると「蔡沢《さいたく》曰く、『四時の序、功を成《な》す者は去る』と。雎、病と称す。沢之に代る」。これはなかなか利口な人物で、役者が一枚上手です。四時の序、春夏秋冬、これは自然の秩序である。役目が終わった者はさっさと去れ、これが天地自然の法則だと言うたので、雎は病と称して沢と代わったと、これは一つの中国処世哲学の好例であります。

この作品は、一九九七年四月にＭＯＫＵ出版より刊行されたものです。

なお、編集に際しては、旧字・俗字や文意の汲みにくい箇所を若干修正するに留め、国名、政党名など、現在では変化しているものもありますが、講話当時の時代背景に鑑み、ほとんどそのまま表記しています。

著者紹介
安岡正篤（やすおか　まさひろ）
明治31年、大阪府に生まれる。東京大学法学部卒業。「東洋思想研究所」「金雞学院」「国維会」「日本農士学校」「篤農協会」等を設立。また、戦後は「全国師友協会」「新日本協議会」等をつくり、政財界の精神的支柱として多くの敬仰者を持った。全国師友協会会長、松下政経塾相談役を歴任。昭和58年12月逝去。
著書に、『朝の論語』（明徳出版社）、『運命を開く』（プレジデント社）、『人物を修める』（竹井出版）、『活眼活学』『活学としての東洋思想』『人生と陽明学』『論語に学ぶ』『日本の伝統精神』『人間としての成長』『人生をひらく活学』（以上、ＰＨＰ文庫）など多数ある。

ＰＨＰ文庫　現代活学講話選集1
十八史略（上）
激動に生きる 強さの活学

2005年３月16日　第１版第１刷
2020年２月18日　第１版第８刷

著　者　安岡正篤
発行者　後藤淳一
発行所　株式会社ＰＨＰ研究所
東京本部　〒135-8137 江東区豊洲5-6-52
PHP文庫出版部　☎03-3520-9617(編集)
普及部　☎03-3520-9630(販売)
京都本部　〒601-8411 京都市南区西九条北ノ内町11
PHP INTERFACE　https://www.php.co.jp/
制作協力
組　版　株式会社PHPエディターズ・グループ
印刷所
製本所　図書印刷株式会社

ISBN4-569-66323-0

PHP文庫

逢坂剛・北原亞以子　鬼平が「うまい」と言った江戸の味
逢沢明　大人のクイズ
逢沢明　頭がよくなる数学パズル
逢沢明　「負けるが勝ち」の逆転！ゲーム理論
青木功　ゴルフわが技術
赤羽建美　女性が好かれる9つの理由
阿川弘之　日本海軍に捧ぐ
浅野八郎 監修　「言葉のウラ」を読む技術
浅野裕子　大人のエレガンス80のマナー
阿奈靖雄　「プラス思考の習慣」で道は開ける
阿奈靖雄　プラス思考を習慣づける52の法則
綾小路きみまろ　有効期限の過ぎた亭主・賞味期限の切れた女房
アレクサンドラ・ストッダード／大原敬子 訳　人生は100回でもやり直しがきく
飯田史彦　生きがいのマネジメント
飯田史彦　大学で何をどう学ぶか
飯田史彦　生きがいの本質
飯田史彦　愛の論理
飯田史彦　ブレイクスルー思考
飯田史彦　人生の価値
池波正太郎　霧に消えた影

池波正太郎　信長と秀吉と家康
池波正太郎　さむらいの巣
石井辰哉　TOEIC®テスト実践勉強法
石島洋一　決算書がおもしろいほどわかる本
石島洋一　だいたいわかる「決算書」の読み方
石島洋一　「バランスシート」がみるみるわかる本
石田勝正　抱かれる子どもはよい子に育つ
石原結實　血液サラサラで、病気が治る、キレイになれる
伊集院憲弘　いい仕事は「なぜ？」から始まる
泉秀樹　「東海道五十三次」おもしろ探訪
泉秀樹　戦国なるほど人物事典
泉秀樹　幕末維新なるほど人物事典
板坂元　男の作法
板坂元　男のたしなみ
市田ひろみ　気くばり上手、きほんの「き」
伊藤雅俊　商いの道
稲盛和夫　成功への情熱—PASSION—
稲盛和夫／盛和塾事務局 編　稲盛和夫の実践経営塾
稲盛和夫　稲盛和夫の哲学
井上和子　聡明な女性はスリムに生きる

今泉正顕　人物なるほど「一日一話」
今川徳三　実録 沖田総司と新選組
内海隆一郎　懐かしい人びと
梅澤恵美子　額《ぬか》田《たの》王《おおきみ》の謎
梅津祐良 監修／池上重輔 著　[図解]わかる！MBA
瓜生中　仏像がよくわかる本
江口克彦　心はいつもここにある
江口克彦　経営秘伝
松下幸之助 述／江口克彦 記　松翁論語
江口克彦　王道の経営
江口克彦　成功の法則
江口克彦 編著　成功の智恵
江口克彦　上司の哲学
江口克彦　人徳経営のすすめ
江口克彦　部下の哲学
江口克彦　鈴木敏文 経営を語る
江坂彰　大失業時代。サラリーマンはこうなる
江坂彰　「21世紀型上司」はこうなる
エンサイクロネット　「言葉のルーツ」おもしろ雑学
エンサイクロネット　仕事ができる人の「マル秘」法則

PHP文庫

加藤諦三　「自分づくり」の法則
加藤諦三　終わる愛 終わらない愛
加藤諦三　行動してみることで人生は開ける
加藤諦三　自分に気づく心理学
加藤諦三　自立と孤独の心理学
加藤諦三　「自分の居場所」をつくる心理学
加藤諦三　「ねばり」と「もろさ」の心理学
加藤諦三　人生の重荷をプラスにする人、マイナスにする人
金盛浦子　少し叱ってたくさんほめて
金盛浦子　「きょうだい」の上手な育て方
金盛浦子　「つらい時」をしのぐちょっとした方法
金森誠也 監修　30ポイントで読み解くクラウゼヴィッツ「戦争論」
加野厚志　島津義弘
加野厚志　本多平八郎忠勝
金平敬之助　ひと言のちがい
神川武利　秋山真之
神川武利　伊達宗《むね》城《なり》
唐土新市郎　営業マン、今これだけはやっておこう！
唐土新市郎　図で考える営業マンが成功する
狩野直禎　諸葛孔明

河合　敦　目からウロコの日本史
川北義則　人生・愉しみの見つけ方
川北義則　人生、だから面白い
川北義則　「いま」を10倍愉しむ思考法則
川口素生　戦国時代なるほど事典
川口素生　宮本武蔵101の謎
川口素生　「幕末維新」がわかるキーワード事典
川島令三 編著　鉄道なるほど雑学事典
川島令三 編著　通勤電車なるほど雑学事典
川島令三 岡田　直　鉄道のすべてがわかる事典
川島令三　幻の鉄道路線を追う
樺　旦純　ウマが合う人、合わない人
樺　旦純　運がつかめる人 つかめない人
樺　旦純　うっとうしい気分を変える本
樺　旦純　女ごころ・男ごころがわかる心理テスト
菊入みゆき　モチベーションを高める本
菊池道人　榊原康政
菊池道人　北条氏康
菊池道人　斎藤一《はじめ》
北岡俊明　ディベートがうまくなる法

北岡俊明　最強のディベート術
紀野一義 文 入江泰吉 写真　仏像を観る
桐生　操　イギリス怖くて不思議なお話
桐生　操　世界史怖くて不思議なお話
桐生　操　世界史・驚きの真相
桐生　操　王妃カトリーヌ・ド・メディチ
桐生　操　王妃マルグリット・ド・ヴァロア
楠木誠一郎　石原莞爾
楠木誠一郎　エピソードで読む武田信玄
楠山春樹　「老子」を読む
国司義彦　「20代の生き方」を本気で考える本
国司義彦　「30代の生き方」を本気で考える本
国司義彦　「40代の生き方」を本気で考える本
国司義彦　「50代の生き方」を本気で考える本
栗田昌裕　栗田式記憶法入門
栗田昌裕　栗田式奇跡の速読法
黒岩重吾　古代史の真相
黒岩重吾　古代史を解く九つの謎
黒岩重吾　古代史を読み直す
黒鉄ヒロシ　新選組

PHP文庫

黒鉄ヒロシ　坂本龍馬
黒鉄ヒロシ　幕末暗殺
黒部亨　宇喜多直家
ケリー・グリーソン 楡井浩一 訳　なぜか、「仕事がうまくいく人」の習慣
ケリー・グリーソン 楡井浩一 訳　だから、「仕事がうまくいく人」の習慣
小池直己　TOEIC®テストの「決まり文句」
小池直己　TOEIC®テストの英文法
小池直己　TOEIC®テストの英単語
小池直己　英語ではこう言う！ 日本語の「決まり文句」
小池直己　TOEIC®テストの英熟語
小池直己　TOEIC®テストの基本英会話
小池直己　センター試験英語を6時間で攻略する本
小池直己 佐藤誠司　中学英語を5日間でやり直す本
幸運社　意外と知らない「もののはじまり」
神坂次郎　特攻隊員の命の声が聞こえる
甲野善紀　武術の新・人間学
甲野善紀　古武術からの発想
甲野善紀　表の体育 裏の体育
郡順史　佐々成政
國分康孝　人間関係がラクになる心理学

國分康孝　自分をラクにする心理学
心本舗　みんなの箱人《ハコジン》占い
兒嶋かよ子 監修　「民法」がよくわかる本
兒嶋かよ子 監修　クイズ法律事務所
児玉佳子 須藤亜希子　赤ちゃんの気持ちがわかる本
近衛龍春　織田信忠
木幡健一　「マーケティング」の基本がわかる本
木幡健一　「プレゼンテーション」に強くなる本
小林正博　小さな会社の社長学
小巻泰之 監修 造事務所 著　図解 日本経済のしくみ
小山俊　リーダーのための心理法則
コリアンワークス　「日本人と韓国人」なるほど事典
コリン・ターナー 早野依子 訳　あなたに奇跡を起こす小さな100の智恵
コリン・ターナー 早野依子 訳　あなたに奇跡を起こす希望のストーリー
近藤唯之　プロ野球 遅咲きの人間学
今野紀雄 監修　「微分・積分」を楽しむ本
財団法人 計量生活会館　知って安心！「脳」の健康常識
斎藤茂太　心のウサが晴れる本
斎藤茂太　逆境がプラスに変わる考え方
斎藤茂太　10代の子供のしつけ方

斎藤茂太　「なぜか人に好かれる人」の共通点
齋藤孝　会議革命
酒井美意子　花のある女の子の育て方
堺屋太一　組織の盛衰
坂崎重盛　なぜ、この人の周《まわ》りに人が集まるのか
坂崎重盛　「人間関係ぎらい」を楽しむ生き方
坂田信弘　ゴルフ進化論
坂田信弘　ゴルフ進化論2
坂野尚子　「いい仕事」ができる女性
阪本亮一　できる営業マンはお客と何を話しているのか
阪本亮一　超「リアル」営業戦術
櫻井よしこ　大人たちの失敗
佐々木宏　成功するプレゼンテーション
佐治晴夫　宇宙の不思議
佐竹申伍　島左近
佐竹申伍　蒲《がも》生《う》氏《うじ》郷《さと》
佐竹申伍　真田幸村
佐々淳行　危機管理のノウハウ・PART(1)(2)(3)
佐藤綾子　かしこい女は、かわいく生きる。
佐藤綾子　すてきな自分への22章

PHP文庫

PHP文庫

ドロシー・ロー・ノルト 石井千春／武者小路実昭 訳　子どもが育つ魔法の言葉 for the Heart
土門周平　天皇と太平洋戦争
土門周平　戦史に学ぶ「勝敗の原則」
中江克己　日本史 怖くて不思議な出来事
中江克己　日本史「謎の人物」の意外な正体
中江克己　お江戸の意外な生活事情
中江克己　お江戸の地名の意外な由来
中江克己　お江戸の意外な「モノ」の値段
長尾　剛　新釈「五輪書」
中川昌彦　自分の意見がはっきり言える本
長坂幸子 監修　家庭料理「そうだったのか！」クイズ
永崎一則　人はことばに励まされ、ことばで鍛えられる
永崎一則　聡明な女性の素敵な話し方
永崎一則　人をほめるコツ・叱るコツ
永崎一則　スピーチ ハンドブック
永崎一則　話力をつけるコツ
中澤天童　名古屋の本
中島道子　前田利家と妻まつ
中島道子　松平忠輝
中島道子　柳生石舟斎宗厳《むねよし》

中島道子　松平春《しゅん》嶽《がく》
中曽根康弘／石原慎太郎　永遠なれ、日本
永田英正　項羽
中谷彰宏　大人の恋の達人
中谷彰宏　運を味方にする達人
中谷彰宏　入社3年目までに勝負がつく77の法則
中谷彰宏　こんな上司と働きたい
中谷彰宏　気がきく人になる心理テスト
中谷彰宏　君のしぐさに恋をした
中谷彰宏　知的な女性は、スタイルがいい。
中谷彰宏　週末に生まれ変わる50の方法
中谷彰宏　朝に生まれ変わる50の方法
中谷彰宏　忘れられない君のひと言
中谷彰宏　なぜ彼女にオーラを感じるのか
中谷彰宏　自分で考える人が成功する
中谷彰宏　時間に強い人が成功する
中谷彰宏　大学時代しなければならない50のこと
中谷彰宏　運命を変える50の小さな習慣
中谷彰宏　あなたが動けば、人は動く
中谷彰宏　強運になれる50の小さな習慣

中谷彰宏　大学時代出会わなければならない50人
中谷彰宏　なぜあの人にまた会いたくなるのか
中谷彰宏　「大人の女」のマナー
中谷彰宏　人生をムダにしない50の小さな習慣
中谷彰宏　結婚前にしておく50のこと
中谷彰宏　出会い運が開ける50の小さな習慣
中谷彰宏　金運が強くなる50の小さな習慣
中谷彰宏　スピード人間が成功する
中谷彰宏　なぜあの人は運が強いのか
中谷彰宏　人は短所で愛される
中谷彰宏　好きな映画が君と同じだった
中谷彰宏　独立するためにしなければならない50のこと
中谷彰宏　スピード整理術
中谷彰宏　会社で教えてくれない50のこと
中谷彰宏　なぜあの人は時間を創り出せるのか
中谷彰宏　人を許すことで人は許される
中谷彰宏　大人の「ライフスタイル美人」になろう
中谷彰宏　なぜ、あの人は「存在感」があるのか
中谷彰宏　都会に住んで、元気になろう。
中谷彰宏／かまたいくよ 絵　恋の奇跡のおこし方

PHP文庫

中谷彰宏　人を動かせる人の50の小さな習慣
中谷彰宏　本当の自分に出会える101の言葉
中谷彰宏　一日に24時間もあるじゃないか
中津文彦　歴史に消された「18人のミステリー」
中西　安　数字が苦手な人の経営分析
中西輝政　大英帝国衰亡史
中野　明　論理的に思考する技術
中原英臣／佐川　峻　なにが「脳」を壊していくのか
永久寿夫　スラスラ読める「日本政治原論」
中村昭雄 監修／造事務所 著　図解 政府・国会・官公庁のしくみ
中村彰彦　幕末を読み直す
中村　晃　直《なお》江《え》兼《かね》続《つぐ》
中村　晃　児玉源太郎
中村祐輔 監修　遺伝子の謎を楽しむ本
中村幸昭　マグロは時速160キロで泳ぐ
中村義作 編／阿邊恵一 著　知って得する！　速算術
中山み登り　「あきらめない女」になろう
中山み登り　〈なちょ〉シングルマザー日記
中山庸子　「夢ノート」のつくりかた
中山庸子　夢生活カレンダー

奈良井安　「問題解決力」がみるみる身につく本
西野武彦　「株のしくみ」がよくわかる本
西本万映子　「就職」に成功する文章術
日本語表現研究会　気のきいた言葉の事典
日本博学倶楽部　「県民性」なるほど雑学事典
日本博学倶楽部　「歴史」の意外な結末
日本博学倶楽部　「関東」と「関西」こんなに違う事典
日本博学倶楽部　雑学大学
日本博学倶楽部　世の中の「ウラ事情」はこうなっている
日本博学倶楽部　「関東」と「関西」おもしろ比較読本
日本博学倶楽部　歴史の意外な「ウラ事情」
日本博学倶楽部　身近な「モノ」の超意外な雑学
日本博学倶楽部　歴史の「決定的瞬間」
日本博学倶楽部　歴史を動かした意外な人間関係
日本博学倶楽部　歴史の意外な「ウワサ話」
日本博学倶楽部　「ことわざ」なるほど雑学事典
日本博学倶楽部　「間違いやすい日本語」の本
日本博学倶楽部　戦国武将・あの人の「その後」
日本博学倶楽部　幕末維新・あの人の「その後」
日本博学倶楽部　ちょっと人には聞けない「愚かな疑問」

日本博学倶楽部　日露戦争・あの人の「その後」
沼田陽一　イヌはなぜ人間になつくのか
野村敏雄　宇喜多秀家
野村敏雄　大谷吉継
野村敏雄　小早川隆景
野村敏雄　秋山好古
ハイパープレス　雑学居酒屋
葉治英哉　松平容保
葉治英哉　張良
橋口玲子 監修　元気でキレイなからだのつくり方
長谷川三千子　正義の喪失
秦　郁彦 編　ゼロ戦20番勝負
畠山芳雄　人を育てる100の鉄則
畠山芳雄　こんな幹部は辞表を書け
服部英彦　「質問力」のある人が成功する
服部省吾　戦闘機の戦い方
服部隆幸　［入門］ワン・トゥ・ワン・マーケティング
花村　奨　前田利家
バーバラ・コロローソ／田栗美奈子 訳　子どもに変化を起こす簡単な習慣
羽生道英　佐々木道誉

PHP文庫

PHP文庫